全面预算管理

王志宇　主编

汪蕾　张一楠　徐立文　王慧娟　副主编

南开大学出版社

天　津

图书在版编目(CIP)数据

全面预算管理 / 王志宇主编. —天津：南开大学
出版社，2017.3(2020.1重印)
ISBN 978-7-310-05337-7

Ⅰ.①全… Ⅱ.①王… Ⅲ.①企业管理－预算管理
Ⅳ.①F275

中国版本图书馆 CIP 数据核字(2017)第 025155 号

南开大学出版社出版发行
出版人：陈敬
地址：天津市南开区卫津路 94 号　　邮政编码：300071
营销部电话：(022)23508339　23500755
营销部传真：(022)23508542　邮购部电话：(022)23502200

*

天津泰宇印务有限公司印刷
全国各地新华书店经销

*

2017 年 3 月第 1 版　　2020 年 1 月第 5 次印刷
260×185 毫米　16 开本　16.75 印张　420 千字
定价：38.00 元

如遇图书印装质量问题,请与本社营销部联系调换,电话:(022)23507125

前　言

　　本教材所介绍的全面预算管理是指企业和个人围绕预算而展开的一系列管理活动和制度安排，同时也是涉及全方位、全过程和全员参与的综合性管理系统。该系统能够把目标、方针政策和各项活动有效结合起来，解决内外部资源的协调问题，从而实现整体目标最优。

　　对于企业而言，全面预算能够将企业经营总目标在企业内部各职能部门层层分解，使经营总目标成为各职能部门工作的具体目标。这就保证了各部门目标之间以及部门目标与总目标之间的衔接，并统筹分配给各个部门的每个员工，使得企业目标更为具体，部门目标更为明确，个人目标更具操作性，从而保障战略目标的实现。企业全面预算管理流程包括：预算的编制、预算的执行与控制、预算的分析与考评。

　　对于个人而言，全面预算管理也是实现个人目标的工具。个人全面预算管理能够将个人目标根据人生规划，在时间维度上进行分解，分解成每个人生阶段的具体目标，做到统筹兼顾、量入为出。个人全面预算管理根据预算内容，分为个人收入和融资预算管理、个人投资预算管理、个人消费预算管理、大学生全面预算管理、退休和遗产预算管理。

　　本教材以高等教育本科生为对象，以高等教育通识教育课程改革为基础，以增强学生全面预算管理意识为目标，以企业全面预算管理和个人全面预算管理为主线进行编写。本教材可以作为高等院校通识教育课程教材，也可以作为高等院校教师授课的教学参考书。本教材拥有大量的案例、习题，每章配有各种类型的思考题，还配有教学课件、课后习题答案等教学资源，任课教师可以与出版社联系，获取教学资料。

　　本教材不是专业课的教材，而是一本面向在校大学生的通识教育课程教材。本教材旨在运用全面预算管理的普适性原理，强化和提高大学生量入为出、统筹兼顾、综合平衡和运筹帷幄的意识和能力。目前绝大多数在校大学生是独生子女，他们的成长过程中得到父母亲友和社会各方面过多的呵护，由此导致的问题之一就是独立、周全地安排和处理某个事务、某项工作所需的统筹和谋划能力普遍有所欠缺。我们编写这本教材，试图在统筹和谋划能力培养上，对在校大学生有所帮助。

目　录

第一篇　全面预算管理导论

第一章 全面预算管理概述

本章作为开篇第一章，介绍了国内外企业预算管理及个人全面预算管理的发展及背景；分析了全面预算管理的普适性原理，包括企业全面预算管理和个人全面预算管理的功能；论述了全面预算管理的体系构成，包括企业全面预算管理的机构、流程等，及个人全面预算管理的内容、流程等。

第一节 企业全面预算管理的发展及背景

一、西方企业全面预算管理的发展及背景

（一）企业全面预算形成期（19 世纪末至 20 世纪 20 年代末）

19 世纪末，美国企业首先将预算应用在广告费分配上，目的是限制支出。杜邦化学公司率先在标准成本基础上，将预算从政府部门引进到企业，并获得成功。不久，杜邦经验又被嫁接到通用汽车公司，到 1925 年形成"杜邦通用模式"，随后便风靡世界，成为各国集团公司实现整合的蓝本。

这一时期，古典管理理论中泰勒的科学管理理论、法约尔的组织管理理论及韦伯的行政组织理论对预算体系构建、资源配置和行动协调等职能的发挥都有影响，而建立在科学管理理论基础上的标准成本制度、差异分析等方法都成为预算管理中常用的方法。1922 年麦金西（Mckinsey）出版了《预算控制》（Budgetary Control）一书，从控制角度详细介绍了预算管理理论与方法，该书的出版标志着企业预算管理理论开始形成。这些都进一步促使预算制度在企业得到了快速的普及。其他国家如英国、日本、德国一些企业开始仿效，也采用预算制度。

（二）企业全面预算发展期（20 世纪 30 年代初至 80 年代中期）

第二次世界大战以后，为了使企业在激烈的竞争中处于有利地位，西方会计学吸收了自 20 世纪 20 年代发展起来的一些专门用来提高企业内部经营管理水平和经济效益的方法，如盈亏平衡点分析、弹性预算法、变动成本计算法、差额分析法和现金流量分析法等，以帮助管理者预测、决策、组织和控制生产经营活动，提高企业的竞争能力。其中，盈亏平衡点分析的发展对预算管理来讲，具有划时代的意义。

20 世纪 40 年代末，一些实行预算管理的企业开始提倡和实行自上而下、自下而上反复循环的参与性预算管理。因此，企业预算管理的职能已经扩展到包括沟通、协调、激励、评价与奖惩几大方面。

20 世纪 50 年代，外部环境迫使企业为了获得满意的利润开始普遍关注资本预算，更多的企业采用现金流量贴现方法。1970 年，美国德州仪器公司的彼德·A. 菲尔（Beter A.

Pyhrr）首先成功地将原用于政府预算的零基预算法应用于公司费用预算的编制，使得该方法在西方国家得以流行。

参与性预算与零基预算的形成是预算管理在企业中普遍推广和应用的结果，预算管理的发展使企业在市场竞争中取得优势而得到迅速发展，由此也推动了国家经济的发展。

（三）企业全面预算成熟期（20 世纪 80 年代中期至今）

到 20 世纪 80 年代后期，美国乃至所有西方企业在很多领域都让位于日本企业，学术界和实务界为此所开出的基本药方就是引进战略管理，于是 20 世纪 90 年代初，一个国际性的研究机构"高级生产系统国际协会"（Consortium for Advanced Manufacturing-International，CAM-I）委派下属专门负责预算管理的研究和改革。具体方案有两类，都与预算有关，但对预算的态度截然相反。

第一种解决办法是欧洲方案。1998 年 1 月 CAM-I 成立了一个名为"超越预算圆桌会议"（Beyond Budgeting Round Table，BBRT）的研究论坛，专门研究用"超越预算"（Beyond Budget）来替代预算管理系统的问题。欧洲分会的"超越预算"主张在"标杆"基础上将战略与业绩评价指标体系结合起来，彻底摒弃预算管理。在企业组织不编制预算的情况下，管理该组织的业绩，并将各决策环节的权力以授权管理的形式分权化。

第二种解决办法是美国方案，又细分为两种：一是 CAM-I 美国分会"作业基础预算"（Activity-Based Budget，ABB），即以流程改进或再造为基础，通过流程优化将战略导入流程，然后在优化的流程基础上编制作业预算，又将战略导入到预算，是一种基于战略"从下而上"地编制预算的新方法。二是卡普兰的改良预算，即在平衡记分卡（Balanced Score Card，BSC）下，首先将财务、客户、内部业务流程、学习与增长四种业绩指标与战略连接起来，然后再从其中的财务指标出发推导预算所需要的基本数据。卡普兰的 BSC 预算与作业预算的结合，是目前西方企业预算理论和实务发展的主流。

西方企业全面预算管理发展阶段如表 1-1 所示。

表 1-1　西方企业全面预算管理发展阶段

阶段	时期	主要方法
企业预算形成期	19 世纪末至 20 世纪 20 年代末	杜邦通用模式
企业预算发展期	20 世纪 30 年代初至 80 年代中期	盈亏平衡点分析、弹性预算法、变动成本法、差额分析法、现金流量分析法、参与性预算、零基预算
企业预算成熟期	20 世纪 80 年代中期至今	战略管理

二、中国企业全面预算管理的发展及背景

中国预算思想的雏形在古代孙子兵法中就已形成，而正式的预算制度始于晚清。如《日本变政考》和《宪法重大信条十九条》都涉及国家预算问题，意味着中国的国家预算已经萌芽。南京国民政府时期，预算制度继续缓慢发展。1932 年 9 月 24 日，国民政府在经过较长时间准备后颁布了中国历史上的第一部《预算法》。

如表 1-2 所示，中国企业全面预算在 1956 年国家实施第一个五年计划时才产生，但与杜邦或通用相近意义上的企业预算，到 20 世纪 90 年代才出现。

表 1-2　我国企业全面预算管理发展阶段

阶段	时期	特点
企业全面预算管理探索期	新中国成立后至改革开放前	计划经济下编制计划
企业全面预算管理推广期	改革开放后至 20 世纪末	总结推广成本管理经验；引进、应用西方的管理会计
企业全面预算管理发展期	2000 年至今	全面预算管理制度建设

（一）企业全面预算管理探索期（新中国成立后至改革开放前）

1949 年新中国成立后，从 1953 年到 1978 年是中国计划经济时期。该期间内，中国企业管理基本上学习苏联的做法，国有企业根据上级主管部门下达的计划指标组织经营活动，首先由计划科编制生产计划，财务科编制财务计划，然后由相应的业务科室编制原材料供应、机械设备维修、劳动工资、技术组织措施等项目，最后由计划科综合平衡，形成"生产技术财务综合计划"。

（二）企业全面预算管理推广期（改革开放后至 20 世纪末）

改革开放以后，中国企业开始广泛推广预算管理，一方面是总结推广自己的成本管理经验，开始推行内部银行、责任会计制度及经济责任制、全面质量管理、市场预测、目标管理等多种企业管理方法。另一方面，引进西方先进的企业管理理念。20 世纪 80 年代初期开始，中国全方位引进、应用西方的管理会计，快速推动了我国企业预算管理的发展。

1990 年底，上海证券交易所开业和 1994 年 7 月我国《公司法》的实施标志着中国企业形式由工厂制为主导转变为由公司制为主导。从此，中国企业开始积极实践预算管理模式。例如，山东华乐集团、新兴铸管公司、山东亚星集团、上海宝钢集团、青岛啤酒等都开始进行企业全面预算管理的实践。

（三）企业全面预算管理发展期（2000 年至今）

2000 年 9 月，国家经贸委发布的《国有大中型企业建立现代企业制度和加强管理的基本规范（试行）》明确提出企业应建立全面预算管理制度。2001 年 4 月，财政部发布的《企业国有资本与财务管理暂行办法》要求企业应当实行财务预算管理制度。2002 年 4 月，财政部发布的《关于企业实行财务预算管理的指导意见》进一步提出了企业应实行包括财务预算在内的全面预算管理。2007 年 5 月，为加强对国有资产监督管理委员会（以下简称为国资委）履行出资人职责的财务监督，规范企业财务预算管理，国资委发布了《中央企业财务预算管理暂行办法》。2008 年 6 月，财政部、证监会、审计署、银监会、保监会联合制定的《企业内部控制基本规范》中第三十三条"要求企业实施全面预算管理制度，明确各责任单位在预算管理中的职责权限，规范预算的编制、审定、下达和执行程序，强化预算约束"。2009 年 4 月，财政部发布了《财政部关于当前应对金融危机加强企业财务管理的若干意见》，在第六条中特别提出"进一步优化业务和管理流程，推行全面预算管理，强化各项预算定额和费用标准的约束力……" 2010 年 5 月，财政部会同证监会、审计署、银监会、保监会制定了《企业内部控制应用指引》共 18 项应用指引，其中，第 15 号即为"企业内部控制应用指引第 15 号——全面预算"。2011 年 11 月，国资委发布了《关于进一步深化中央企业全面预算管理工作的通知》，要求加强投资项目的预算控制，严格控制亏损或低效投资；加强现金流量预算管理，加快资金周转；加强债务规模与结构的预算管理，严格控制债务规模过快增长。2012 年 10 月，为做好中央企业 2013 年度预算编制工作，进一步推动中央企业深化全面预算管理，提升经营管理水平，国资委研究制定了《2013 年度中央企业预算报表》及编制说明，用以指导中央企业的预算管理工作。可见，2000 年以后，我国在全面预算管理制度建设方面取得了巨大进步。

第二节　个人全面预算管理的发展及背景

个人全面预算管理的发展经历以下几个阶段。

一、个人全面预算管理的萌芽期（20 世纪 60 年代以前）

个人全面预算管理在西方发达国家开展较早，其中较有代表性的国家是瑞士。在第二次世界大战期间，为了逃避德国纳粹的迫害，许多犹太富人纷纷将钱以匿名方式存入瑞士的银行。直到今日，提供匿名账户仍为瑞士银行业最特殊的个人服务。

另外，美国 1929 年的股市大崩盘，以及 1929—1933 年经济危机重创了人们的生活，也使得人们不再相信银行和券商。这时，保险公司为人们提供了可以满足各种需求甚至可以量身定制的金融产品。随着业务规模的扩大和广度的延伸，保险公司从业人员开始对客户进行一些简单的个人生活和资产规划。这部分保险销售代表就是今天的个人理财规划师的前身。

二、个人全面预算管理的发展期（20 世纪 60 年代至 90 年代）

个人全面预算管理真正得到发展是在 20 世纪 60 年代。1969 年国际理财协会的成立标志着个人全面预算管理的真正出现。随着第二次世界大战后经济的复苏和社会财富的积累，使得富裕阶层和普通消费者可以运用各种财力资源实现自己短期和长期的生活及财务目标。

三、个人全面预算管理的成熟期（20 世纪 90 年代以后）

在 20 世纪 90 年代，得益于丰富的金融衍生品、信托业务、保险业务以及基金业务的发展，个人全面预算管理可使用的金融产品越来越多；同时，社会上存在大量具有一定资格的从事个人全面预算管理的专门机构和专业人员，标志着个人全面预算管理已经向一种专业趋势发展。上述两个方面使得个人全面预算管理逐渐成熟。

个人全面预算管理发展阶段如表 1-3 所示。

表 1-3　个人全面预算管理发展阶段

阶段	时期	特点
个人全面预算管理的萌芽期	20 世纪 60 年代以前	为了财产安全，通过银行或保险机构进行个人全面预算管理
个人全面预算管理的发展期	20 世纪 60 年代至 90 年代	国际理财协会成立，个人全面预算管理专业化
个人全面预算管理的成熟期	20 世纪 90 年代以后	金融产品丰富化，从业人员专业化程度高、分工细致

四、个人全面预算管理的理论基础

（一）生命周期假说

在 20 世纪 50 年代，美国经济学家弗兰科·莫迪利亚尼（Franco Modigliani）、理查德·布伦伯格（Richard Brumberg）和艾伯特·安多（Albert Ando）共同提出了消费函数理论中的生命周期假说，也称消费与储蓄的生命周期假说。该假说认为，消费者在相当长的时间内计划其消费和储蓄行为，以期在整个生命周期内实现消费的最佳配置。

该理论假设：

（1）绝大多数人的生活方式稳定；

（2）在各个时期消费水平大致相似；

（3）退休后收入为零，利息收入也为零，只能消费过去积累下来的财富；

（4）没有遗产。

生命周期假说的消费函数可表示为：

$$C = \alpha WR + \beta YL$$

其中，C 为消费支出；WR 为实际财富，α 为财富的边际消费倾向，略高于利率；YL 为工作收入，β 为收入的边际消费倾向。

生命周期假说认为：

（1）消费者都是理性的，追求消费效用最大化；

（2）一定时期的消费取决于对一生总收入的预期，而不取决于当期收入，使得个人可以以最合适的方式配置一生的消费与储蓄；

（3）在人的一生中，收入有规律波动，其中年轻时收入低、经常负债，而预期未来的收入将随着年龄的增长而提高；

（4）中年时收入将达到高峰，一方面用于偿还过去的债务，一方面为退休后的消费进行储蓄。

（二）投资组合理论

1952 年美国经济学家马科维茨（Markowitz）在《金融杂志》上发表题为《资产组合选择——投资的有效分散化》一文在现代金融理论史上具有里程碑意义，标志着现代投资组合理论的开端。

马科维茨投资组合理论的假设条件为：

（1）证券市场是有效的；

（2）投资者是风险厌恶的，追求期望效用最大化；

（3）投资者在期望收益率和风险的基础上选择投资组合。

马科维茨投资组合理论主要研究了资产风险与收益问题，该理论使用投资组合收益的方差，描述风险；使用投资组合期望收益率作为均值，反映收益。

马科维茨投资组合理论的主要观点就是，通过分散化投资，能够有效分散风险，即不要把所有的鸡蛋放在一个篮子里。

（三）资本资产定价模型（CAPM）

投资组合理论讨论的是资产组合问题，难以解决单项资产定价问题。威廉·夏普（William Sharpe）、约翰·林特纳（John Lintner）、杰克·特雷纳（Jack Treynor）和简·莫森（Jan Mossin）等在现代资产组合理论的基础上，提出了资本资产定价模型（Capital Asset Pricing Model，CAPM）。

资本资产定价模型表明：当证券市场处于均衡状态时，资产的预期收益率等于市场无风险收益率加上资产风险溢价。CAPM 模型为：

$$R_i = R_f + (R_m - R_f) \cdot \beta$$

其中，R_i 为无风险收益率，通常取国债收益率；R_m 为市场组合预期收益率；β 为该项资产的系统风险水平；$(R_m - R_f)\beta$ 即为该项资产风险溢价。

资本资产定价模型直观揭示了风险和收益的关系，即某项资产风险越大，其预期收益越高；某项资产风险越小，其预期收益越低。

需要说明的是，资本资产定价模型是在一系列假设条件的基础上建立的，在实际的市场中很难成为现实；而且，资本资产定价模型反映的是资产系统风险与收益的关系，而非该资产的全部风险。

（四）有效市场假说

有效市场假说（Efficient Markets Hypothesis，EMH）是由尤金・F. 法玛（Eugene F. Fama）于 1970 年深化并提出的。其对有效市场的定义是：如果在一个证券市场中，价格完全反映了所有可以获得的信息，那么就称这样的市场为有效市场，并将有效市场分为三个层次。

1. 弱式有效市场（Weak-Form Market Efficiency）

在弱式有效的情况下，市场价格已充分反映出所有过去历史的证券价格信息，包括股票的成交价、成交量、卖空金额、融资金额等。

2. 半强式有效市场（Semi-Strong-Form Market Efficiency）

半强式有效市场认为价格已充分反映出所有已公开的有关公司营运前景的信息。这些信息有成交价、成交量、盈利资料、盈利预测值、公司管理状况及其他公开披露的财务信息等。假如投资者能迅速获得这些信息，股价应迅速做出反应。

3. 强式有效市场（Strong-Form Market Efficiency）

在强式有效市场中价格已充分反映了所有关于公司营运的信息，这些信息包括已公开的或内部未公开的信息。

在弱式有效市场中，股票价格的技术分析将失去作用，基本面分析还可能帮助投资者获得超额利润；在半强式有效市场中，利用基本面分析则失去作用，内幕消息可能获得超额利润；在强式有效市场中，没有任何方法能帮助投资者获得超额利润，即使基金公司和有内幕消息者也一样。

第三节　全面预算管理的普适性原理

一、企业全面预算管理的功能

（一）规划功能

战略是为了实现企业的长远发展而做出的带有全局性和长期性的总体筹划和整体部

署，而且高度概括抽象，不具有操作性。为了确保战略的有效执行和战略目标的最终实现，一个首要的、基础性的问题就是实现战略的落地，即对战略这个总体目标进行时间维度和组织维度的分解和细化。可见，全面预算管理就是落实战略的有效工具。

对于企业而言，全面预算能够将企业经营总目标在企业内部各职能部门层层分解，使经营总目标成为各职能部门工作的具体目标。这就保证了各部门目标之间以及部门目标与总目标之间的衔接，并统筹分配给各个部门的每个员工，使得企业目标更为具体，部门目标更为明确，个人目标更具操作性，从而保障战略目标的实现。

（二）沟通协调功能

全面预算将企业各部门的工作纳入统一而有序的预算体系中。企业在实现总目标的过程中，各部门目标最优化对于其他部门和企业整体来说不一定是合理的，因此要实现企业总目标，就需要各部门或个人的奋斗目标和企业总目标保持一致，需要各部门之间相互沟通、协调配合。

全面预算管理能够通过统筹兼顾、综合平衡等技术手段，在确保企业总目标最优化的前提下，经过员工参与预算的编制，可使管理层与执行层相互沟通达成共识，将总目标科学地分配到各部门，促使各部门和各环节的经济活动都能在企业总目标的统一领导下协调进行。这样，就可以避免各个部门由于过分强调部门利益带来的矛盾，减少预算执行的障碍，使得各部门的预算相互衔接、环环相扣，在保证最大限度实现企业总目标的前提下，有效地组织企业各部门的生产经营活动。

总之，在预算过程中做好统筹兼顾、综合平衡，通过加强各部门间的沟通，能够使得管理层了解员工的需求与意见，员工也可以体会管理层对其的期望与态度；同时，系统地运用企业的有限资源，发挥最大的经济效益。

（三）控制功能

全面预算的核心功能在于控制。全面预算的控制功能体现在以下四个方面。第一，企业生产经营须按照预算进行，预算目标就是控制标准。预算执行过程中，管理人员应随时注意一切经营活动是否背离目标；如果存在背离情况，该情况是否处于容忍范围内；如果超出可容忍范围，如何采取必要的措施加以纠正，使行动继续朝原定的目标推进。第二，通过信息反馈，分析产生差异的原因。通过绩效评估及信息的有效反馈，可以了解差异发生的原因。根据问题所在，对症下药，采取纠正措施，有利于目标的实现。第三，提高生产经营效率，控制无效工作。绩效考核的实施，能够使得每个部门与员工提高工作效率。因此，可使资源浪费或经营不力降到最低程度。第四，作为今后规划的依据。公司管理层应定期回顾过去，以便于未来进行决策。

（四）考核与激励功能

全面预算管理具有全员参与特点，因此企业编制预算时，应该扩大参与层面，积极鼓励员工提供意见，促使员工目标与公司目标相结合，并顺利达成组织目标。预算目标应合理且具有可实现性，才能有效激发员工的潜力，并且预算执行应配合奖惩制度的实施，如加薪、晋升、满足员工的自我实现等，以促使员工全力以赴，在追求个人利益最大化的同时，达成企业目标。

同时，全面预算是考核评价各部门、各员工业绩的重要标准，企业各个层级预算目标就是其考核指标。具备了明确的评判标准，企业就可以定期或不定期检查、考评各职能部门所承担的经济责任和工作任务的完成情况，通过对比和分析，划清和落实责任，并根据责任履行情况给予一定的奖惩，促使企业各部门为完成预算目标而努力工作。

二、个人全面预算管理的功能

（一）统筹兼顾，提升人生目标管理能力

每个人都有梦想，一个现实的、可实现的梦想就是人生目标。该目标的实现需要把个人全面预算分解成各个阶段目标，并要统筹兼顾总目标与分目标，使得分目标的完成与总目标的完成是一个一致的过程；而通过对预算的有效监控，将确保最大程度地实现人生总目标。

（二）加强监控

预算的编制能够清晰地向个人提供发展目标，以及展示人生发展过程中各阶段的重点以及可能出现的问题，进而为个人提供了一个能够加强对人生发展的监控的工具，及时发现偏差，并予以纠正。

（三）强化量入为出，提高资源使用效率

个人全面预算将人生总目标分解成了各阶段分目标，完成分目标就需要有一定的收入水平，并控制好支出，即做好量入为出。个人全面预算管理有力地保证了个人全面预算的实施，进而强化了量入为出，提高使用资源的效率，使得个人尽量追求高的收入增长和低的支出。

（四）管理人生风险

全面预算可以初步揭示个人人生各阶段的大致财务状况，使可能的问题提前暴露。参照预算结果，个人可以发现潜在的人生风险所在，并预先采取相应的防范措施，从而达到规避与化解风险的目的，防止出现居无住所、病无所医、生而不育、老无所养。

第四节　全面预算管理的体系构成

一、企业全面预算管理体系

（一）全面预算管理机构

全面预算管理的组织机构一般可分为三大层次（见图1-1），分别是预算管理决策机构、预算管理工作机构和预算管理执行机构。其中，预算管理决策机构是指预算管理的最高权力机构，主要拟订预算的目标、政策，制定预算管理的具体措施和办法，审议、平衡预算方案，组织下达预算，协调解决预算编制和执行中的问题，组织审计、考核预算的执行情况，督促企业完成财务预算目标。预算决策机构一般由预算管理委员会或财务部门担任，对于预算管理委员会，其隶属于董事会，对董事会负责。

预算管理工作机构是指涉及编制、控制、协调、分析、反馈、评价等具体预算工作的组织机构，涉及企业财务、生产、人力、营销等各具体职能部门。这些部门的主要负责人将参与预算管理决策部门的工作，负责本部门业务涉及的预算管理，并对本部门财务预算执行结果承担责任。预算管理执行机构是指负责预算执行的具体部门。广义而言，企业各

部门都是预算执行机构，都要完成本部门的预算计划。

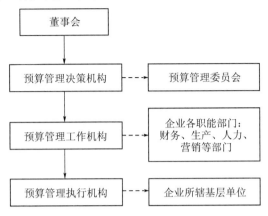

图 1-1 预算管理组织结构图

（二）全面预算管理流程

1. 预算的编制

全面预算管理是由多个环节密切结合的，而预算编制是整个链条的第一环节和基础。预算编制一旦出现问题，将会影响全面预算管理整体效果。从预算编制程序和参与方式看，预算可以分为自上而下、自下而上和上下结合的参与式预算；从编制方法看，预算包括传统预算、弹性预算、零基预算、滚动预算、作业基础预算、战略预算等多种方法。

2. 预算的执行与控制

预算编制完成并形成预算计划后，下一环节就是预算执行与控制。预算执行是指以预算为标准，实施企业生产经营活动的行为，包括从预算的审批下达到预算期结束的全过程。通过预算编制，预算目标将分解下达至企业各部门，各部门就可按照收到的预算计划执行。预算控制是指企业以预算为标准，通过过程监督、信息反馈、预算调整等方法促进预算执行不偏离预算标准的行为。为了保证预算的执行效果，在执行预算的同时就要以预算为标准进行严格控制，各部门支出必须控制在预算以内，而收入必须完成预算要求。

在控制过程中，对实际结果与预算结果进行分析是关键环节。通过分析实际结果与预算结果的差异，找出造成这种差异的原因，进而提出相应措施应对差异。

3. 预算的分析和考评

预算的分析和考评就是对企业内部各责任单位和个人的预算执行情况进行考核评价。业绩评估是预算管理核心环节之一，一方面将评估结果反馈到相关管理部门，实现预算控制；另一方面，业绩评估结果将是激励的依据，对于实现或优于预算计划的，进行奖励，对于未完成预算计划的进行相应的惩罚。

预算管理流程起于预算编制，止于激励，完成一次循环；本次预算管理的结束将是下一次管理的开始，如图 1-2 所示。

董事会为企业制定战略，预算管理委员会通过管理工具将战略具体化为长期目标，进而形成短期目标，以此制定预算目标，并分解至各职能部门。预算管理工作部门将根据预算目标和本部门目标编制预算，并与预算管理委员会进行沟通协调，编制上报。企业财务部门将对各预算管理部门的预案进行审查、汇总，提出综合平衡的建议，上交预算管理委员会；预算管理委员会将对此进行协调，提出调整意见，然后反馈给预算管理工作部门。通过反复沟通、协调和调整后，编制出预算方案，由预算管理委员会提交至董事会审议批准。待董事会审议批准后，由预算管理委员会逐级下达各预算管理执行部门执行。同时，由预算管理工作部门进行控制，及时发现问题，提出应对措施，解决问题；并反馈至预算管理委员会，作为以后预算编制和调整的依据。当本年或本次预算管理结束后，由财务部门进行业绩评估，将评估结果上交预算管理委员会，并将相应激励方案上交董事会，由预算管理委员会考核预算执行情况，由董事会最终批准激励方案。

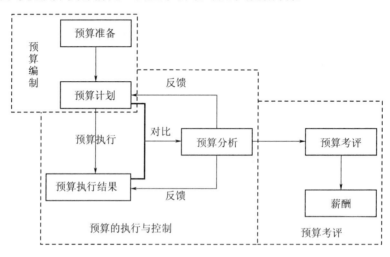

图 1-2　企业全面预算管理流程简化图

二、个人全面预算管理体系

（一）个人全面预算管理内容

个人全面预算管理可以根据预算内容，分为个人收入和融资全面预算管理、个人投资全面预算管理、个人消费全面预算管理、大学生全面预算管理、退休和遗产预算管理等，具体内容如表 1-4 所示。

表 1-4　个人全面预算管理的内容

内容	重点
个人收入和融资全面预算管理	个人贷款管理 住房融资预算管理
个人投资全面预算管理	股票投资预算管理 债券投资预算管理
个人消费全面预算管理	结婚、子女生育预算管理 教育预算管理
大学生全面预算管理	露米记账法、随手记和 FIT 便签
退休和遗产预算管理	退休预算管理 遗产预算管理

（二）个人全面预算管理流程

　　个人全面预算管理过程包括六个步骤：确定当前财务状况；确定个人全面预算总目标；将总目标按照一定标准分解成分目标；根据分目标选择、评估个人预算内容；制定并实施个人预算；监控和修正个人预算，如图 1-3 所示。

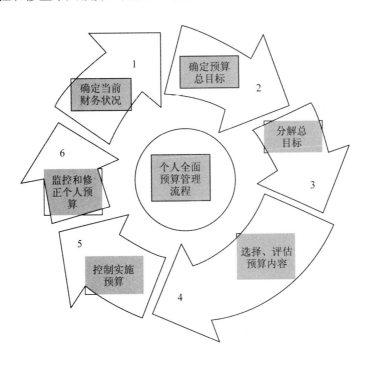

图 1-3　个人全面预算管理流程图

资料来源：杰克·R.卡普尔，李·R.德拉贝，罗伯特·J.休斯. 个人理财（第 9 版）[M].上海：上海人民出版社，2011.

　　1. 确定当前财务状况

　　（1）搜集信息

　　个人通过搜集与自身相关的财务信息和非财务信息，掌握自身收入、储蓄、生活开支和负债等情况，确定自身当前财务状况。其中，财务信息是指自身当前的净资产、收支状况、财务安排以及未来发展趋势等。非财务信息则是指其他相关的信息，如个人社会地位、年龄、性格类型、投资偏好和风险属性等。

　　（2）编制报表

　　在获得信息后，编制个人/家庭年度收入表、支出表，如表 1-5 和表 1-6 所示；在此基础上，汇总编制个人/家庭资产负债表和损益表，如表 1-7 和表 1-8 所示。

表 1-5　个人/家庭年度收入表

目前年度收入	本人	配偶	其他成员	合计
收入总计				
1. 工资、薪金等收入小计				
工资、薪金				
奖金、年终加薪、劳动分红				
津贴、补贴				
社保三金				
2. 利息、股息、红利小计				
利息				
股息、红利				
3. 投资收入小计				
金融投资、不动产投资				
艺术品投资				
4. 自雇收入：如稿费等				
5. 遗产继承				
6. 财产转让收入小计				
土地、房屋转让利得				
有价证券转让利得				
7. 财产租赁收入小计				
不动产租赁（房租）收入				
动产租赁收入				
8. 承包、承租经营收入				
9. 版权、专利等使用费收入				
10. 偶然收入				
11. 其他收入				

资料来源：江珂.个人理财[M].北京：经济管理出版社，2014.

表 1-6 个人/家庭年度支出表

目前年度支出	本人	配偶	其他成员	合计
支出总计				
1. 住房支出小计				
租金				
维修、装饰				
2. 家电、家具和其他大件消费支出				
3. 汽车支出小计				
汽油及维护费用				
保险费、养路费、车船税等				
过路与停车费等				
4. 日常生活支出小计				
水、电、气等费用				
通信费				
交通费				
生活费用等				
外出就餐				
其他费用				
5. 购买服饰等支出				
6. 护理、美容、健身等支出				
7. 休闲及娱乐支出小计				
旅游费用				
其他娱乐及休闲费用				
8. 各种税费				
9. 长期贷款支出				
10. 保险费用支出				
11. 医疗费用支出				
12. 其他项目支出				

资料来源：江珂.个人理财[M].北京：经济管理出版社，2014.

表1-7　个人/家庭资产负债表

个人/家庭：　　　　　　　　　　　　　　　　　　　　日期：　　年　月　日

资产项目	金额（元）	负债与净资产项目	金额（元）
资产总计		负债与净资产合计	
货币（流动）资产小计		负债总计	
现金		长期负债小计	
储蓄账户、存款单		教育贷款	
人寿保险现金收入		房屋贷款	
其他金融资产小计		个人贷款	
股票		中期负债小计	
应税债券		汽车贷款	
免税债券		消费贷款	
社保三金		其他	
有形资产小计		流动负债小计	
住宅		信用卡透支额	
汽车		赊销贷款余额	
家具		应缴税金	
珠宝和收藏品等		其他应付账款	
其他资产		净资产	

资料来源：张颖.个人理财教程[M].北京：对外经济贸易大学出版社，2007.

表 1-8　个人/家庭损益表

个人/家庭：　　　　　　　　　　　　　　　　　　　　　　　　　　　　　　　年度

收入项目	金额（元）
收入总计	
工资	
奖金和津贴	
租金收入	
有价证券的红利	
银行存款利息	
债券利息	
信托基金红利	
其他固定利息收入	
捐赠收入	
遗产继承	
新增出售债券收入	
新增关联公司收益	
其中，扣除	
五险一金	
个人所得税及其他	
实际可支配收入	
支出项目	—
支出总计	
膳食费用	
交通费用	
子女教育费用	
各种税费	
医疗费	
人寿和其他保险	
储蓄、投资支出	
房屋贷款偿还	
个人贷款偿还	
服饰及个人护理费用	
子女津贴	
电器维修费用	
捐赠支出	
旅游费用	
新增房屋维修费	
新增房地产投资	
收支盈余（赤字）	

注：实际可支配收入=收入总计－五险一金－个人所得税及其他；

　　　收支盈余（赤字）=实际可支配收入－支出总计

资料来源：张颖.个人理财教程[M].北京：对外经济贸易大学出版社，2007.

（3）确定财务状况

上述报表虽然提供了大量个人/家庭财务信息，但并没有深刻展现个人/家庭财务状况。通过使用企业财务比率分析方法，能够深刻揭示个人/家庭财务状况。

① 流动比率。

流动比率=流动资产/流动负债

流动比率是衡量资产流动性状况的指标，流动比率越高，说明个人/家庭应对短期负债能力越强。一般来说，一个安全的流动比率至少大于1，较好的比值在3左右。注意，过高的流动比率并不是一件好事。这是因为，资产流动性和收益性是负相关的，过高的流动比率是以牺牲资产收益性为代价的。

在分析静态流动比率的同时，还可以对其进行趋势分析，发现个人/家庭流动比率的变动趋势，在未来是趋于上升还是下降，并找出造成这种趋势的原因。

② 月度生活支出覆盖率。

计算流动比率时，由于抵押贷款的还款、汽车贷款偿还等长期债务的分期还款并没有纳入到流动负债当中，所以需要计算流动资产和月度生活支出的比率来提供更充分的信息，即月度生活支出覆盖率。

月度生活支出覆盖率=流动资产/月度生活支出=流动资产/（年度支出/12）

月度生活支出覆盖率，反映的是个人/家庭持有的流动资产数额，可以支撑多少个月的生活支出，是衡量当月流动资产水平的指标。

③ 负债比率。

负债比率=负债总值/总资产

负债比率是衡量个人是否有能力偿还债务的指标，该指标从总体上分析了个人/家庭资产的构成，即有多少资产是通过负债支撑的，有多少是通过自有资金支撑的。

为了个人/家庭财务安全，我们要关注负债比率的变化趋势。一般而言，在生命周期中，年轻阶段负债比率较高，随着年龄增长会逐渐下降。如果负债比率大于1，则意味着财务状况不容乐观，从理论上讲，个人/家庭已经破产。

④ 长期债务覆盖率。

长期债务覆盖率=实际可支配收入/长期债务付款额

长期债务覆盖率是衡量个人是否有能力履行负债义务的指标，主要关注的是个人可支配收入可以支付多少次长期债务款项。如果个人/家庭收入和债务支出相对稳定，可以用年度作为计算的周期；否则，应该以月度为周期进行计算，以保证个人/家庭的财务安全。并且收入以近期的实际可支配收入为准才能较准确地反映个人/家庭的收入满足债务支出的状况。一般而言，2.5是长期债务覆盖率的警戒线，2.8较为合理。

⑤ 盈余比率。

盈余比率=盈余/可支配收入

该指标是衡量个人控制其开支和增加净资产能力的指标，反映了个人控制其开支和能够增加其净资产的能力。为了准确衡量个人控制能力，分母可采用实际可支配收入。

在中国，这个比率一般大于10%。当然，处于不同生命周期阶段，该比率也不相同。比如，对于准备买房的人来说，这个比率应该较高；对于正在偿还贷款的人来说，这个比率可能较低。

总之，通过运用上述几项财务比率分析个人/家庭资产负债表和损益表，可以衡量出个人/家庭财务状况，发现财务上存在的不足或缺陷，进而制定出有应对措施的个人全面预算管理，保证个人/家庭财务状况的长期安全、健康。

2. 确定个人全面预算总目标

在深入了解自身情况之后，要确定自身发展的总目标，明确自身需求。比如是希望积累财富，还是实现收支平衡；是希望奢侈高贵的生活，还是希望粗茶淡饭的生活。不过，在确定个人全面预算总目标时，应当注意该目标的现实性、可行性、时间性和操作性。

3. 确定个人预算分目标

确定个人全面预算总目标之后，为了实现该目标，需要将其分解成分目标。分解方法可以根据自身生命周期阶段来实现。比如何时参加工作、何时结婚生子、何时购买住房和车子、何时退休等，在不同阶段，预算的内容和目标并不一致。

4. 根据分目标选择、评估个人预算内容

确定好各阶段预算目标后，就可以根据预算目标选择个人预算内容，包括个人融资预算、个人投资预算、个人消费预算、退休和遗产预算等。

5. 制定并实施个人预算

确定好预算内容后，编制各预算方案，包括个人融资预算方案、个人投资预算方案、个人消费预算方案、退休和遗产预算方案等。方案制定要全面，不能有遗漏；准确，不能出现重大错误；及时，不能等到事情做完了、该阶段已过，方案还没有出来；可操作，方案制定出来要可操作、便于操作。

6. 监控和修正个人预算

在预算执行过程中，内外部环境不是一成不变的，当环境发生变化时，预算也要随之进行修正。

（1）个人因素变化

当个人资产收益率增加并导致税负上升，可以增加养老基金的缴付数额，从而规避税收，并增加退休资产。

当个人出现临时决定时，如深造、旅游等，为此可能需要出售部分证券，或减少养老基金缴付数额，这又会影响投资规划或退休规划。

当个人的工作能力、工资薪金与生活成本发生变化，如个人/家庭已完全或永久丧失了工作能力，不得不停止养老基金缴付，获得保险公司赔偿，寻找新的收入来源。

当个人婚姻破裂时，需要重新制定各自的全面预算。

（2）宏观经济因素变化

宏观经济因素的变化是复杂的，当诸如消费者价格指数、消费者支出、利率、失业、住房、贸易差额、股票指数、宏观经济政策、金融市场种类及发展、个人税收制度相关法律、法规、政策、社会保障制度、国家教育、住房、医疗制度发生变化时，也会影响相应预算的执行，这就需要我们对个人全面预算进行修正。

为了更好地实现人生目标，个人也可以聘请专业人士为自己制定更为专业的个人预算，并由其进行监控，当发现问题时能够及时告知，并提供修正方法。

在编制预算时，要协调好总目标与分目标、短期与长期预算的关系，如图1-4所示。做好统筹兼顾、量入为出：应根据长期预算对资金的需要，编制短期预算，利用资产负债表和损益表反映短期预算执行情况，最终为长期预算执行反馈信息。

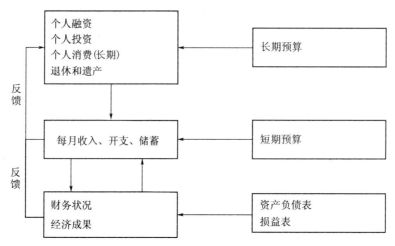

图1-4 个人长期预算与短期预算关系结构图

本章小结

本章简要介绍了企业和个人全面预算管理的产生、发展和体系构成。首先从国内外两方面介绍了企业全面预算管理的产生与发展、个人全面预算管理的产生与发展，并简要介绍了生命周期假说、投资组合理论、资本资产定价模型和有效市场假说等个人全面预算管理的理论基础。其次，从企业和个人两个角度分析了全面预算管理的普适性原理。最后，从管理机构和流程两个方面介绍了企业和个人全面预算管理体系。通过上述学习，能够让大家熟悉企业和个人全面预算管理的产生、发展、体系及相关理论基础，为熟练应用企业和个人全面预算管理打下基础。

练习题

一、单选题

1. 下列不属于全面预算管理目的的是（   ）。

    A. 提升战略管理能力　　　　　　　　B. 加强监控与考核

    C. 高效使用企业资源　　　　　　　　D. 管理系统风险

2. 下列不属于全面预算管理特点的是（   ）。

    A. 战略性　　　　　　　　　　　　　B. 系统性

    C. 局域性　　　　　　　　　　　　　D. 柔性

3. 下列不属于全面预算管理的普适性原理的是（   ）。

    A. 监督功能　　　　　　　　　　　　B. 沟通协调功能

    C. 控制功能　　　　　　　　　　　　D. 考核与激励功能

4. 企业预算管理理论开始形成的标志是（   ）。

    A. 泰勒的科学管理理论的形成　　　　B. 法约尔的组织管理理论的形成

    C. 韦伯的行政组织理论的形成　　　　D. 麦金西《预算控制》的出版

5. 个人全面预算管理真正出现的标志是（　　）。

    A. 个人理财规划师的出现　　　　　　B. 国际理财协会的成立

    C. 金融衍生品的出现　　　　　　　　D. 麦金西《预算控制》的出版

6. 不属于个人全面预算管理流程的是（　　）。

    A. 确定预算总目标　　　　　　　　　B. 分解总目标

    C. 确定当前财务状况　　　　　　　　D. 确定预算管理机构

7. 下列有关资本资产定价模型论述不正确的是（　　）。

    A. 当证券市场处于均衡状态时，资产的预期收益率等于市场无风险收益率加上资产风险溢价。

    B. β系数衡量一项资产的系统风险水平。

    C. 资本资产定价模型认为某项资产风险越大，其预期收益越低。

    D. 资本资产定价模型是在一系列假设条件的基础上建立的，在实际的市场中很难成为现实。

8. 个人财务状况中，较好的流动比率是（　　）。

    A. 1　　　　　　　　B. 2　　　　　　　　C. 3　　　　　　　　D. 4

9. 衡量个人控制开支和增加净资产能力的指标是（　　）。

    A. 盈余比率　　　　　　　　　　　　B. 长期债务覆盖率

    C. 月度生活支出覆盖比率　　　　　　D. 负债比率

10. 在搜集信息过程中，不属于自身相关财务信息的是（　　）。

    A. 收支状况　　　　B. 投资偏好　　　　C. 财务安排　　　　D. 净资产

二、简答题

1. 简述企业全面预算管理的流程。

2. 简述个人全面预算管理的流程。

3. 个人全面预算管理的内容。

三、案例分析

1. PYC 公司未设董事长，由执行董事代替董事会行使职能，而且和总经理为同一人。具体组织结构如图 1-5 所示。

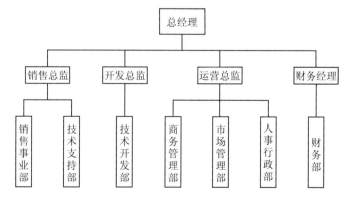

图 1-5　PYC 公司组织结构图

在预算编制中，首先由总经理直接制定下期销售目标，由销售总监承诺销售业绩，然后分配到地区负责人，进而分配到负责人管理的各团队；由财务部门编制成本和费用预算，最后由总经理批准预算方案。预算方案批准后，销售总监和销售事业部按各团队执行销售预算；其他部门执行成本费用预算。预算的协调主要由各部门上报到部门主管总监处，由各总监之间协调，难以协调的报总经理处协调。PYC 公司对预算的控制主要由各总监、财务经理和各部门负责人执行。最后，主要由财务部门执行预算的分析和评价。

要求：请分析 PYC 公司预算管理的组织结构。

2. 江先生个人资产负债表和损益表如表 1-9 和表 1-10 所示。

表 1-9　江先生个人资产负债表

个人：江先生　　　　　　　　　　　　　　　　　　　　　　日期：2015 年 12 月 31 日

资产项目	金额（元）	负债项目	金额（元）
资产总计	1 060 000	负债总计	163 200
流动资产小计	60 000	长期负债小计	145 000
现金	22 000	教育贷款	20 000
储蓄	15 000	房屋贷款	50 000
保险收入	23 000	个人贷款	75 000
其他金融资产小计	510 000	中期负债小计	2 500
股票	130 000	汽车贷款	500
应税债券	200 000	消费贷款	2 000
免税债券	100 000	其他	0
社保三金	80 000	流动负债小计	15 700
有形资产小计	490 000	信用卡透支额	5 000
住宅	310 000	赊销贷款余额	4 200
汽车	40 000	应缴税金	6 500
家具	50 000	其他应付账款	0
珠宝和收藏品等	90 000	净资产	896 800
其他资产	0	负债总值	163 200
		总资产	1 060 000

表 1-10 江先生个人损益表

个人：江先生 2015 年度

收入项目	金额（元）
收入总计	282 304.00
工资	185 040.00
奖金和津贴	42 000.00
租金收入	15 200.00
有价证券的红利	6 200.00
银行存款利息	840.00
债券利息	6 600.00
信托基金红利	6 600.00
其他固定利息收入	4 800.00
捐赠收入	2 464.00
遗产继承	12 560.00
新增出售债券收入	—
新增关联公司收益	—
其中，扣除：	—
社保三金	16 000.00
个人所得税及其他	18 000.00
实际可支配收入	248 304.00
支出项目	金额（元）
支出总计	237 070.00
膳食费用	38 900.00
交通费用	16 000.00
子女教育费用	41 350.00
各种税费	3 800.00
医疗费	5 320.00
人寿和其他保险	22 000.00
储蓄、投资支出	20 000.00
房屋贷款偿还	38 000.00
个人贷款偿还	11 200.00
服饰及个人护理费用	6 000.00
子女津贴	5 800.00
电器维修费用	5 800.00
捐赠支出	2 100.00
旅游费用	20 800.00
新增房屋维修费	—
新增房地产投资	—
收支盈余（赤字）	45 234.00

要求：试分析江先生财务状况。

第二章　全面预算管理的理论工具

通过本章的学习，读者应能理解成本的属性及主要类型；掌握变动成本与固定成本的含义与特点；掌握变动成本法与完全成本法对利润呈报和管理决策的不同影响；理解盈亏临界点的意义；掌握本量利分析方法在经营决策中的应用；理解预测分析的基本概念、预测分析的内容、预测分析的种类和预测分析的程序；掌握销售预测分析、成本预测分析和利润预测分析的基本方法；能够运用销售预测、成本预测和利润预测的常用方法和分析技术。

第一节　成本性态分析与变动成本法

一、成本的含义及其分类

（一）成本的含义

成本是衡量企业经营管理水平高低和经济效益好坏的一个重要指标。广义的成本是指为达到特定目的，已经发生、应当发生或可能发生的可以用货币单位加以计量的价值消耗。

成本会计把成本定义为：企业为生产一定数量产品所支出的各种生产费用的货币表现，又称生产成本、制造成本或产品成本。

（二）成本的一般分类

成本按经济用途分类，实际上是财务会计上的传统分类方法。在制造业单位中，成本按其经济用途可分为生产成本和期间费用。

1. 生产成本

生产成本又称制造成本或生产经营成本，是指在生产过程中为制造产品或提供劳务而发生的支出，包括直接材料、直接人工和制造费用三个成本项目。

（1）直接材料

直接材料是指在产品生产过程中用以构成产品实体的各种材料成本。

（2）直接人工

直接人工是指在生产过程中对材料进行直接加工使它变成产品所耗用的人工成本。直接材料和直接人工的共同特征是都可以将其成本准确直接地归属于某一种产品。

（3）制造费用

制造费用是指为制造产品或提供劳务而发生的各项间接费用，包括直接材料、直接人工以外的为制造产品或提供劳务而发生的全部支出，这部分支出一般情况下需要分配计入不同产品。在生产成本中，直接材料和直接人工之和称为主要成本，直接人工和制造费用之和称为加工成本。

2. 期间费用

期间费用又称非生产成本、非制造成本或期间成本，是指生产成本以外的营业与管理方面发生的费用。在西方财务会计中包括销售费用、管理费用和财务费用。

销售费用是指在流通领域为销售产品而发生的各种成本，包括广告宣传费、专职销售人员的工资、津贴和差旅费，专门销售机构固定资产的折旧费、保险费、运输费等；管理费用包括行政管理人员的工资、差旅费、办公费，行政管理部门固定资产的折旧费及相应的保险费；财务费用包括借款的利息支出等。

（三）成本按成本性态分类

成本性态（Cost Behavior）是指成本总额与特定业务量（Volume）之间在数量方面的依存关系，又称成本习性。

这里的业务量（以下用 x 表示）是指企业在一定的生产运营期内投入或完成的经营工作量的统称。业务量可以使用多种计量单位表示，包括绝对量和相对量两类。其中，绝对量具体又可细分为实物量（包括投产量、产出量和销售量）、价值量（包括销售收入、产值和成本）和时间量（包括人工小时和机器小时）三种形式；相对量也可以用百分比或比率（如开工率或作业率）等形式反映。业务量的不同计量单位在一定条件下可以互相换算，具体使用什么计量单位应视管理要求和现实可能而定。在最简单的条件下，业务量通常是指生产量或销售量。

这里的成本总额主要是指为取得营业收入而发生的营业成本费用和销售费用、管理费用及财务费用等期间费用。

全部成本按其性态分类可分为固定成本（Fixed Cost）、变动成本（Variable Cost）和混合成本（Mixed Cost）三大类。

1. 固定成本

固定成本是指在一定条件下，其总额不随业务量发生任何数额变化的那部分成本。固定成本一般包括下列内容：房屋设备租赁费、保险费、广告费、不动产税捐、管理人员薪酬和按使用年限法计提的固定资产折旧费等。

固定成本具有以下两个特点：

（1）固定成本总额（用常数 a 表示）的不变性

这一特点是其概念的再现，在平面直角坐标图上，固定成本线就是一条平行于 x 轴的直线，其模型为 y=a，如图 2-1 所示。

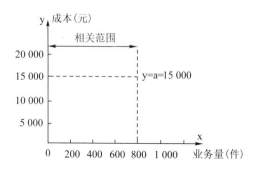

图 2-1　固定成本总额性态模型

（2）单位固定成本（以下用 a / x 表示）的反比例变动性

由于上一个特点，单位产品负担的固定成本必然随着业务量的变动成反比例变动，其单位成本性态模型为 y=a / x，反映在平面直角坐标图上是一条反比例曲线，如图 2-2 所示。

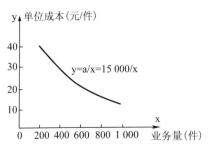

图 2-2　单位固定成本性态模型

【案例 2-1】已知：甲企业只生产一种 A 产品，原来一个月的最大生产能力是 400 件。为满足市场需求，企业决定从 2009 年起将每月最大生产能力提高到 800 件。这需要向某租赁公司租入两台设备。每月付租金 15 000 元，租期两年。2009 年上半年各月产量与租赁费用资料见表 2-1。

表 2-1　A 产品产量与租赁费用资料

月份	产量（件）	租赁费用（元）	单位产品负担的租金（元 / 件）
1	400	15 000	37.50
2	500	15 000	30.00
3	600	15 000	25.00
4	625	15 000	24.00
5	800	15 000	18.75
6	750	15 000	20.00

根据上述资料，可将 2009 年上半年各月甲企业生产 A 产品的产量与设备租金总额及单位 A 产品负担租金的关系分别用图 2-1 和图 2-2 来表示。

由此可见，该企业每月发生的租金总额（15 000 元）与 A 产品的产量毫无关系，但单位 A 产品负担的租金（15 000 / x）却随产量的不断增长而呈现反比例变动趋势。

2. 变动成本

变动成本是指在一定条件下，其总额随业务量成正比例变化的那部分成本，又称可变成本。变动成本一般包括下列内容：生产成本中单位消耗稳定的直接材料、工资率稳定的直接人工和制造费用中随产量成正比例变动的物料用品费、燃料费和动力费等；销售费用中按销售量支付的销售佣金、装运费和包装费等。

变动成本具有以下两个特点：

（1）变动成本总额（用 bx 表示）的正比例变动性

这一特点已在其定义中得以反映。将其反映在平面直角坐标图上，变动成本是一条以单位变动成本为斜率的一条直线。单位变动成本越大，即斜率越大，图上体现的直线坡度越陡。

其模型为 y=bx，如图 2-3 所示。

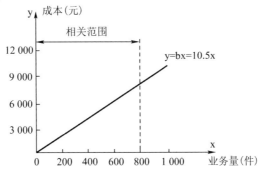

图 2-3　变动成本总额性态模型

（2）单位变动成本（用常数 b 表示）的不变性

由于变动成本总额的正比例变动性，决定了其单位变动成本不受业务量增减变动的影响而保持不变。将此特点反映在平面直角坐标图上，单位变动成本是一条平行于横轴的直线，因此单位变动成本的性态模型为 y=b，如图 2-4 所示。

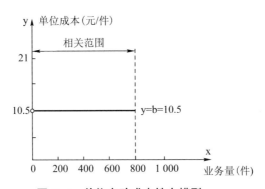

图 2-4　单位变动成本性态模型

与固定成本不同，变动成本的水平一般用单位额表现比较好，因为在一定条件下，单位变动成本不受业务量变动的影响，并能直接反映主要材料、人工成本和变动性制造费用的消耗水平。

3. 混合成本

混合成本是指介于固定成本和变动成本之间，既随业务量变动又不成正比例变化的那部分成本。

在实际工作中，常常有许多成本的明细项目属于这类成本。这是因为成本按其性态分类，采用了"是否变动"与"是否正比例变动"双重分类标志；不论哪个标志在前，分类的结果都必然产生既不属于固定成本也不是变动成本，游离于两者之间，既随业务量变动又不成正比例的混合成本。这表明混合成本的存在具有客观必然性。

4. 相关范围

变动成本和固定成本所表现出的特征受到一定条件的限制，这一"条件"称为相关范围，即成本与相关业务量（特定的成本动因）特定关系保持不变的业务量的范围，也就是说超出这个业务量范围，这种特定关系就不成立了。另外，对成本进行性态分析还需要指明相关时期，也就是说在这个相关时期内，这种特定关系是成立的，但从较长时期来讲，这种特定关系就不成立了。

对于固定成本，当企业扩大经营规模、扩大厂房时，则相应的折旧费发生变化。另外所谓"固定"，是指在一定时期内不变（通常是预算期间）。比如保险与财产税率的变动、管理人员的工资的变动，会使固定成本在不同的预算年度发生变化，但这些项目一般在某一给定年度内不会变化。固定成本的相关范围可用图 2-5 表示。

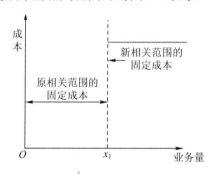

图 2-5　固定成本的相关范围

相关范围的基本原理也适用于变动成本，即在相关范围以外，一些变动成本（如燃料的消耗）会因业务量的变化有所不同。如汽车使用过度或过少，它的效率都会受到很大的影响。前面提到的销售人员的提成，当某一销售人员的业绩非常突出时，公司会相应地提高他的奖金，那么原来的提成标准就会发生变化。变动成本的相关范围可用图 2-6 表示。

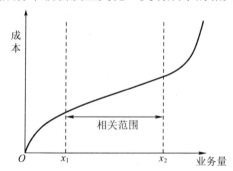

图 2-6　变动成本的相关范围

由于成本性态分析是在一定时期和一定业务量范围内进行，因此该分析方法只能用于短期分析，而不适应于企业长期决策。

二、成本性态分析

（一）成本性态分析的含义

成本性态分析是在成本性态分类的基础上，按照一定的程序和方法，最终将全部成本区分为固定成本和变动成本两大类，并建立相应成本模型 $y=a+bx$ 的过程。

其中：y 为成本总额，a 为固定成本总额，b 为单位变动成本，x 为业务量。

通过成本性态分析，可以从定性和定量两方面把握成本的各个组成部分与业务量之间的依存关系和变动规律，从而为应用变动成本法、进行本量利分析、预测分析、短期决策分析全面预算、标准成本法等奠定基础。

（二）成本性态分析基本方法

成本性态分析是在成本按性态分类的基础上，用特定的分析方法，对成本和业务量之间的关系进行分析，最终将企业的总成本分为变动成本和固定成本两大类，同时假定总成本可以近似地用一元线性方程来表示：

$$y=a+bx$$

式中，y 表示总成本，x 表示业务量，a 表示固定成本数额（包括真正意义上的固定成本及混合成本中的固定成本），b 表示单位变动成本，bx 表示变动成本总额（包括真正意义上的变动成本及混合成本中的变动成本）。

这个数学模型是最基础的表达式，反映了成本与业务量之间的依存关系，不但可以作为其他各项分析方法的基础，而且本身也可以用于成本预测和规划。但事实上，不同成本具有不同的成本性态模型。确定成本与相关成本动因关系的方法有多种，其中有些比较简单，有些相当复杂。在某些企业中，管理者采用多种方法，然后成本分析人员根据经验和判断，综合不同方法得出的结果，选出适合某项目的成本性态模型。

企业成本总额既包含了变动成本，也包含了固定成本和混合成本。成本性态分析是针对不同的成本项目分析其成本与业务量的依存关系，采用适当的方法将其所包含的变动因素与固定因素区分开，并分别归集于变动成本和固定成本，这样可以进行成本的预测，便于采取适当的方法。一般而言，分解方法可分为四类：账户分析法、合同确认法、技术测定法、历史成本分析法。

1. 账户分析法

账户分析法也称会计分析法，是根据财务会计成本核算中各有关成本账户中成本的发生方式，首先确定变动成本、固定成本和半变动成本三种性态，然后将半变动成本近似地归类为变动成本或固定成本的方法。比如成本项目中的材料费直接划入变动成本，生产设备折旧费直接划入固定成本，设备修理费是混合成本，但比较接近于变动成本，因而将此项目划入变动成本。

2. 合同确认法

合同确认法是根据企业与供应单位所订立的经济合同中费用的支付规定和收费标准来确认费用性质的方法。例如，电话费，根据电信局的收费规定，可将每月的月租费认定为固定成本，根据通话时间长短计算的通话费则是变动成本。

3. 技术测定法

技术测定法也称工程技术法，是指根据生产过程中投入与产出的关系，对各种物质消耗进行技术测定来划分固定成本和变动成本的方法。其基本做法是把生产过程中材料、燃料、动力、工时的投入量与产出量进行对比分析，用来确定单位产量的消耗定额，并把与产量有关的部分归集为单位变动成本，与产量无关的部分归集为固定成本。

4. 历史成本分析法

历史成本分析法是根据混合成本在过去一定期间内的成本与业务量的历史资料，采用适当的数学方法对其进行数据处理，从而将混合成本分解为变动成本和固定成本的一种定量分析方法。常见的历史成本分析法有高低点法、布点图法、最小平方法。

三、变动成本法

按产品成本、期间成本的划分口径和损益确定程序的不同进行分类，成本计算分为完全成本法和变动成本法。

（一）变动成本法的含义

变动成本法是指在成本计算过程中，以成本性态分析为前提，只将变动生产成本作为产品成本的构成内容，而将固定生产成本及非生产成本作为期间成本，按贡献式损益法计量损益的一种成本计算模式。

（二）变动成本法和完全成本法的比较

如上所述，变动成本法与完全成本法的主要区别表现为对固定性制造费用的处理不同，这一区别导致了两种成本计算法的一系列差异，表现为产品成本的分类标准及构成内容不同、对存货的计价不同、分期损益的计算方法不同和损益结果有可能不同。

1. 成本的分类标准及构成内容不同

企业的全部成本包括生产成本和非生产成本。两种成本计算法基于对成本的不同划分标准，形成了产品成本的不同构成内容。

在完全成本法下，根据成本的经济职能和用途的不同，将成本划分为生产成本和非生产成本。产品成本是包括直接材料、直接人工和全部制造费用在内的全部生产成本，由销售费用和管理费用组成的非生产成本作为期间费用处理。

在变动成本法下，根据成本性态把生产成本划分为变动成本和固定成本两大类。产品成本只包括生产成本中的直接材料、直接人工和变动性制造费用三个项目，固定性制造费用则作为期间费用处理。对于销售费用和管理费用这些非生产成本虽然也作为期间费用处理，但也要按成本性态划分为变动性费用和固定性费用，并在损益表内分别列示。

两种成本计算法下成本的分类和产品成本的构成如图 2-7 和图 2-8 所示。

图 2-7　完全成本法下成本的划分和产品成本的构成

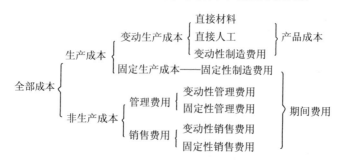

图 2-8　变动成本法下成本的划分和产品成本的构成

【案例 2-2】假定某企业只生产一种产品，该产品每月生产 3 万件，单位直接材料 8 元，单位直接人工 5 元，单位变动性制造费用 3 元，全月固定性制造费用 12 万元。采用两种成本计算法计算的该种产品的单位成本如表 2-2 所示。

表 2-2　产品单位成本计算表

成本项目	完全成本法	变动成本法
直接材料（元）	8	8
直接人工（元）	5	5
变动性制造费用（元）	3	3
固定性制造费用（元）		4（120 000 / 30 000）
单位产品成本（元）	16	20

从表 2-2 可以看出，该企业如果采用完全成本法，产品的单位成本为 16 元；如果采用变动成本法，产品的单位成本为 20 元。变动成本法下的单位产品成本之所以比完全成本法下的单位产品成本多 4 元，其原因在于变动成本法下的每件产品吸收了 4 元的固定性制造费用。

2. 存货的计价不同

在完全成本法下，固定制造费用计入产品成本。当期末存货不为零时，本期发生的固定制造费用需要在本期销货和期末存货之间分配，被销货吸收的固定制造费用计入本期损益，被期末存货吸收的固定制造费用递延到下期；在变动成本法下，固定制造费用作为期间费用直接计入当期损益，因而不会转化为存货成本。

可见，两种成本计算法对期末存货的计价是不同的，变动成本法下期末存货的计价总是小于完全成本法下期末存货的计价。

3. 损益计算方法不同

完全成本法下，利润总额为：

利润总额=销售收入-销售成本-期间费用

变动成本法下，利润总额为：

利润总额=销售收入-变动成本-固定成本

两种成本计算法对固定性制造费用的不同处理方法直接影响分期损益的计算。

第二节　本量利分析

一、本量利分析概述

（一）本量利分析的基本含义

本量利分析（Cost-Volume-Profit Analysis，CVP 分析）是成本—业务量—利润关系分析（Analysis of Cost-Volume-Profit Relationship）的简称，是指在变动成本计算模式的基础上，以数学化的会计模型与图式来揭示固定成本、变动成本、销售量、单价、销售额、利润等变量之间的内在规律性联系，为会计预测、决策和规划提供必要的财务信息的一种定量分析方法。也有人将本量利分析称为量本利分析（VCP分析）。

目前，无论是西方国家还是我国，本量利分析的应用都十分广泛。它与经营风险分析相联系，可促使企业努力降低风险；与预测技术相结合，企业可进行保本预测、确保目标利润实现的业务量预测等；与决策融为一体，企业据此进行生产决策、定价决策和投资不确定性分析；企业还可以将其应用于全面预算、成本控制和责任会计。

（二）本量利分析的基本公式

在本量利分析中所涉及的变量有固定成本、单位变动成本、销量、销售单价和利润（销售单价与销量的乘积是销售收入）。这五个变量之间存在以下关系：

利润=销售收入-（变动成本+固定成本）

　　　=（销售单价-单位变动成本）×销量-固定成本

用字符表示为：

P=px-bx-a=（p-b）x-a

式中，用 P、a、p、b、x 分别代表利润、固定成本、销售单价、单位变动成本和销量。

这个方程式明确地表达了本量利之间数量关系的基本数学模型。它包含了五个相互联系的变量，只要给定其中任意四个变量，就可以通过模型计算出另外一个变量的值。一般情况下，在规划期间利润时，通常将单价 p、单位变动成本 b 和固定成本 a 视为稳定的常量，只有销量 x 和利润 P 两个自由变量。

（三）本量利分析中的常用指标

1. 边际贡献的分类

（1）边际贡献

边际贡献（Contribution Margin，CM）描述的是企业的销售收入弥补全部的变动成本后的剩余部分。用公式形式描述如下：

边际贡献=销售收入-变动成本

根据本量利分析的基本数学模型可知利润为：

利润=销售收入-变动成本-固定成本=边际贡献-固定成本

因此，边际贡献也可以表述为边际贡献=利润+固定成本。

（2）单位边际贡献

单位边际贡献（Per-unit Contribution Margin，PCM）是指销售单价弥补单位变动成本后的剩余部分，也就是每销售一件产品带来的利润水平的增加。用公式形式描述如下：

单位边际贡献=销售单价-单位变动成本

（3）边际贡献率

边际贡献率（Contribution Margin Ratio，CMR）是指边际贡献在销售收入中所占的百分率。它反映产品给企业做出贡献的能力。其计算公式为：

边际贡献率=边际贡献／销售收入×100%

　　　　　=单位边际贡献／销售单价×100%

当企业产销多种产品时，我们可以用加权平均边际贡献率来反映边际贡献水平。用公式表示为：

加权平均边际贡献率=∑各产品边际贡献／∑各产品销售收入×100%

$$=\sum（各产品边际贡献率×各产品占销售比重）$$

2. 变动成本率

与边际贡献率具有密切关系的一个常用概念是"变动成本率"。变动成本率是指变动成本在销售收入中所占的比例，其计算公式为：

变动成本率=变动成本／销售收入×100%=单位变动成本／销售单价×100%

变动成本率与边际贡献率存在着密切关系，两者之和等于1，这一结论具有普遍性。

变动成本率+边际贡献率=单位变动成本／销售单价×100%+单位边际贡献／销售单价
×100%=1

3. 盈亏临界点

盈亏临界点（Break-Even Point，BEP）也称保本点、损益平衡点等，就是指当企业利润为零时的销售水平，即恰好弥补全部成本时企业的销量或销售额。

根据本量利分析的基本数学模型：

利润=（销售单价-单位变动成本）×销量-固定成本

由于盈亏临界点的测算可以采用实物量和货币量两种具体形式，故有下面两种计算方法：

盈亏临界点销售量=固定成本/（销售单价-单位变动成本）

盈亏临界点销售额=盈亏临界点销售量×销售单价

二、线性本量利分析

根据情况不同，本量利分析可分为单一品种下的本量利分析和多品种下的本量利分析。单一品种下的本量利分析确定的盈亏临界点可以有盈亏临界点销售量和盈亏临界点销售额两种表现。多品种下的本量利分析因涉及多个产品，需要通过价值量的计算来进行。

（一）单一品种条件下的线性本量利分析

1. 基本等式法

基本等式法是根据本量利分析的基本等式而建立起来的相应盈亏临界点的测算公式。本量利分析的基本公式为：

利润=（销售单价-单位变动成本）×销量-固定成本

盈亏临界点销售量=固定成本/（销售单价-单位变动成本）

盈亏临界点销售额=盈亏临界点销售量×销售单价

2. 边际贡献法

边际贡献法是指在本量利分析中利用边际贡献指标与业务量、利润之间的关系计算盈亏临界点的一种方法，即企业生产产品的利润为零或边际贡献刚好能够补偿固定成本时，企业处于盈亏平衡状态。用公式表示如下：

盈亏临界点销售量=固定成本/单位边际贡献

盈亏临界点销售额=固定成本/单位边际贡献×单价=固定成本/边际贡献率

【案例2-3】某企业2007年只生产A产品，单价为100元/件，单位变动成本为60元/件，企业全年的固定成本总额为300 000元，本年销售量为1 500件。试用边际贡献法计算企业盈亏临界点销售量和销售额。

单位边际贡献=100-60=40（元/件）

边际贡献率= 40÷100×100%=40%

盈亏临界点销售量= 300 000÷40=7 500（件）

盈亏临界点销售额= 300 000÷40%=750 000（元）

3. 图示法

图示法是指通过在坐标轴上绘制盈亏临界点的方式确定盈亏临界点位置的一种方法。

（1）基本式

基本式反映的是本量利的基本关系，其特点是能清晰地反映出固定成本不随业务量的变化而改变，总成本线是在固定成本线的基础上加上变动成本而得到的，如图 2-9 所示。

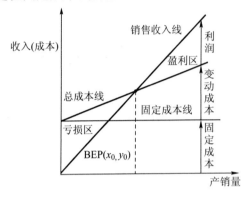

图 2-9　基本式

（2）边际贡献式

边际贡献式盈亏临界图的特点是首先绘制变动成本线，总成本的表现是以固定成本线绘于变动成本线之上，如图 2-10 所示。

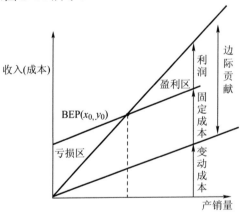

图 2-10　边际贡献式

从图 2-10 中不难看出：边际贡献式盈亏临界图强调的是边际贡献及其形成过程。盈亏临界的边际贡献刚好等于固定成本；超过盈亏临界点的边际贡献大于固定成本，也就是实现了利润；而不足盈亏临界点的边际贡献小于固定成本，则表明发生了亏损。

（3）量利式

量利式盈亏临界点图反映的是利润与销售量的关系，它的特点是将纵轴上的销售收入与成本因素略去，反映本量利关系的图形，如图 2-11 所示。

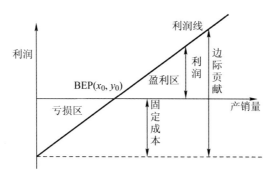

图 2-11　量利式

从图 2-11 可以看出，销售量为零时，企业的亏损额最大，其金额等于固定成本总额。随着销售量的增长，亏损逐渐减低直至盈利。因此它是最简单的一种，更易于为企业的管理人员所理解和接受。同时，量利式中的利润线表示的是销售收入与变动成本之间的差量关系，即边际贡献，利润线的斜率也就是单位边际贡献。在固定成本既定的情况下，边际贡献率越高，利润线的斜率越大。

（二）多品种条件下的线性本量利分析

在现实经济生活中，大部分企业生产经营的产品不止一种。企业在产销多种产品的情况下，只能用销售额来表示企业的盈亏临界点。通常计算多品种企业盈亏临界点的方法有综合边际贡献率法、联合单位法、分算法等几种。

1. 综合边际贡献率法

综合边际贡献率法是假设产品结构不变的情况下，通过计算多品种的综合边际贡献率，进而确定盈亏临界点销售额和每种产品的盈亏临界点的方法。

具体来说，企业盈亏临界点=企业固定成本总额/综合边际贡献率

企业盈亏临界点的具体计算步骤如下：

（1）计算综合边际贡献率

综合边际贡献率=∑（各种产品的边际贡献率×该种产品的销售额比重）

（2）计算企业盈亏临界点销售额

企业盈亏临界点销售额=企业固定成本总额/综合边际贡献率

（3）计算各种产品盈亏临界点销售额

某种产品盈亏临界点销售额=企业盈亏临界点销售额×该种产品的销售额比重

2. 联合单位法

联合单位法是指企业各种产品之间存在相对稳定的产销量比例关系，这一比例关系的产品组合可以视为一个联合单位，然后确定每一联合单位的售价和单位变动成本，以进行多品种的盈亏临界点分析。如企业 A、B、C 三种产品，其销量比为 1:2:3，则这三种产品的组合就构成一个联合单位，然后按照这种销量比来计算各种产品共同构成的联合单价和联合单位变动成本。公式为：

联合单价=A 产品单价×1+B 产品单价×2+C 产品单价×3

联合单位变动成本=A 产品单位变动成本×1+B 产品单位变动成本×2+C 产品单位变动成本×3

然后就可以计算出联合保本量，公式为：

联合保本量=固定成本/（联合单价-联合单位变动成本）

某产品保本量=联合保本量×该产品销量比

这种方法主要适用于有严格产出规律的联合产品生产企业。

3. 分算法

分算法是指在一定条件下，企业可以将全部固定成本按一定标准在各种产品之间进行分配，然后再对每一个品种分别进行盈亏临界点分析的方法；全部固定成本中的专属固定成本直接划归某种产品负担，而共同固定成本则要按照一定标准（如产品重量、体积、长度、工时、销售额等）分配给各种产品。

这种方法要求企业能够客观分配固定成本，如果不能做到客观，则可能使计算结果出现误差。这种方法可以给企业管理者提供各产品计划和控制所需要的资料。

三、利润敏感性分析

由利润计算的基本公式，可知影响利润的因素有四个：销售量、销售单价、单位变动成本、固定成本总额。企业在进行生产经营活动时，如果所采取的行动影响到这四个因素中某一个，则保本点及利润将发生变动，如果行动对多个因素产生影响，根据计算公式也能推测出保本点及利润的变化。根据预测的保本点及利润信息就可以进行决策，也就是判断所采取的行动是否可行；反过来，当企业对保本点进行了规划并制定了目标利润，就需要对生产经营活动进行事先的安排，即要确定这四个因素应该达到什么水平，才能保证计划保本点和目标利润的实现。企业可能采取单项措施，如提高销售量等；也可能采取综合措施，如在提高销售量的同时，降低成本等。四个因素对保本点和利润的影响程度是不一样的，对于企业的管理者来讲，需要了解哪个因素对利润的影响大，哪个因素对利润的影响小。掌握这些信息对决策者来讲有重大意义，有利于决策者在企业经营发生变化时及时采取最有效的对策，调整企业计划，将企业的生产经营活动控制在最有利的状态。

本量利的敏感分析，主要研究为保证经营目标的实现，各因素应处于何种水平，以及各因素的变化对保本点及利润变化的影响程度。

第三节　预测分析

一、预测分析概述

预测是根据反映客观现象的信息资料，利用各种科学的方法和技术来预计和推断事物发展的可能性和必然性的行为，即根据过去和现在预计未来。预测分析是企业进行决策的前提，科学的预测是进行正确决策的保证。

（一）企业预测分析的基本内容

企业预测分析的基本内容包括销售预测、成本预测和利润预测。

销售预测（Sale Forecasting）是在市场调查的基础上，预计和测算企业有关产品在未来一定时期的销售量和销售收入。

成本预测（Cost Forecasting）是根据现有的技术资料，对企业未来一定时期内的成本水平和变动趋势所进行的测算。

利润预测（Profit Forecasting）是根据企业经营目标的要求，预计和测算企业未来一定时期可能达到的利润水平及其长期变动趋势。

（二）预测分析的基本步骤

预测分析是一项既复杂又细致的工作，一般按以下步骤进行。

1. 确定预测目标

预测目标是根据企业经营的总体目标来设计和确定的，确定预测目标是做好预测分析的前提，是制订预测分析计划、确定信息资料来源、选择预测方法及组织预测人员的依据。

2. 收集整理资料

预测目标确定后，应着手搜集有关经济的、市场的、技术等方面的资料。这些资料有过去的纵向资料，有现在的横向资料；有市场信息、同行业的竞争情况，有国内外经济发展趋势等。在占有大量资料的基础上，还要对这些资料进行整理、归纳、鉴别，去伪存真，去粗存精。尽量从中发现与预测目标有关的各因素之间的规律性和相互依存关系。

3. 选择预测方法

每种预测方法都有特定的用途，对于不同预测对象、内容和所掌握的资料，应采用不同的预测方法。选择适当的预测方法，是提高预测工作质量的保证。如对于那些资料齐全、可以建立数学模型的预测对象，应在定量预测方法中寻找适当的方法。而对于资料缺乏的预测对象，应当根据经验去选择适当的定性预测方法。

4. 分析判断、检查验证

根据已建立的预测模型或预测中所掌握的未来信息，进行分析判断，充分揭示事物的变化趋势及发展结果。计算预测中产生的误差，检验预测结论与当前实际是否符合，并分析差异产生的原因，用以验证选用的预测方法是否适当有效，以便在预测过程中及时加以改正。

5. 做出预测结论

根据定量分析或定性分析的预测结果，做出正确的预测结论。

（三）预测分析的方法

预测分析的方法种类很多，大致可分为两大类，即定性分析法和定量分析法。

1. 定性分析法

定性分析法（Qualitative Analysis Method），又称非数量分析法，它是一种直观性的预测方法，主要依靠人们的主观分析判断来确定事物的未来状况和发展趋势。预测人员一般是有经验的管理人员、销售人员、财务人员和工程技术人员。他们按照过去积累的经验进行分析与判断，各自分别提出初步的预测意见，然后进行综合、补充和修正，得出最终的预测结论。

在缺乏完整的历史资料或有关变量之间不存在较为明显的数量关系等情况下，适合采用这种方法。定性分析法主要包括集合意见法、德尔菲法、专家小组法和寿命周期法等。

2. 定量分析法

定量分析法（Quantitative Analysis Method），又称数量分析法，它是根据较为齐备的历史资料，采用统计推断的方法或建立数学模型，对所取得的数量资料进行科学的加工处理，以充分揭示各有关因素之间的规律性联系，作为对未来事物发展趋势预测的依据的方法。定量分析按照具体做法的不同，大致可以分为趋势预测法（Trend Forecasting Method）和因果预测法（First-end Forecasting Method）。

二、销售预测

企业经营的主要目标是取得利润，而企业的产品销售收入是企业利润的主要来源。在市场经济条件下，"以销定产"是企业经营的基本原则。因此，企业的销售预测常处于先导地位，它对于指导利润预测和成本预测，安排经营计划，组织生产和进行长、短期决策都起着重要作用。

销售预测是以所搜集到的历史资料和能够获得的各种信息为基础，运用科学的预测方法和管理人员的实际经验的判断分析，预计市场对本企业产品在未来时期的需求趋势。常用的销售预测的方法很多，现介绍其中的几种。

（一）简单平均法

简单平均法又称算术平均法，是根据过去若干时期的实际销售量（额）进行平均计算，以其简单平均值作为未来的销售预测值的一种销售预测方法，其计算公式如下：

预测销售量（额）=各期实际销售量（额）之和／期数

【案例 2-4】某企业 2011 年下半年实际销售额情况如表 2-3 所示。

表 2-3　企业 2011 年下半年实际销售额

月份	7	8	9	10	11	12
销售额（万元）	110	120	105	130	126	129

要求：按算术平均法预测 2012 年 1 月份的销售额。

2012 年 1 月份预测销售额=（110+120+105+130+126+129)/6=120（万元）

该种方法的优点是计算简单，但它没有考虑时间序列的变化趋势，特别是远期和近期实际销售量对未来期间预测值的不同影响，且将各月份的差异平均化，其预测的误差可能较大，所以这种方法只适用于各期销售量基本稳定的产品的预测，如不存在季节性变动的食品和日常用品的预测。

（二）简单移动平均法

简单移动平均法是根据过去若干时期的实际资料，求其平均数的方法，但每次只用最近若干期的资料。所谓"移动"，是指预测值随着时间的不断推移，计算的平均值也在不断向后顺延。

【案例 2-5】以案例 2-4 的资料，用简单移动平均法（移动期为 3），预测 2012 年 1 月份的销售额。

2012 年 1 月份预测销售额=（130+126+129)/3=128.33（万元）

（三）移动加权平均法

移动加权平均法是对过去若干期的销售量（额），按其距离预测期的远近分别进行加权，然后计算其加权平均数，并以此作为计划期的销售预测值。

这里所谓的"移动"，是指所取的观测值（历史数据）随时间的推移而顺延。另外，由于接近预测期的实际销售情况对预测值的影响较大，所以权数应大些；反之，权数应小些。若取三个观测值，其权数可取 0.2、0.3、0.5。若取五个观测值，其权数可取 0.03、0.07、0.15、0.25、0.5。移动加权平均法的计算公式为：

$$\hat{X} = \sum (X_i \times W_i)$$

其中，$\sum W_i = 1$

计划期销售预测值=各期销售量（额）分别乘其权数之和

为了能反映近期的销售发展趋势，还可在上述基础上，再加上平均每月的变动趋势值 b，以此作为计划期的销售预测值。因此，上述公式可修正为：

$$\hat{X} = \sum (X_i \times W_i) + b$$

b=（本季度平均每月实际销售量-上季度平均每月实际销售量）/3

【案例 2-6】仍以案例 2-4 的资料，要求根据 10、11、12 三个月的观测值，按移动加权平均法预测 2012 年 1 月份的销售额。

（1）计算平均每月销售变动趋势值

三季度月平均实际销售额=（110+120+105）/3=111.67（万元）

四季度月平均实际销售额=（130+126+129）/3=128.33（万元）

b=（128.33-111.67）/3=5.55（万元）

（2）取权数 $W_1=0.2$，$W_2=0.3$，$W_3=0.5$

2012 年 1 月份预测销售额=（130×0.2+126×0.3+129×0.5）+5.55=133.85（万元）

移动加权平均法对越接近预测期的资料越重视，相对前两种平均法，有较高的预测精度。

（四）平滑指数法

平滑指数法是根据前期销售量的实际数和预测数，利用事先确定的平滑指数为权数，进行加权平均来预测下一期销售量（额）的一种方法，其计算公式如下：

$$\hat{X}_t = \alpha X_{t-1} + (1-\alpha)\hat{X}_{t-1}$$

式中：$\hat{X}_t$——预测期销售量（额）；

$\quad\quad X_{t-1}$——上期的实际销售量（额）；

$\quad\quad \hat{X}_{t-1}$——上期的预测销售量（额）；

$\quad\quad \alpha$——平滑指数。

【案例 2-7】仍以案例 2-4 的资料，假定 2011 年 12 月份的预测销售额为 130 万元，平滑指数 $\alpha=0.3$，用平滑指数法预测 2012 年 1 月份的销售额。

2012 年 1 月份预测销售额=$\alpha X_{12} + (1-\alpha)\hat{X}_{12}$=0.3×129+（1-0.3）×130=129.7（万元）

平滑指数是一个经验数据，它具有修正实际数所包含的偶然因素对预测值影响的作用。α 的取值大小，决定了上期实际数和预测数对预测值的影响大小。平滑指数取值越大，则近期实际数对预测结果的影响就越大；平滑指数取值越小，则近期实际数对预测结果的影响就越小。所以，在进行近期预测或者销售量波动较大的预测时，平滑指数应取得适当大些；在进行长期预测或者销售量波动较小的预测时，平滑指数应取得适当小些。平滑指数的一般取值在 0.3～0.7 之间。

三、成本预测

成本是影响企业经济效益的重要因素，在市场经济条件下，企业必须充分研究市场信息，了解消费需求，着眼未来，进行成本预测，确定成本目标，寻求合理的成本控制方法，有效降低企业成本。

（一）成本预测的概念

成本预测是成本管理的重要环节，它同销售预测一样，是企业以过去和现在本企业和国内外其他企业同类产品的资料为依据，认真分析企业现有的经济、技术条件，今后的发展前景，以及影响成本变动的有关因素，对企业未来一定时期内的成本水平和变动趋势所进行的测算。成本预测是企业确定目标成本和选择实现目标成本的最佳途径的重要手段，它本身就是企业动员内部一切潜力，用最小的人力、物力、财力的消耗来完成既定目标的过程。

（二）成本预测的方法

1. 历史资料预测法

历史资料预测法是在掌握有关历史资料的基础上，建立总成本模型 $y=a+bx$，利用销售量的预测值 x，预测出未来总成本和单位成本水平的预测方法。模型中 a 表示固定成本，b 表示单位变动成本，预测方法主要有高低点法、回归直线法、散布图法等。

2. 目标成本预测法

目标成本预测法是根据事先制定的目标利润和销售预测的结果，充分考虑价格因素，按照预定的销售收入扣除目标利润就得到目标成本。

目标成本=预计单价×预计销售量-目标利润=预计销售收入-目标利润

目标成本的确定既要考虑先进性，又要注意可行性。这样，才有利于调动各方面的积极性，从而保证目标利润的实现。

3. 因素变动预测法

因素变动预测法主要是测算影响产品成本的有关因素，诸如直接材料、人工成本、劳动生产率、制造费用、废品率等因素未来变动对现有产品成本的影响程度，从而为企业降低产品成本提供有用的信息。

通过各种因素对企业产品成本的影响分析，确定产品计划期的标准成本，然后与实际成本进行比较，分析原因，明确经济责任，进一步加强成本控制。

（三）加权平均法

加权平均法是在成本性态分析的基础上，根据过去若干期的固定成本及单位变动成本的历史资料，分别计算加权平均数的方法。距离计划期越近，权数设置就大一些，距离计划期越远，权数设置就小一些。另外，加权时可令 $\sum w=1$，这与销售预测时方法相同。其计算公式如下：

$$y=\sum aw_i+\sum bw_i \cdot x$$

计划期产品单位成本的预测值=y/x。

【案例2-8】某企业最近半年甲产品的有关成本资料如表2-4所示。

表2-4　甲产品有关成本资料表

月份	固定成本（元）	单位变动成本（元/件）
1	20 000	20
2	20 000	22
3	22 000	22
4	22 000	21
5	23 500	23
6	24 000	24

根据表2-4资料按距离计划期远近，分别给定权数为0.05、0.1、0.15、0.2、0.2、0.3，采用加权平均法建立总成本模型计算如下：

$$\sum aw_i = 20\ 000 \times 0.05 + 20\ 000 \times 0.1 + 22\ 000 \times 0.15 + 22\ 000 \times 0.2$$
$$+\ 23\ 500 \times 0.2 + 24\ 000 \times 0.3 = 22\ 600 \text{（元）}$$

$$\sum bw_i = 20 \times 0.05 + 22 \times 0.1 + 22 \times 0.15 + 21 \times 0.2 + 23 \times 0.2 + 24 \times 0.3 = 22.5 \text{（元/件）}$$

成本预测模型为：

$y = 22\ 600 + 22.5x$

假设7月份产量为3 000件，则预计总成本为：

$y = 22\ 600 + 22.5 \times 3\ 000 = 90\ 100 \text{（元）}$

预计甲产品的单位成本 $= 90\ 100 / 3\ 000 = 30.03 \text{（元）}$

四、利润预测

利润是反映企业在一定时期内生产经营成果的一项最重要的指标，是衡量和考核企业经济效益的重要依据。进行企业经营管理的目标之一就是企业利润最大化。为了加强企业管理就必须对未来可能产生的利润进行科学的预测。

（一）利润预测的概念

利润预测是指按照企业经营目标的要求，通过对影响利润高低的成本、业务量、价格等因素的综合分析与计量，对企业未来一定时期内可能达到的利润水平及其升降变动趋势所进行的预测和测算。利润预测实质上是对销售预测和成本预测的结果进行的必要补充。

正确做好利润预测工作，可以为企业确定最优的目标利润提供依据，有助于加强企业经营管理，扩大经营成果，提高经济效益。

（二）利润预测的方法

1. 本量利分析法的运用

利用本量利分析法预测利润，主要是根据本量利三者之间的基本关系原理、销售预测中预计的规划期可能实现的销售量或销售额，按既定的单价、成本水平及销售组合测算规划期将实现的利润额。利润的基本公式是：

利润=销售收入-变动成本-固定成本=边际贡献-固定成本

同时，根据损益均衡原理可知，超过损益均衡点的销售量（额）所实现的边际贡献即为企业实现的营业利润，因此，利润预测的公式又可表述为：

利润=（预计销售量-损益均衡点销售量）×单位边际贡献

=（预计销售额-损益均衡销售额）×边际贡献率

【案例 2-9】某企业生产单一产品，年固定成本为 1 000 000 元，单位售价 20 元，单位变动成本 16 元，预计计划年度销售量为 300 000 件，预测计划年度利润：

目标利润=300 000×（20-16）-1 000 000=20 0000（元）

或=[300 000-1 000 000/（20-16）]×（20-16）=200 000（元）

2. 利润敏感度指标在利润预测中的应用

利润敏感度指标分析是在基期利润水平的基础上，考虑计划期影响销售利润增减变动的各项因素，来确定企业计划期产品销售利润数额。影响销售利润增减变动的因素有很多，在现实经济环境中，这些因素又经常发生变动。即使它们的变动方向和变动幅度完全相同，对利润所产生的影响也可能不同。在影响利润的因素中，有些因素提高会导致利润增长，而有些因素只有降低才能使利润增长；有些只要略微变动就会使利润发生很大变动；而有些因素虽然变动很大，都只能对利润产生微小影响。那些对利润影响大的因素称为利润敏感度高，反之则称为利润敏感度低。显然，因素的利润敏感度不同，人们对它们的重视程度也就应当有所区别。对敏感度高的因素，应当给予更多的关注；对敏感度低的因素则不必作为分析的重点。利润敏感度分析的主要任务是计算有关因素的利润敏感度指标，解释利润与因素之间的对应关系，并利用敏感度指标进行利润预测。

因素对利润的敏感度 S 的绝对值越大，则说明因素的变化对利润的变化影响大。当影响利润的任一因素（如第 i 个因素）以任意幅度和任意方向单独变动（假设 D_i 为第 i 个因素变动百分比）时，则可以利用事先测算出来的某因素利润敏感度指标 S_i 很方便地预测出来这种变动将对利润产生的影响幅度，公式如下：

$$K_i = D_i \times S_i$$

上述公式中，K_i 为某因素变动使利润变动的百分比；D_i 为该因素变动的百分比；S_i 为该因素敏感度指标。

【案例 2-10】某公司只经营一种产品，单价为 10 万元，单位变动成本为 6 万元，固定成本总额为 3 000 万元。2011 年实现销售 1 000 件，获得利润 1 000 万元。假定 2012 年企业的单价和单位变动成本分别上升了 5%。计算这两个因素单独变动后对利润的影响。

利润的敏感度指标计算如下：

单价的敏感度 $S_1 = \dfrac{10 \times 1\,000}{1\,000} \times 1\% = 10\%$

单位变动成本的敏感度 $S_2 = \dfrac{6 \times 1\,000}{1\,000} \times 1\% = 6\%$

销售量的敏感度 $S_3 = \dfrac{(10-6) \times 1\,000}{1\,000} \times 1\% = 4\%$

固定成本的敏感度 $S_4 = \dfrac{3\,000}{1\,000} \times 1\% = 3\%$

当单价单独变动时：$K_0 = 5 \times 10\% = 50\%$

当单位变动成本单独变动时：$K_0 = 5 \times 6\% = 30\%$

3. 经营杠杆系数在利润预测中的应用

经营杠杆系数是指利润变动率相当于销售量（或销售额）变动率的倍数。求得经营杠杆系数后，即可据以预测计划期的利润，其计算公式为：

目标利润=基期利润×（1+利润变动率）

　　　　=基期利润×（1+销售变动率×经营杠杆系数）

【案例 2-11】假设某企业基期边际贡献总额为 80 万元，基期利润总额为 40 万元，计划期销售量将增加 30%，根据经营杠杆系数来预测计划期的利润。

经营杠杆系数=80/40=2

目标利润=40×（1+30%×2）=64（万元）

本章小结

本章介绍了全面预算编制过程中需用的理论工具。"成本性态分析与变动成本法"中，介绍了成本的含义及一般分类，解释了成本按成本性态可以分成固定成本、变动成本和混合成本，并说明了成本性态分析；介绍了变动成本法。"本量利分析"中，解释了其基本含义、基本公式，以及分析中常用指标；介绍了线性本量利分析和利润敏感性分析。"预测分析"中，说明了销售预测、成本预测以及利润预测。通过上述学习，能够让大家理解并熟练掌握全面预算编制需用的理论工具，为全面预算编制打下基础。

练习题

一、单选题

1. 变动成本是（　　）。

　　A. 不受业务量影响的成本

　　B. 不受期间影响的成本

　　C. 相关范围内总额不变的成本

　　D. 相关范围内单位成本不变的成本

2. 在其他因素不变的情况下，变动成本增加会引起（　　）。

　　A. 营业利润增加

　　B. 边际贡献减少

　　C. 保本点下降

　　D. 边际贡献增加

3. 根据各种利润指标来预测计划期产品销售利润的方法是（　　）。

　　A. 销售百分比法

　　B. 比例法

　　C. 高低点法

　　D. 回归直线法

4. 当经营杠杆系数为 2 时，目标利润变动率为 10%时，销售变动率为（　　）%。

　　A. 5　　　　　　　B. 8　　　　　　　C. 12　　　　　　　D. 20

二、问答题

1. 什么是成本性态？成本按性态可分为哪几类？

2. 简述本量利关系的数学模型。

3. 什么是经营杠杆系数？在利润预测中如何应用？

三、**案例题**

牧野公司是一家奶制品生产企业，其酸牛奶因品质上乘，口感好，销售量在同类产品中一直名列前茅。鉴于此种情况，公司管理部门计划下年度利润增加 10%，因此，要求财务部门确认影响该产品利润的主要因素，并制定下一步销售策略。该产品本年度销售单价为 30 元，单位变动成本为 20 元，固定成本总额为 400 000 元，当年销售量为 100 000 件。

如果你是财务部门的负责人，请为管理层对达到目标利润的影响因素进行分析。

第三章　全面预算管理与战略管理

本章重点阐述战略管理对全面预算管理的作用及其相互关系。战略是企业可持续发展的基础，它能为预算指明方向，而预算目标能够解读并不断修正战略，预算编制又进一步细化战略实施方案。战略和预算必须相辅相成，才能有效地指导生产经营，提升企业的竞争能力，实现企业价值最大化的最终目标。

第一节　战略管理概述

一、战略概述

（一）战略的来源

事实上，世界各国对于战略均有研究。"战略"一词来源于希腊语"strategos"，是由"stratus + eg"两个词根构成，意为"covering everything +lead/do/act"（覆盖一切+做），将其合在一起的含义是"将军指挥军队的艺术"。在中国，"战略"一词历史久远，"战"指战争，"略"指"谋略"。克劳塞维茨（Clausewitz）在其理论巨著《战争论》中指出："战略是关于战争的经济学（Strategy is the economy of force），并且是为了达到战争的目的而对战斗的运用。"毛泽东在《中国革命战争的战略问题》中提出："战略问题是研究战争全局的规律性的东西。""凡属带有要照顾各方面和各阶段性质的，都是战争的全局，研究带全局性的战争指导规律，是战略学的任务。"

一直以来，战略都是一个军事名词。直到 20 世纪六七十年代，西方的一些学者开始尝试将战略的理念引申和应用于政治、经济和企业管理领域，其含义演变为泛指统领性的、全局性的、左右胜败的谋略、方案和对策。尤其是在 1965 年美国著名管理学家安索夫（H.I.Ansoff）发表《企业战略论》之后，企业战略因此获得了越来越广泛的关注和应用，大批的学者、研究人员投入到这一领域的研究中去，随着企业战略管理理论研究的不断深入，企业战略的内涵也在不断丰富和完善。

（二）战略的概念

实际上，企业战略并不是一个简单的概念，不能仅仅从某一个方面加以描述。换句话说，理解企业战略这一概念需要多维的视角，它不仅要确定企业的未来方向和使命，还涉及企业所有的关键活动，同时需要根据内外部环境的变化不断加以调整，以期实现其确定的战略目标。企业战略由于其内涵非常丰富，因而在理论文献中尚不存在被共同认可的定义，不同的学者与管理专家赋予企业战略不同的含义。

美国著名管理学家安索夫认为，战略的构成要素可划分为产品市场领域、成长动力、竞争优势和协同性。

美国哈佛商学院教授安德鲁斯（K.R.Andrews）认为，战略是由目标、意志或目的，以及为达到这些目的而制订的主要的方针和计划所构成的一种模式。

美国达特茅斯大学的管理学教授奎因（J.B.Quinn）认为，战略是一种模式或计划，它将一个组织的主要目的、政策与活动按照一定的顺序结合成一个紧密的整体。

加拿大麦吉尔大学管理学教授亨利·明茨伯格（Henry Mintzberg）借鉴市场营销学中的四要素（4P）的提法，即产品、价格、地点、促销，提出了企业战略是由五种规范的定义阐明的，即计划、谋略、模式、定位和观念，这五个方面的定义从不同角度对战略这一概念进行阐述，共同构成了企业战略的 5P 观点。

综合以上的分析，我们将战略定义为：企业以未来为主导，为寻求和维持持久竞争优势而做出的有关全局的重大筹划和谋略。更具体地说，企业战略实际上是回答下列问题的决定：

（1）我们的基本价值观和信仰是什么？

（2）我们对未来的设想是什么？

（3）我们能提供什么样的产品和服务？

（4）什么样的客户群属于或不属于我们服务的对象？

（5）什么区域属于或不属于我们的服务区域？

（6）什么样的产品和市场代表我们最大的潜在客户和最重要的投资？

（7）什么样的竞争优势能够帮助我们成功？

（8）我们需要什么样的能力来支持我们的竞争优势？

（9）我们能获得怎样的财务或非财务的绩效成果？

（三）战略与全面预算管理

战略是为实现企业使命或长远目标而确定的整体行动规划，战略目标的实现需要相应的管理手段做后盾。而全面预算管理就是一种集系统化、战略化、人本化理念为一体的现代企业管理模式。它通过业务、资金、信息的整合，明确、适度的分权、授权，战略驱动的业绩评价等，来实现资源合理配置、作业高度协同、战略有效贯彻、经营持续改善、价值稳步增加的目标。可以说，没有预算支撑的企业战略，是不具备操作性的、空洞的企业战略；而没有以战略引导为基础的预算，是没有目标的预算，也就难以提升企业的竞争能力和价值。具体来说，战略与预算的关系表现在以下几方面。

1. 战略为预算指明了方向

瞬息万变的外部环境容易使企业迷失方向，科学的战略为企业的长期发展指明了一个长期方向，企业各种经营活动都需要以此为引导，而全面预算管理本来就是一种面向未来的活动，必须以战略作为总纲。

2. 预算目标可以解读并不断修正战略

战略一般以定性描述方式出现，属于柔性指标，不同的外部环境下，维持同一战略目标可能会有不同的策略。应对什么样的环境采取什么样的策略，战略目标并没有做出明确的说明，这正是战略执行容易出现偏差的原因所在。相比战略，预算目标具有相对短期性、现实性和可操作性，是一种定量表达，预算的执行力较强，是"基本的游戏规则"。战略目标和预算目标之间若能保持内在逻辑和相互联系，预算就可以引导和监控经营行为朝着目标推进、依据目标配置资源、通过业绩评价牵引企业落实目标，预算成为战略目标实现的有效管理工具。

3. 预算编制可以细化战略实施方案

战略本身只解决企业发展的目标和规划问题，而通过上下结合的预算编制过程，则把战略目标和规划落实为可操作的实施方案，从而保证战略的实现。

4. 预算动态管理过程可以落实战略

全面预算要想支持战略实现，以预算方案真正应用于管理过程为基础，预算的执行环节就是预算方案应用于管理过程的关键环节。预算管理通过授权执行、差异分析、更新预测来促进战略实施或推进战略的改进与调整。

可以说，没有预算支撑的企业战略缺少落实的依据，未响应战略的预算是随波逐流的浮萍，战略和预算必须相辅相成，才能有效地指导生产经营，提升企业的竞争能力，实现企业价值最大化的最终目标。

二、战略思维

（一）概述

有的战略是经过深思熟虑的，但有的战略，用句俗语，叫"瞎猫碰到死耗子"。这是一些随机的、应急的战略。我们应该知道，如果我们过去有应急战略取得成功的案例，那么今后则完全要依靠自身的预测、分析和思考。

社会经济变化的日益复杂与发展的步伐加快，必然要求企业家从对事物起因变化和发展的全局性、深远性，进行战略性的思考与谋划，只有这样才能科学把握社会经济变化发展的时代脉搏，预见其发展趋势，掌握市场的主动权。因此，具有远大眼光和开拓创新精神的企业家，必须建立和运用科学的战略思维方式，努力提高分析、认识和解决问题的战略思维水平，以推动企业快速、健康发展。

战略思维作为对关系全局性、长远性、根本性重大问题的分析、综合、判断，预见的理性思维过程，具有一般思维方式的共性，也具有其不同于一般思维分式的特殊性。与其他一般思维方式相比较，战略思维方式主要具有五大基本类别：系统性思维方式，超前性思维方式，开放性思维方式，创造性思维方式，自觉性思维方式。

（二）关于企业战略发展的几个具体思维

1. 生与死

企业战略，就是追求发展，争取"长寿"。而大多数企业并不长寿，有的在生存边缘挣扎，有的目前生存很好，但也许死亡正在临近。企业战略，就是要认真思考企业的生与死，让企业活得更健康。美国人伊查克·爱迪思曾用20多年的时间研究企业如何发展、老化和衰亡。他写了一本书，书名就是《企业生命周期》。他把企业生命周期分为十个阶段，即：孕育期、婴儿期、学步期、青春期、壮年期、稳定期、贵族期、官僚化早期、官僚期、死亡。

2. 知和行

企业学习战略要求学习管理，了解其他企业成败得失，但最终还是要行动。一个营销系教授，不一定比一个初中毕业的人更能推销。而一个人力资源方面的教授，不一定比本科生更能管理人才。战略就是这样，熟读兵法的赵括，最终让四十万人马覆灭。

相反，在当今信息社会，如果你不去知晓、不去学习，早晚也会被淘汰，只有掌握信息，才能更主动地掌握市场。没有知识和技术，企业就缺少价值。

3. 得和失

有人说，商人在意一时得失，企业家则关注未来。无论如何，只要你摆不正得和失的关系，最终会得不偿失：为了一点利润而放弃人才，最终放弃的是事业；为了小得，最终会大失；为获大得，又不愿意小失，这样的企业难以发展。

4. 多和专

有人说过，我惯于以十对百，因为我总是以十对一，来一百次，这样我就赢了。人能不能给自己准确定位，企业能不能给自己准确定位，是五项全能还是做单项冠军，企业家要考虑清楚。

5. 稳和快

求稳，没错。求快，也好。关键是企业的现状允许不允许，要有客观的分析。

6. 勇和怯

做企业没有退路，只有往前冲，如狼性文化。而如果不敢竞争，退让回避，企业则会无路可走。

7. 能和庸

企业要知道自己的能，更要知道自己的不能。如果硬要不切实际，可能导致身败名裂。如果不发现自己的潜能，又会一事无成。一家小小的乡镇企业，真的能打败国际巨头？一个农民出身的企业家，其经营业绩也许会高于世界 500 强的 CEO。要承认自己行，也要承认自己有些地方不行。

8. 贪和满

企业经营到什么程度？战略目标要设多大？企业家要在心里有杆秤。一方面要知足，为自己的成绩而自豪；另一方面要不知足，要有雄心。太知足，没有动力。太不知足，企业家可能会累死。

9. 大和强

又大又强固然好，在只能选择其一的时候，企业要认真思考。贪大图快凑"大个"的做法很可能"欲速则不达"，反而把核心企业削弱，甚至拖垮。在中国，普遍存在企业盲目做大的思维。

三、战略管理

（一）内容概述

战略管理就是一个组织对战略职能进行计划、组织、实施、监控的过程，或者说是战略制定、战略实施、战略保障、战略控制、战略总结的过程。围绕这些活动，企业同时也要建立战略组织、战略流程、战略制度、战略绩效评价体系。

在完全的市场经济条件下，如果企业不建立完整的战略管理体系，那么企业内部的其他职能管理，比如人才管理、流程管理都会受到影响，长期下去，甚至会直接影响企业战略的实现。

小规模的企业可以不重视战略管理，但企业发展到一定阶段，就必须建立战略管理体系。没有完整的战略管理体系，企业的重大决策就会出现失误，企业的发展方向就会难以明确，企业也无法制订一个较好的战略方案。

规范化的战略管理有助于辨识重要战略议题，有助于公司目标形成，有助于有限战略资源的分配，有助于指导和整合组织中众多不同的管理和运作活动，有助于预测组织的未来业绩，有助于高层管理人员思考轮廓的发展，有助于高级和中级管理人员的评估。

公司战略管理是在过去一个世纪中逐渐发展而来的，如图 3-1 所示。

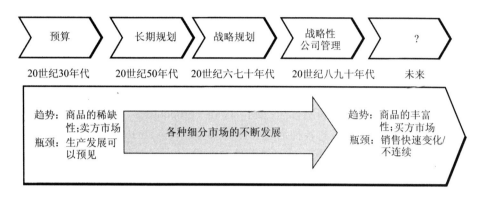

图 3-1　公司管理战略的发展过程

（二）战略管理的基本过程

凡提到管理，就意味着工作，意味着工作的流程。战略管理是根据组织的内外环境，确立组织的愿景和目标，制定、确定、实施战略，并在战略的实施过程中根据环境的变化调整、修改组织的愿景、目标和战略，以确保组织沿着正确的方向取得成功的工作流程。该工作大致的过程可以用框图简单表示，如图 3-2 所示。

图 3-2　战略管理基本的工作流程

图 3-3 是更为详细的战略管理过程，由此可见，在一个组织战略的制定过程中程序比较复杂、细腻，也更明确。

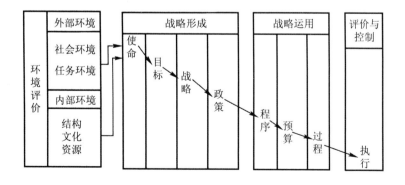

图 3-3　战略管理模型

在图 3-3 中，使命（mission）是组织存在于社会的基本职能或根本任务。使命表明组织是干什么的，应当干什么。目标（objective）是组织经营活动所要达到的结果，它们都属于计划。战略（strategy）是实现目标的方针，用于描述为实现各项目标所选择的发展方向、所采取的行动方针和决定支配运用资源的政策的总纲。政策（policy）是组织活动的指南，表现在计划中的文字说明，它为决策活动提供了方针和自由斟酌的范围，保证了行动和目标的一致，有助于目标的实现。程序（program）是由一系列规则组成的，它给出了处理未来活动的例行方法或步骤，程序的实质就是对所进行的活动规定时间先后顺序，它为政策的执行提供了方法和步骤。预算（budgets）称为"数字化"的规划，它是以货币的数值表示预期结果的方法，如现金预算、费用预算等，预算可以用资金配套的方法验证战略方案的可行性，并用于计划的制订与控制。过程（procedures）是分步骤或工艺构成的系统，它是细化的完成组织程序的各种活动。评价与控制（evaluation and control），从图中可以看出，评价与控制和执行相伴而行，它也是一个过程，其主要的目的是在战略的执行过程中，通过比较已完成的工作与计划的目标跟踪随后组织的活动和完成工作的情况。

第二节　发展规划与全面预算管理

企业发展战略目标是全面预算管理活动的航向，是企业在对现实状况和未来趋势进行综合分析和科学预测的基础上，制定并实施的中长期发展目标与战略规划。企业一般根据战略规划制订年度工作计划，编制全面预算，并将年度目标分解、落实。战略与预算是一种互动的关系，预算管理本身就是一种战略落实。企业在实施预算管理之前，应该认真地进行市场调研和企业资源的分析，明确自己的长期发展目标，以此为基础编制各期预算，使企业各期的预算前后衔接起来，避免预算工作的盲目性，从而使日常的预算管理成为企业实现长期发展战略的基石。企业战略目标的实现期间是长期的，而全面预算体系的预算指标涵盖期间是年度的，因此长期战略目标的落实与分解，并不能直接落实在全面预算管理指标体系中，之间需要一个中长期的过渡目标，这个过渡目标由企业发展规划来制定。可以说，企业发展规划是连接企业战略目标与全面预算指标体系的桥梁。发展规划的构建对全面预算能否有效能动地实现战略目标有重要意义，处理好发展规划与全面预算的相互关系十分重要。

一、发展规划概述

战略发展规划是战略目标过渡到预算指标的桥梁，全面预算管理强调以企业战略目标为基础，确定预算目标值，确保预算及年度生产经营对战略的支持作用。如何使预算目标值的设定与企业战略目标衔接？战略是长远目标的代表，而预算确定的是当年任务。如何将当年目标和十年甚至更远的目标相结合，需要以企业发展的中长期计划作为衔接的桥梁。企业发展规划和滚动规划是最佳的衔接工具。战略规划在长期战略目标与预算之间的桥梁作用如图 3-4 所示。

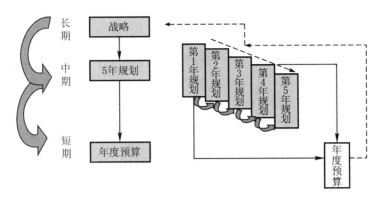

图 3-4　战略规划在年度预算目标值确定中的桥梁作用

二、发展规划的制定方法

在战略管理体系下，中期发展规划的制定可通过竞争环境分析、投资价值分析和战略评价分析这三个体系不断适应外部环境的变化，维持自身的科学性。

（一）竞争环境分析体系

战略管理中的情景规划方法作为应用的方法论，包括"持续经营能力评估""动态情景分析""情景规划方案""企业及内部组织规划""规划滚动管理"五个子模块，并与"投资价值分析"中的资本性支出优先级评估形成对应。下面对这些子模块做简要分析。

1. 子模块一：持续经营能力评估

持续经营能力评估用于分析企业内部资源能力状况及可用资源约束状况，评估行业竞争情况，并就核心竞争力与行业标杆或主要竞争对手进行标杆分析，明晰企业的竞争优劣势以及发展机遇等，为规划策略的制定奠定基础。

2. 子模块二：情景分析

情景分析是保证战略选择适用性和必要弹性的基础，是确定企业未来可能处于哪些情景环境中的必要步骤。该子模块以"情景分析四步法"为方法论，帮助企业构建未来可能面临的发展环境，系统分析企业在迅速变化和不确定性的未来环境中可能面临的各种状态，为情景规划的制定做好准备。

3. 子模块三：情景规划方案（选择）

在持续经营能力评估、情景分析的基础上，企业结合自己战略拟定规划备选方案，并依据战略情景进行比较评判，按照公司风险偏好等因素选择相对较优的方案，从而保证选定的规划策略具有高盈利、高抗风险的特征，且不管未来发生什么变化，企业均能迅速应对。

4. 子模块四：企业及内部组织规划

根据企业及各内部组织机构的业务及管理特征，建立企业和内部组织两级规划量化指标体系，明确规划指标、企业战略目标间相互变化的逻辑关系，从而实现情景参数与规划数据间的联动调整。

5. 子模块五：规划滚动调整

对于确定的规划方案，每年均要根据对关键驱动因素的监控分析，对情景的演进路径进行修正，并相应进行规划策略修订及指标的滚动设计，从而实现规划策略与数据基于环境的动态调整，提升企业的应变能力，保障规划准确性。

（二）投资价值分析体系

投资价值分析体系侧重于存量资产管理和已决策增量资产建设管理，它是针对增量资产投资的事前控制不足的弱点而设计的。

该体系以确定资本性支出项目优先级为主要功能目标，包括三个子模块：战略匹配度子模块、经济预评价子模块和情景风洞测试子模块，具体如图 3-5 所示。

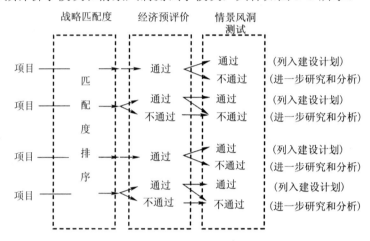

图 3-5 投资价值分析体系模块图

1. 子模块一：战略匹配度模块

战略匹配度模块的运行目前主要依靠评价人的主观判断。评价人对待判断的资本性支出项目在产业定位、经济效益与资源支持三大方面进行评价打分。

2. 子模块二：经济预评价模块

经济预评价模块主要包括评价项目的投资回收期、内部收益率（IRR）、净现值（NPV）等经济指标。系统通过基础数据的采集，基准贴现率的设置，自动计算出各资本性投资项目投资回收期、IRR 及 NPV，并根据经济预评价的评价标准，判断项目是否满足成立要求，做出类似于"通过"或"否决"的评价结论。

3. 子模块三：情景风洞测试模块

情景风洞测试通过将情景因素迭代入经济评价模型中，利用系统测算项目在未来不同情景下投资回收期、IRR、NPV 等经济指标的表现。

（三）战略评价分析体系

为防止独立预算体系下可能出现的投资冲动和目标短期化行为，可建立战略评价分析体系予以补充和修正。战略评价分析体系从最佳资产结构和公司价值最大化出发，推算支持长期价值实现的有关预算指标的合理区间，并与全面预算管理体系中相关指标进行比对和修正，确保公司长期健康发展。图 3-6 反映的是战略评价分析体系结构。

三、借助发展规划确定预算应考虑的主要因素

在以战略目标为依据，借助规划或其他中长期发展计划，确定企业预算目标值的过程中，还应参考一些因素予以修正，提升预算目标值的科学性。

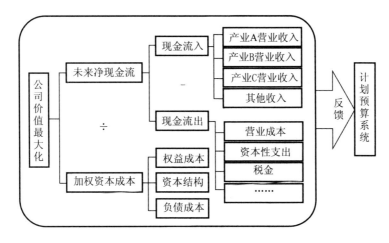

图 3-6　战略评价分析体系概览

（一）行业标准

行业标准是预算目标确定的主要参照因素之一。以行业标准作为预算目标的标杆，通过本企业和同行业单位投入产出量等效益指标相比，得出企业在同行业中的效益状况，找出企业发展与提升的空间，以确定科学可行的预算目标。

参考行业标准可以令企业关注"看前、看对手"，关注未来市场和竞争对手的变化，了解本企业和竞争对手的相对优势。

此方法适用于新建企业和非垄断企业，以及行业水平容易量化的企业。

（二）历史趋势

历史趋势反映了企业业务基于历史基础上的发展态势，将此趋势值作为企业预算目标确定的一个参考因素，更能体现企业业务发展的速度和特点。

在考虑历史趋势因素时，通常的做法是以上年完成利润或前几年完成利润的平均数为基础，再结合其他因素，如移动通信企业依据国民经济的增长速度、移动电话普及率、消费偏好预测等因素，确定一个固定的加成比率，以此确定企业预算目标。

这种方法简单易行，通常在企业的实际预算编制过程中应用也最广泛，但是，这种方法隐含一个基本的假设前提：过去的经营状况是合理的，历史将会延续。事实上，企业过去的经营业绩可能并没有完全反映企业的管理能力，而只是反映了企业资源的占有状况，而且这种方法可能出现管理层操纵企业盈余、实行利润调节的现象，由此造成企业稳健成长的假象。

第三节　资源配置与全面预算管理

一、企业是资源输入输出系统

企业是以资金为纽带的资源输入输出系统，企业的盈利来源于资源交换的剩余，而企业资源交换有两种基本形式。

（一）资本市场的资源交换

企业在资本市场的资源交换指的是企业的股东将股本投资到企业，企业又以股东的身份投资于子公司，如图 3-7 所示。

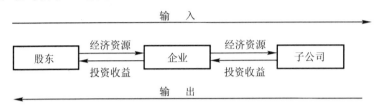

图 3-7 企业资源在资本市场的交换形式

对于企业来说，资源流入大于资源流出是企业能够生存的基本条件。从图 3-7 可以清晰地看到，企业通过资本市场上的资源交换，获取投资收益，从而保证企业的生存与发展。在单一资本市场投资模式下，企业得以长期生存的基本要求是企业获取的投资回报大于或等于企业资本成本与企业经营成本之和。企业在资本市场投资有其自身的规律和特点，在此不多做阐述。

（二）产品劳务市场的资源交换

更多的企业是通过产品劳务市场的交换获得利润，为了能使企业的产品劳务达到顾客需求，企业从外部购入资源，如图 3-8 所示。

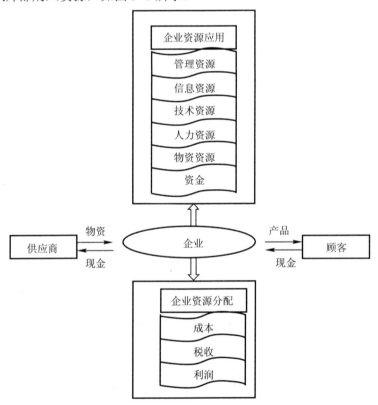

图 3-8 企业资源在产品劳务市场上的交换

从图 3-8 可以看出，企业资源系统是开放式的。企业根据顾客需求，先与供应商交换输入资源，获得资源后，整合内部资源形成产品或劳务，再与顾客交换，取得现金。现金是资源交换的介质，企业的一个交易循环结束后，形成了企业资源分配结果，产生了成本、税收和利润。

获取利润是企业的目标。税收是政府强制性参与分配的结果。成本是企业对资源耗费的补偿。企业能够持续经营的基本前提是：从需方市场获取的资源流入大于向供方市场的资源流出与企业内部资源耗费之和。

从以上分析可以得知，企业生存和发展的必要条件是各种资源的流入大于流出。企业只能通过提高资源配置的效率和效果，获取更多的利润和现金流入。

二、全面预算管理优化企业资源配置

全面预算管理是现代企业管理的一项重要工具，它是实现企业经营战略的载体，是企业管理各层面对企业全部经营活动各方面以货币的形式总括反映企业在一定期间内应实现的战略目标，并逐步分解到企业各责任中心，借以预测未来期间的经营成果和财务状况的系统工具。

资源的分配直接影响企业的劳动生产率，直接决定企业的效益，从而决定了企业的生存和发展。企业管理在很大程度上都是对企业资源的整合、重组和优化。

企业资源的配置一般表现为企业生产经营过程中对资源在时间上、空间上和数量上的要求，其实质就是选择不同资源构成满足社会需求的产品，也可以认为企业资源配置是企业根据企业的目标将资源的用途在不同的时间上、空间上和数量上进行合理配置。

那么如何通过全面预算管理实现企业资源的优化配置呢？全面预算整合企业资源，如图 3-9 所示。

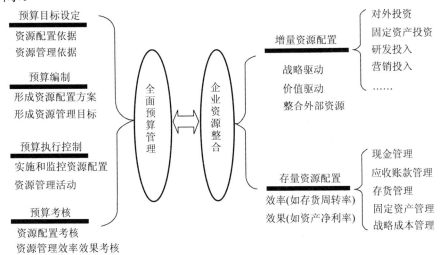

图 3-9　全面预算整合企业资源

全面预算管理的基本过程包括：选择预算主题、确定预算目标、编制预算、预算执行控制、预算分析与改进等。下面就结合全面预算管理实施过程，具体讨论全面预算管理在优化企业资源配置方面发挥的作用。

（一）预算主题选择

预算主题反映企业通过预算所要达到的主要目的，是企业预算管理所围绕的核心，对于确定企业预算活动的重点有重要的指导作用。企业通常可选择的预算主题包括：①支持企业战略；②优化资源配置；③控制成本费用；④提高运营效率；⑤支持市场拓展；⑥控制企业风险；⑦优化资本结构；⑧完善内部治理。

企业预算主题的设定应围绕企业的长期战略目标——企业价值最大化进行，同时，又要考虑企业的短期矛盾，如成本问题、营运资金效率低问题、子公司管理失控问题等，在综合平衡企业长短期矛盾的基础上设定企业的预算主题。

企业在发展过程中应该本着"解决主要矛盾以及矛盾的主要方面"原则，根据不同的内外部环境而选择不同发展阶段的预算主题，企业也可以同时选择多个预算主题，但是选择预算主题要考虑可实现性，一次不宜选择过多的预算主题。

以上列示的预算主题，无一不是以提高企业资源使用效率和效果来展开的，只是每个预算主题从不同角度、不同重点去分析研究而已。

（二）预算目标选择

企业为实现战略目标，会采用很多措施和方法，其中计划管理是必要方法之一。首先将战略目标分解为年度经营计划目标，再通过全面预算在时间维度（如年度、季度、月度）和空间维度（如各个责任中心）上进行详细分解，从而将战略目标详细落实到每个责任单位和每位员工具体的行动，以保证年度经营计划目标的实现，进而保证战略目标的实现。因而，年度经营计划是战略的分解，全面预算目标是年度经营计划的衔接，通过全面预算，实现年度经营计划目标，从而实现企业战略目标，通过全面预算实施、分析差距、反馈调整，完成战略目标。

预算目标是与企业的资源分配紧密联系的，在资本自由流动的经济环境中，企业往往不缺乏资本资源，而是缺乏有效使用资源的方案。所以企业能获得多少资源取决于是否具有快速发展的预算目标。高速增长的预算目标往往具有增量资本性支出预算作为支持，一旦正式实施就意味着企业需要更多的资源投入。下面来比较一下两种确定企业目标的思路，如图 3-10 和表 3-1 所示。

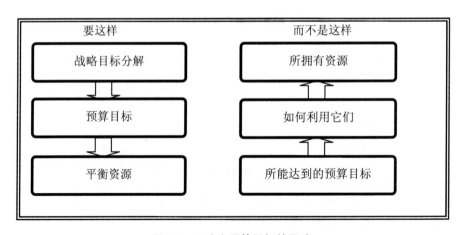

图 3-10 确定预算目标的思路

表 3–1　两种确定预算目标方法比较

项目	传统计划管理	全面预算管理
战略	与公司战略结合不紧密，难以支撑战略目标的实现	围绕战略目标的实现配置资源
目标	自上而下分配目标，没有博弈过程，容易造成被动执行	通过博弈过程上下结合配置资源，易实现目标
资源配置	可能导致资源占用与公司目标不匹配	可整合资源，充分利用外部资源、提高内部资源效率

通过以上比较不难看出，全面预算管理遵循围绕企业目标的实现配置资源的原则，以预算目标的实现来保证战略目标的实现。需要提醒的是：企业可能获取的资源不是无限的，确定预算目标时，也要考虑获取相关资源的可能性。

（三）预算编制与平衡

预算的编制平衡过程是事前对企业资源（包括存量资源和增量资源）进行合理规划，以达成最佳的资源组合的过程。全面预算管理包含业务预算、投资预算、筹资预算和财务预算等业务内容，确定各项业务内容的预算目标，并对企业预算期的经营活动进行预测和规划，据以配置企业资源。

全面预算管理为企业建立了信息沟通平台，全方位地列示出预算期各项经营活动将对企业财务状况和经营成果产生的影响，以及各项业务活动对应的资源需求。企业预算管理部门在预算平衡时，可以充分考虑各种业务组合的可能性，并在多方案组合中选择资源配置效果最佳的方案。

当然，企业时刻面临着经营环境的不确定性。在编制企业预算时，某些资源是否能获取、某些项目是否会实施、各业务单元资源流出是否会突破使用目标、资源流入是否能达到预算目标等，都存在一定的不确定性。这要求企业在编制预算时加强分析研究，充分考虑各类事项发生的可能性；另外，企业在预算执行中建立预算追加调整程度，以适应企业经营环境的变化；同时在预算平衡时，企业做一定额度的预算准备，以应对各种不确定事项的发生。

（四）预算执行控制

预算的执行控制过程是检查、监督资源的使用是否与预算目标相匹配，并不断地根据企业经营管理实际情况的需要，调整修正资源应用的过程。预算执行控制时，要本着"量入为出"原则，根据资源流入平衡各项资源流出，以便使资源的使用与预算目标最佳匹配。

全面预算管理强调协同，并使责、权、利相结合原则能真正落到实处。预算管理从董事会、经营者、各部门乃至每个员工的责、权、利关系角度出发，明晰各自的权限"空间"，从而科学地管理和可靠地执行，使预算决策、预算行为与预算结果得到高度的协调和统一。可以说，正是由于不同主体在预算管理上的"分"，才强化了预算的全方位管理与控制，使最高决策者的战略思想得以细化落实，并最终带来效益的提高。

以企业经营活动的资金管理控制为例，来看一下各种情况下企业资金使用与预算目标是如何匹配的。

（1）如果企业预算期经营活动流入的现金流量低于原预算目标，那么企业面临着以下选择：

① 减少经营活动现金支付；

② 借入短期借款；

③ 减少投资活动的现金支付；

④ 增加股东投资。

（2）如果企业预算期经营活动流入的现金流量高于原预算目标，那么企业面临着以下选择：

① 增加经营活动现金支付；

② 归还短期借款；

③ 增加投资活动的现金支付；

④ 支付现金股利。

现金流量与预算目标发生偏差的情况是客观存在的，平衡现金流入和流出是围绕预算目标的实现进行的。一般情况下，只有经营活动产生的现金流入或流出持续偏离预算目标，且在可预见期间内这种偏离是不可逆转的，企业才会考虑调整非经营活动的现金流量来适应形势变化。同样的道理，也只有投资活动产生的现金流入或流出持续偏离预算目标，且在可预见期间内这种偏离是不可逆转的，企业才会考虑调整非投资活动的现金流量来适应形势变化。

所以说，预算执行控制始终围绕"实现预算目标"这个核心，调配企业各项资源，在企业短期利益和长期利益、局部利益和全局利益之间进行平衡，以期达到全面预算管理最佳的资源使用效果。

（五）全面预算分析与改进

开展全面预算执行分析，预算执行单位应当充分收集财务、业务、市场、技术、政策、法律等方面的有关信息资料，根据不同情况分别采用比例分析、比较分析、因素分析、平衡分析等方法，从定量与定性两个层面充分反映预算执行单位的现状、发展趋势及其存在的潜力。

预算分析涵盖内容较广，除预算目标是否实现外，还包括预算项目本身执行情况、预算与企业管理基础相适应等问题。围绕预算目标的可实现性，预算分析的基本思路是：

（1）预算目标是否达成？

（2）已达成的预算目标：未来期间预算目标是否能持续完成？是否还可以通过优化资源配置达成更高目标？

（3）未达成的预算目标：未来期间预算目标是否能总体完成？是否需要通过资源配置达成目标？

（4）资源配置是否与预算目标相匹配，可否优化？

预算分析过程其实是检查分析资源配置与预算目标是否相匹配的过程，资源配置是否还有优化空间的过程。

预算改进除了预算制度流程本身的改进方面，主要也是根据预算分析的结论，不断寻求企业资源优化配置的过程。

企业预算改进工作是一个持续过程，将预算改进方案应用于预算主题、预算目标、预算编制与执行，形成良性循环，企业的全面预算管理才能在企业经营管理过程中发挥越来越好的作用，才能更有效地寻求企业资源更优级的方案。

三、全面预算管理提升企业价值

从以上分析可以看出：通过全面预算管理优化企业资源配置，以提高企业资源的使用效率和效果，为实现企业价值最大化服务，从而成为企业实现战略目标强有力的支撑工具，是全面预算管理的核心价值之一。

实施全面预算管理能解决企业运营管理中的一部分问题，也能通过预算管理工具发现企业运营管理的一部分问题，但是并非所有的管理问题都能通过全面预算管理来发现或解决。因此全面预算管理并不是孤立发挥作用的，企业实施全面预算管理值得去思考和关注的问题是：全面预算管理的方案设计必须结合企业现行的管理基础；全面预算管理需要与专业的企业管理工具结合（如 ERP、企业战略、绩效管理、质量管理等），只有这样才能更好地发挥作用。

本章小结

本章介绍了战略管理的来源、概念，以及其与全面预算管理的关系；解释了几个战略思维方式及关于企业战略发展的具体思维；详细解释了战略管理的内容、基本过程；说明了竞争环境分析体系、投资价值分析体系和战略评价分析体系三个发展规划制定方法；全面介绍了资源配置与全面预算管理的关系。通过本章学习，使大家了解战略与全面预算管理的紧密关系及互相之间发挥的作用。

练习题

一、单选题

1. 战略与预算的关系表现在（　　）。

　　A. 战略为预算指明了方向

　　B. 预算目标可以解读并不断修正战略

　　C. 预算编制可以细化战略实施方案

　　D. 以上都是

2. 决定公司长远发展方向的战略是（　　）。

　　A. 职能战略

　　B. 经营单位战略

　　C. 总体战略

　　D. 竞争战略

3. 战略分析包括企业外部环境分析和（　　）。

　　A. 企业内部条件分析

　　B. 企业经营情况分析

　　C. 企业管理境况分析

　　D. 市场环境分析

二、简答题

1. 借助发展规划确定预算应考虑的主要因素有哪些。

2. 简述战略与预算的关系。

3. 战略思维方式具有的几个基本类别。

三、案例题

宝钢集团第一钢铁有限公司为上海宝钢集团公司的子公司之一，属于国有大型钢铁企业。该公司逐步建立起了具有特色的全面预算管理模式，该模式的基本结构包括指导思想、预算管理机构、预算管理流程和预算内容四个部分。

1. 指导思想

根据战略定位，该公司确立了"以市场为导向，以产品为对象，以效益为中心，努力节支增效，确保公司经营目标实现"的中长期预算管理指导思想。

2. 预算管理机构

该公司预算管理机构的主干部分包括预算委员会、预算办公室、预算归口部门、预算责任部门和考评部门。

3. 预算管理流程

除了组织上的落实之处，该公司还制定了科学的全面预算管理流程，包括预算编制、预算执行、预算调控和预算考评等阶段的流程。

4. 预算内容

该公司预算内容是根据预算大纲，在预算目标和预算假设的前提下编制总预算、分预算和专项预算。预算大纲中确定了预算目标。总预算包括损益预算、现金流量预算、资本性支出预算及资产负债预算等。各部门需要制定部门预算，相关归口部门需要编制相应的专项预算。分预算包括期间费用预算、成本制造预算、营业外收支预算、投资收益预算等。

该公司决定在前期工作的基础上加强预算管理的战略性，那么，该公司应如何完善预算对战略的调整作用，提高战略的适应性呢？

第四章　全面预算管理意识培养

本章围绕全面预算管理意识培养的内容进行展开。内容主要有：强化全局意识，树立全面协调发展的理念；培养量入为出、统筹兼顾意识；培养风险管控意识，规避法律风险；强化责任意识，降低道德风险；培养创优意识、加强绩效考核。

全面预算管理是一个历经考验之后，方才得以广泛推广应用的管理方式，其同时也代表着无数优秀管理者的智慧结晶。因此，企业务必要引起重视，并在深入了解全面预算管理本质及实施要点的前提下，通过加强培训宣传等形式及时调整员工观念偏差，进而培养员工人人参与预算管理的思想意识。全面预算管理所需的财务数据涉及企业经营管理的各个环节，与全体职工的权责及利益息息相关。员工只有充分明晰自己的职责，积极参与到预算管理活动中，才能促进全面预算管理得到具体落实。

第一节　强化全局意识，树立全面协调发展的理念

全面预算作为一种全员、全过程、全方位参与编制与实施的预算管理模式，具有计划、协调、控制、激励、评价等综合管理功能，可有效整合企业的资金流与实物流、业务流、信息流、人力流。做好全面预算管理工作要摒弃片面意识，强化全局意识。预算管理是利用预算对企业内部各部门、各单位的各种财务及非财务资源进行分配、考核、控制，以便有效地组织和协调企业的生产经营活动，完成既定的经营目标。业务预算、财务预算、资本预算、筹资预算共同构成企业的全面预算。因此，全面预算管理不单纯是财务、会计或某个特定职能部门的管理，而是企业综合的、全面的管理、是具有全面控制约束力的一种机制。

一、全员参与

如果企业全面预算管理要做到全员参与，那么全面预算管理就不能仅仅是财务部门的责任，也不能仅仅是决策部门的责任。全面预算管理要求企业全体员工都能参与到工作中来，要求全体员工接受关于全面预算管理方面的培训，明确全面预算管理的战略目标和分解目标，要求所有人员照章办事，避免渎职，统一思想，提升责任感，明确责任制。

如图 4-1 所示，全面预算是全员参与的预算管理，预算管理不只是财务部门的工作，而是整个企业内部各项资源的整合，它的系统性和战略性要求企业销售、生产等各业务部门人员共同参与，仅仅依靠财务部门，是不可能单独完成预算管理重任的。特别是基层人员，他们是预算的具体编制者和执行者。基层员工在预算管理推行过程中的任务是在各自岗位上接纳和执行全面预算管理，因而也可由中高层员工担任内部讲师，有针对性地分别对其进行培训、宣传，并辅以小组讨论等方式，使沟通更顺畅、员工接受度更高。执行沟

通计划的目的是使所有人员都认识到实行全面预算管理是企业建立自我约束、自我控制、自我发展机制的有效办法。全面预算管理能使企业的各类资源得到最优配置，提高企业的运行质量，真正实现企业价值最大化，也使员工的人生价值得到充分的体现。只有这样才能真正实现预算的全员性。

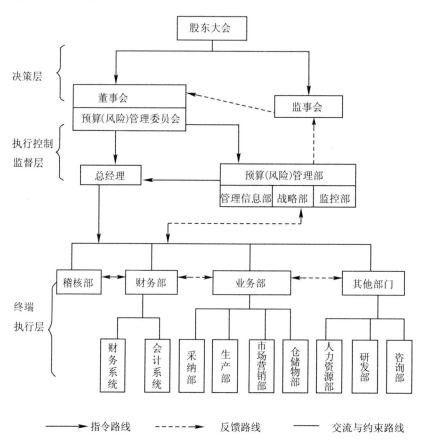

图4-1　全面预算管理组织结构图

【案例4-1】某公司号称开展全面预算管理，决策层将编制全面预算管理的工作分配给财务部门。财务部门拿到任务后闭关三天，不吃不喝编制了一个预算，完成之后将此交给业务部门，并告诉业务部门："就要照这个执行。"不料业务部门的人员看了一眼预算表就说："这个我们可办不了，你们什么都不了解，就给我们下任务，你们财务部呀，真是站着说话不腰疼，明年的任务你们财务部去完成好了。"财务部门将情况向决策层反映，决策层意识到全面预算管理不只是财务部门的工作，明年的工作是各个业务部门去做，那么把预算交给业务部门去做吧。业务部门都是做事能手，在自己的工作岗位上很有建树，但是预算没做过，也不知道怎么做，最后交上来的预算也都拼拼凑凑、敷衍了事。决策部门终于意识到，做好全面预算管理并非易事，要做到全员参与，要给各个层级的管理者和基层员工做相应的培训，并建立相应的预算考核等配套设施，增强员工的主动性和积极性，全面预算管理才可能顺利实施。

【案例4-2】某公司通过借鉴母公司全面预算管理的经验，结合自己的特点，经过探索和实践，在实施全面预算管理中取得一定成效，建立了一套较为完整的全面预算管理体系。然而，这个全面预算管理体系仍然有些不足之处：不论是战略方面还是在对预算编制执行过程中，一些职能部门人员向财务营运分析报部门预算时，常常不及时，有时还不是很配合。还有一些部门人员虽然配合，但他们对怎样编制本部门预算还有疑问。一些基层员工或职员，很多不了解公司预算目标和战略方向，没有真正理解全面预算管理的内涵和实施，停留在对传统预算的理解，感觉预算指标只是制约支出的财务数据，没有将全面预算管理与企业战略、企业业务管理以及组织结构联系起来。

这些都导致在全面预算管理上缺乏主动性、自觉性，使企业在全面预算管理中并没有很好地实现预算管理的全员性。造成这些问题的原因主要是由于沟通问题导致的信息不畅通或信息不共享，或信息误解的一些问题。沟通不畅使很多基层员工没有对全面预算管理的理念与制度有一个清晰的认识，进而在执行预算的时候产生不遵从预算的不良情绪，影响工作的进行。基层人员是全面预算管理环节中的重要部分，也是保证预算管理全面性的基础。他们是预算编制的具体人员和预算实施执行的关键人物。这种存在于基层人员的沟通不畅问题，使预算编制人员不能很好地理解公司的战略，进而导致预算的编制结果背离公司的战略目标。而这些都导致许多预算编制和执行的问题。

二、全方位编制

全方位编制是从企业价值链和经营活动角度对全面预算管理的理解，全面预算管理应该从销售、生产、投资、资金等环节到利润、费用环节，最后到利润表、资产负债表及现金流量表等所有方面的预算。在注重销售预算、生产预算、采购预算、人工预算、制造费用预算、制造成本预算、销售费用预算、管理费用预算、财务费用预算等损益类项目的预算，对节约费用、降低成本、提高效益非常重视时，企业更要加强对编制预计资产负债表、预计现金流量表、预计利润表的情况。

三、全过程控制

如图 4-2 所示，全过程控制是对事前、事中、事后三个环节进行控制，即贯穿于编制、执行、反馈、分析、评价和考核全过程。企业全面预算管理方案的编制不能仅仅停留在编制阶段，要加强过程控制、预算考核和绩效考核的把控。

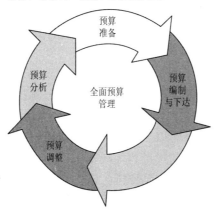

图 4-2 全面预算管理基本架构体系图

对企业而言，培养员工的全面预算管理意识，强化各个岗位职工的全局意识更为迫切。要激励员工时刻胸怀全局，从战略高度树立全面预算意识。全面预算管理应以实现股东需求为目的，同时兼顾管理层、内部员工等利益相关方的短期和中长期利益，树立资本的稀缺意识，由利润管理向价值管理转变，统筹调度财务资源，全面平衡发展、风险与效益的关系。在综合平衡的基础上，预算管理应注重解决发展速度与发展质量的关系，并确保短期发展方向不偏离中长期发展目标。

第二节　培养量入为出、统筹兼顾意识

一、量入为出，收支平衡

预算收支决定关系的原则有量入为出和量出为入两种。西周《礼记·王制》所载"必于岁之杪，五谷皆入，然后制国用；用地大小，视年之丰歉，以三十年之通制国用，量入以为出。"量入为出一直成为我国政府预算中居支配地位的理财原则，收入具有决定作用，收入是支出规模的上限，有多少钱，办多少事，即实行"以收定支、量入为出、收支平衡，略有结余"预算原则。

"量入为出、收支平衡"是《预算法》预算编制的基本原则。强调预算要以收定支，收支平衡，不搞赤字。预算既要考虑企业发展和建设的需要，也要考虑企业的财力、物力，有多少钱办多少事，少花钱多办事，办好事。

全面预算管理要求企业进一步挖掘、盘活和用好现有人力资源，实现人力资源价值的最大化，提高企业综合竞争力。影响企业经营活动的变量因素错综复杂，是多方面的。往往并不局限于一项，因此，不能简单地将一个单项因素作为企业整个预算的自变量。即使在以销定产的企业，商品的销售量可作为预算体系中的重要变化因素，但是也不能将其固定为唯一变化因素。

二、统筹兼顾，保证重点

全面预算需要有统筹兼顾意识，应配合企业战略目标，提供并分析有关企业财务、学习和成长、内部经营过程、顾客等综合信息，通过运用财务和非财务信息体现企业战略方针，利用更为灵活合理的全面预算编制方法构筑较完善的全面预算并成为战略管理体系的核心部分。

（一）统筹规划

中长期规划是做好各项实际工作的重要依据，全面预算编制必须依据规划，才能提高全面预算编制质量。做好统筹规划，能够提高规划的科学性、前瞻性和指导性。一般来讲，三年以内的规划为中期规划，五年以上的规划为长期规划。财务部门要发挥预算的综合作用，认真测算经费供应总量、投向投量和增减变化趋势，坚持按规划建设，按分工保障，通过调控经费投向投量，统筹引导规划安排，提供财务信息支持和财经决策依据。对规划中不符合预算管理规定和超出经费保障能力的，要及时提出修订意见，为预算管理和资金保障创造条件。

（二）统筹资源

统筹资源，重在指导资源的优化配置。在全面的统筹规划下，决策部门要注重发挥预算的综合和宏观调控作用，统一筹措经费，统一调配物资，实现财力和物力的合理优化配置，使人、财、物达到协调统一。此外，要协调优化资源配置。受预算支出供应总量制约，各项建设和经费保障必须按确定的规划实施。

（三）统筹安排

统筹好规划，统筹好资源，其目的是达到良好的统筹安排，使企业的人力、物力、财力等资源合理运用。各部门之间要搞好协调配合，既要突出重点，又要统筹兼顾，处理点与面的关系，坚持以点带面，抓住重点，突破难点。

第三节　培养风险管控意识、规避法律风险

一、培养风险管控意识

（一）预算编制环节的主要风险及风险管控

1. 预算编制环节的主要风险

一是有些企业预算编制以财务部门为主，其他业务部门的参与度较低，可能导致预算编制不合理，预算管理权责不清；二是预算编制所依据的相关信息不足，可能导致预算目标脱离企业战略规划、经营计划、市场环境等企业实际情况，可能降低预算编制效率；三是预算编制程序不规范，使得横向、纵向信息沟通不畅，也会导致预算目标不合理；四是预算编制方法选择不当或编制方法过于单一，也可能导致预算目标缺乏准确性、合理性和可行性。

2. 主要风险的管控措施

第一，全面性控制。企业应该将各个部门和单位的业务活动纳入全面预算管理，明确各个部门和单位的预算编制责任。第二，编制依据和基础控制。企业明确指定的战略规划，依据战略规划制订年度经营目标和经营计划，并将此作为编制预算目标的主要依据。深入展开对企业外部环境的调研和预测，确保预算编制以市场预测为依据，与市场环境和社会环境相适应。另外，深入分析企业一定期间的预算执行情况，充分预计企业预算期内的资源状况、技术水平、产能等环境的变化，确保预算编制符合企业实际情况。第三，编制程序控制。企业应当按照上下结合、分级编制、逐级汇总的程序编制预算。第四，编制方法控制。企业应当充分考虑自身经济业务的特点选择或综合运用固定预算、弹性预算、滚动预算等编制方法编制全面预算。

（二）预算审批与下达环节的主要风险及风险管控

1. 预算审批与下达环节的主要风险

全面预算管理没有经过审批或者越权审批都可能导致预算权威性不够，严重的可能导致出现重大差错或者舞弊而导致损失发生。全面预算下达不利很可能导致后期预算执行和预算考核无据可查。

2. 主要的风险管控措施

第一，企业在进行全面预算审批时应当严格执行《公司法》等相关法律法规及企业章程的规定，降低法律风险。第二，企业全面预算经审议批准以后应该及时以文件形式下达到各部门。

（三）预算指标分解和责任落实环节的主要风险及风险管控

1. 预算指标分解和责任落实环节的主要风险

预算指标分解不够具体，可能导致某些岗位和环节缺乏预算执行和控制的依据；预算指标分解与业绩考核体系不匹配也可能影响预算执行；预算责任体系缺失或不健全可能导致预算责任无法落实，预算缺乏强制性与严肃性；预算责任与执行单位人员能力不匹配，可能导致预算执行遇到问题或者预算目标难以实现。

2. 主要的风险管控措施

第一，企业的全面预算一经批准下达，各执行单位应该及时将预算指标层层分解，做好横向分解和纵向分解工作：横向分解，即将预算指标分解为若干相互关联的因素，寻找影响预算目标的关键因素并加以控制；纵向分解，即将各项指标层层分解到岗位和个人，明确划分责任部门和最终责任人。第二，建立预算执行责任制度，通过签订目标责任书等形式明确各预算执行部门和人员的预算责任，并且定期或不定期地对责任指标完成情况进行考评。

（四）预算执行控制环节的主要风险及风险管控

1. 预算执行控制环节的主要风险

预算执行过程中缺乏严格的授权审批制度，或预算审批权限及程序混乱，可能导致预算执行过于随意，甚至可能出现越权审批的现象，降低预算的执行效率和预算执行控制的严肃性；预算执行过程中缺乏有效的监控，可能会导致预算执行不到位，难以实现预算目标；缺乏有效的预算反馈和报告体系，可能会导致预算执行的情况不能及时得到反馈，不能进行有效沟通，预算差异也就得不到及时分析，预算监控的作用也就难以得到发挥。

2. 主要的风险管控措施

第一，加强资金收付业务的审批控制，及时制止不符合预算目标的经济行为，进而确保各项业务和活动都在授权的范围内运行。企业应当建立规范的授权审批制度和审批程序，特别是针对资金支付的相关事项，避免越权审批、违规审批和重复审批现象的出现。第二，建立预算执行实时监控制度，及时发现预算执行中的偏差，并进行合理纠正。第三，建立重大预算项目特别关注制度。企业应当密切跟踪重大工程、重大对外投资等预算项目的实施进度和完成情况，对其进行严格监控。

（五）预算分析环节的主要风险及风险管控

1. 预算分析环节的主要风险

预算分析环节如果出现不科学、不及时的现象，可能会导致预算考评不公平、不客观，会降低预算执行和控制的效果；企业对预算差异原因的解决措施不恰当也会削弱预算分析的效果。

2. 主要的风险管控措施

第一，全面预算管理工作机构和各预算执行单位应当建立预算执行情况分析制度，定期召开预算分析会议，全面掌握预算执行的具体情况，分析预算执行过程中存在的问题并提出解决对策。第二，企业应当加强对全面预算分析流程和风险的控制，确保预算分析结果的准确性。第三，企业应当采取恰当措施处理预算执行的偏差，企业应针对造成预算偏差的原因采取不同的处理措施。全面预算分析流程示意图，如图4-3所示。

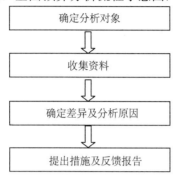

图4-3　全面预算分析流程示意图

（六）预算考核环节的主要风险及风险管控

1. 预算考核环节的主要风险

预算考核不合理、不科学、不规范、不到位，可能会导致预算目标难以实现，预算管理流于形式。考核是否合理受到考核主体和考核对象的界定是否合理、考核指标是否科学、考核过程是否规范公开、考核结果是否客观公正的影响。

2. 主要的风险管控措施

第一，企业应该建立科学的预算执行考核制度，对各预算执行单位和个人进行考核，将预算目标执行情况纳入考核和奖惩范围，做到奖罚分明。预算考核应该定期实施，并且预算考核的周期应当与年度预算细分周期相一致。第二，合理界定预算考核主体和考核对象。预算考核主体应该包括预算管理委员会和内部各级预算责任单位。预算考核对象为企业内部各级预算责任单位和相关个人。第三，科学设计预算考核指标体系。预算考核指标应该以各责任中心承担的预算指标为主，在此基础上可以再加一些全局性的预算指标和其关系密切的相关责任中心预算指标。考核指标应该以定量指标为主，同时根据实际情况可以适当地用一些定性指标，总之，预算考核指标应该具有可控性、可达到性和明晰性。

二、规避全面预算管理过程中的法律风险

在我国，全面预算管理的编制、审批和执行要依据相关的法律法规进行，适时规避法律风险。

法律风险是指企业在经营时发生不合规或违规情况而遭受惩罚的风险。法律风险指的是违反相关法律法规或合同规定，法律或合同是判断风险是否存在，风险严重程度的基本依据。因此，法律风险具有客观性，客观性也可能会引发伴生性风险与转化为其他问题等。因此，企业管理人员在编制全面预算管理方案时，要熟知《会计法》《预算法》《政府采购法》《审计法》等相关法律法规，在制定全面预算管理方案时要切实注意法律法规规范，避免因为法律问题导致企业战略发展的失败。

从国家层面来讲，政府相关职能部门要完善企业内部控制的法律法规，为企业的发展营造良好的环境。从企业的层面来讲，要在遵守国家相关法律法规的前提下，依据企业发

展战略目标，制定全面预算管理方案，并通过内部控制等手段，保证企业战略目标的顺利实现。从员工层面来讲，企业的管理层要起到引导作用，企业员工要将全面预算管理的分解目标作为工作责任，加强员工的法律意识，打造有效、全面、健康的企业文化氛围，使其成员能自觉把诚信尽责和职业道德放在首位，并积极贯彻到日常工作中去。

【案例 4-3】 R 公司最近因为法律问题陷入了困境，面临着赔偿对方公司 100 万元的风险。事情的起因是签订合同时，R 公司擅自改变了所制衣物的走线颜色，违反了《合同法》的规定。因资不抵债，在与对方协商无果的情况下，R 公司最终不得不倒闭。

第四节　强化责任意识、降低道德风险

一、道德风险的由来

道德风险是现实生活中普遍存在的现象。病人到医院看病动手术，手术能否成功，医生在手术过程中的尽心尽责非常重要，医生不用心可能导致手术失败。如果不能将正常的手术风险和医疗事故区分开来，医生将不承担"不用心"行为导致的全部后果。这时，病人面临着来自医生的"道德风险"。学生选修某门课程，任课老师是否认真负责，这些行动的选择取决于老师，而这些行动又会影响到学生对知识的掌握。这时，学生即面临来自老师的"道德风险"。

在经济活动中，政府与企业、企业所有者与经营者、经营者与部门经理的关系中也存在道德风险问题。例如，如果政府不能观测到企业污染环境的行为，那么企业就有可能为了自身利益选择污染环境，而使政府的利益受损。再如，所有者利益的实现取决于经营者工作努力的程度，而经营者的努力程度所有者又无法观测，经营者有可能选择一个较低的努力水平，从而损害所有者的利益。

从委托—代理理论来看，委托人和代理人之间的信息不对称是引发道德风险的主要原因之一。代理人行动的选择具有隐藏性，而委托人并不完全知道代理人选择了什么行动。代理人能利用信息优势选择对委托人不利的行动。因此，要规避道德风险，委托人必须获取代理人的私人信息，以消除信息不对称的状态。但在现实生活和经济活动中，委托人很难获得这些私人信息。

二、全面预算管理中的道德风险问题

在预算的编制、执行过程中，有技巧的问题，但更重要的是人的行为问题。因此，全面预算管理中应当充分关注相关的道德风险问题。

一般来说，全面预算管理有两方面内容：一是预算编制方法和技巧方面的内容，二是如何将预算用于企业计划的执行，这与企业内部的单位和个人对预算制度的反应方式息息相关。企业通过全面预算来实施控制、评价业绩、沟通和促进协调，所以说，预算编制是一种人为活动。在预算管理中，人的因素比会计技术更为重要。

预算管理行为方面的根本问题是道德问题。预算考核在业绩评价、薪酬和晋升中具有重要地位，有可能导致不道德行为的发生。编制预算所需要的很多信息是由受预算业绩考核的部门和人员提供的，这些人可能全为了得到较低的业绩评价标准而故意提供虚假预算数据信息。

全面预算管理过程中，道德风险存在的现象主要有以下几个。

（1）降低其预算，使低效率的业务也能符合预算的期望值。例如，管理层为了保持较低的人工成本，可能选择不提拔优秀的员工。

（2）削减必要的，但是不会影响短期经营成果的开支。例如，削减研发费用、广告费用等酌量性成本，这些成本一般不会对短期经营成果造成影响，但从长期来看，会损害企业的整体利益。为了在短期内改善预算业绩，降低原材料成本，可能会选择劣质原材料等，这种做法对短期内业绩有力，但长期来讲，会导致企业生产率下降，损害了企业的长期发展。

（3）为了给下年度工作留有余地，销售部门可能延缓销售使当期收益下降。或者为了提高本年度的业绩而提前实现销售。

（4）用尽预算。部门管理者认为如果他们不将预算定额用完，那么未来的预算额度就会被削减，为了避免未来预算被削减，管理者会尽量在期末之前花完预算，导致资源浪费，企业也没有得到任何好处。

三、降低道德风险的路径

在市场经济条件下，企业道德风险的发生是不可避免的，全面预算管理实施过程中也不例外。由于人性的两面性，即经济人和社会人，规避道德风险既要从经济人的假设出发，探寻良好的激励机制，更重要的是从社会人的角度出发，走职员的职业化和企业的职业化管理道路。

（一）探寻良好的激励约束机制——治标

为防止预算管理中的道德风险，其一要改革业绩评价工具。很多企业一直把预算作为唯一的负面评价工具。超出预算时则被认为是虚报预算，要受到预算管理机构的干预。如果预算编制者被允许有一些必要而超出预算，则虚报预算的倾向将小得多。同时加大上级对下级预算编制的参与和审核力度，尽可能减轻预算宽余的影响。此外，企业除了采用预算指标作为评价工具外，还可采用其他非财务指标来衡量员工的业绩，以弥补预算指标的不足，如生产率、质量、人力资源等指标。其二要改革激励机制。激励的目的不仅是要求实现预算而且要提供精确的计划。这可以通过要求员工对实现与偏离预算做出合理说明。激励的对象也应是连续数年的业绩而不是仅仅一年的业绩。

（二）走职业化管理之路——治本

职业化就是严格履行职责的一种态度和意识，以及相应的履行职责的能力。简单来讲，职业化就是一种工作状态的标准化、规范化、制度化，即以高度的职业道德标准，在合适的时间、合适的地点，用合适的方式，说合适的话，做合适的事。

职业化管理就是通过职业化，不仅使员工在职业道德上满足要求，还要使工作流程和产品质量标准化，工作状态标准化、制度化。职业化管理更强调过程管理，即你是怎样实现你的目标的，结果不再是评价员工能力的唯一衡量标准。在全面预算管理过程中实施职业化管理，是在企业内部实行制度化管理，严格按照预算规则计划办事，让企业法治高于人治。

【案例 4-4】杭州钢铁集团公司全面预算管理

1. 公司概况

杭州钢铁集团公司（下称杭钢集团），是目前浙江省最大的工业企业，拥有全资、控股企业 38 家，总资产 92 亿元，净资产 41 亿元，以钢为主业，并涉足国内外贸易、机械制造、建筑安装、工业设计、房地产、电子信息、环保、旅游餐饮、教育等产业。2001 年实现销售收入 73.13 亿元，实现利润 4.8 亿元，分别比 2000 年增长 19.67%和 19.17%。长期以来，公司坚持"企业管理以财务管理为中心，财务管理以资金管理为中心"的指导思想，紧紧抓住资金、成本两个管理中心环节，追求综合效益的最优化。近年来，通过对全面预算的不断探索和实践，保证了企业资金的有序控制，为企业持续发展提供了可靠保证，虽然规模在全国冶金行业中处于第 28 位，但实现利润连续 4 年名列前 10 位，吨钢利润名列前 2 位。

2. 内部管理制度的沿革

杭钢集团的经营管理体制经历了两次质的转变。

（1）第一次质的转变

随着计划经济体制向生产经营型体制的转变，企业管理制度实现了由生产计划型管理模式向目标管理为主体的经济责任管理模式的转变。在这一转变过程中，杭钢集团严格遵循市场经济规律，着眼于内部改革，建立和完善了一套适合企业实际的管理制度，如以成本控制为突破口的目标成本管理制度、以资金集中管理为核心的投资集中管理、投资项目集中管理以及内部银行管理制度、以费用控制为重点的"决额控制，分项核定"的费用管理制度等。这些制度为进一步完善企业经营管理和财务管理奠定了良好的基础，也为财务管理部门全面参与企业经营管理提供了前提条件。

（2）第二次质的转变

随着生产经营型体制向资产经营型体制的转变，企业管理制度又实现了由经济责任制管理模式向全面预算管理模式的转变。内部经济体制改革的不断深化和现代企业制为主体的单一管理模式已不能完全适应需要。为了更好地配置经济资源，促进工艺结构和产品品种结构的调整，提高企业的核心竞争力，增强企业的持续发展能力，需要有一种更为先进、能对企业生产经营活动实行全方位控制的管理模式。为此，杭钢集团引进全面预算管理体制，并在 1996 年开始实施。实施预算管理的第一年（1996 年）处于探索阶段。杭钢集团采用经济责任制和全面预算管理双轨制的运行办法，不仅给日常管理和具体操作带来了很大的不便，而且各二级管理单位也难以接受，无法达到对经营管理活动进行全面控制的预期效果，也给预算管理模式的深层次运行带来了较大阻力。针对双轨制运行办法存在的问题，杭钢集团对这两种管理模式的异同点进行了仔细的比较分析，以会计核算体系为突破口探索两者结合的途径。企业经过半年多的实践，逐步理顺了思路，总结出一套较为成熟的结合方式。预算委员会办公室对两者结合的具体方式进行了规范，自 1997 年开始实施。同时，公司董事会提出了"以全面预算为龙头，以'学邯钢'为载体，以经济责任制为手段，以班组经济核算为基础"的预算管理指导方针。预算管理不仅与经济责任制、以产权为纽带的资产经营责任制、以公司重点攻关项目为主体的"一体两翼"承包责任制等管理手段有了合适的结合点，而且把科技创新、目标管理、责任会计、质量管理等控制手段充实到了全面预算管理体系之中。

第五节　培养创优意识、加强绩效考核

全面预算管理中，预算的编制、执行、控制、考核等应该是统一的整体，各个环节需要良好的衔接与配合。一个良好的绩效评价体系，可以有效地减少企业的内耗，引导个人利益趋向企业整体利益，短期目标趋同于长期目标，促使预算制定得更加合理，使全面预算管理在企业中真正发挥出应有的作用。

一、预算考核与绩效考核的关系

预算考核是终结考核，是对经济活动结果的考核，而绩效考核是一个既考核结果又考核过程的工作。例如，市场部门举办了一次展销会，从预算考核的角度讲，预算考核关注展销会用了多少费用，是否超出了预算，是否能够实现预期的回报。而绩效考核除了关心以上几点以外还要考核展销会的组织工作效率、满意程度等。另外，预算考核是定量考核，而绩效考核是定量和定性相结合的。由于预算管理的对象是从"钱"到"钱"，所有指标都是可以进行计量和汇总的，因此，预算考核是定量考核。而绩效考核除了考核定量的项目还要考核那些非定量的项目。最后，考核部门不同，预算考核通常是由预算管理委员会主持的，而绩效考核通常是由人力资源部门来主持的。从总体上说，预算考核是绩效考核的一个重要组成部分。

全面预算管理是一套行之有效的综合性企业管理方法。它将事前预测、事中控制和事后分析相结合，将企业的整体目标在部门之间有规划地进行分解，实现对企业业务全过程的管理，也实现了对企业各部门的协同管理，以提高企业的经济效益，实现企业的经营目标。而绩效考评制度是全面预算管理中重要的环节。

二、建立预算绩效考核制度

绩效考核制度是指考核者对照工作目标或绩效标准，采用一定的考核方法，评定员工的工作任务完成情况、员工的工作职责履行程度和员工的发展情况，并将上述评定结果反馈给员工的一种制度。绩效考评制度的目的一般有二：其一，考核的最终目的是改善员工的工作表现，以达到企业的经营目的，并提高员工的满意程度和未来的成就感；其二，考核的结果主要用于工作反馈、报酬管理、职务调整和工作改进。建立科学的绩效考评制度对培养员工积极参与全面预算管理的意识非常重要。

（一）建立一套科学合理的考核指标体系

考核指标即对考核对象的哪方面进行考核，具体评价考核客体的完成情况，所以，如何选择全面预算考核指标，是绩效考核设计中的关键问题所在。此外，还要根据每个指标的重要程度对每个指标赋予不同的权重。最后形成绩效考核分析报告。绩效考核指标可以分为硬评价指标和软评价指标两类：硬评价指标主要销售收入、销售量、生产量、销售毛利率、回款率、现金比率等，如图4-4所示；软评价指标主要是衡量企业全面预算管理绩效的定性指标，包括预算编制类指标、预算行为类指标、预算执行类指标（非财务业绩指标）、预算调整类指标、预算分析类指标、预算监控类指标以及持续改进类指标，如图4-5所示。

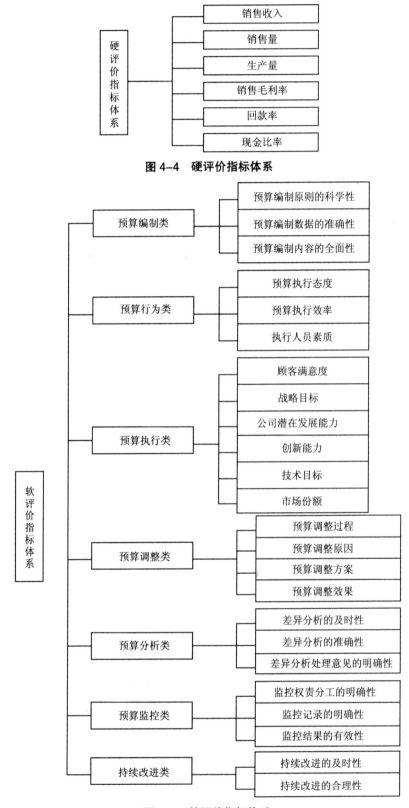

图4-4　硬评价指标体系

图4-5　软评价指标体系

（二）要明确考核主体和客体

预算绩效考核由财务部门结合年度预算进行分析评价，在考核中还可以借助社会中介机构、审计部门等方面的力量。

预算绩效考核不但要考核预算的执行结果，同时还要对预算的审批额和调整进行考核，也就是要将预算管理委员会的工作也纳入考核之中。不管预算管理委员会对预算外支出的批准是否正确，只要批了就会扣分。当然，正面指标超预算的，也会给预算管理委员会加分。这样就强化了预算管理委员会的责任。

【案例4-5】某公司市场部广告费年度预算是1 200万元，到8月已经用完。9月，市场部申请增加广告费300万元，经预算管理委员会审批，同意其增加预算。如果这些费用没有得到其他弥补，那么总体费用项目得分=1 500/1 200×100=125，这样，市场部在广告费上的得分就是-125分，预算管理委员会得分是-25分。

（三）要确定考核程序和考核方法

考核的结果在很大程度上取决于考评系统的设计、考评方法和实施过程的安排。因此，在建立预算绩效考核制度的过程中，一定要重视考核程序设计和考核方法的选择，做到科学合理、公开透明。

（四）考核结果必须予以兑现，做到有奖有罚

考核结果若不加以运用，不与职员利益、领导升迁相结合，好坏都一样，就很难形成激励，最后导致管理流于形式。因此，企业必须根据考核结果，对绩效突出的员工进行奖励和提拔，对绩效不佳的单位（部门）采取下年削减经费预算或相应处罚。

预算奖励一般分为精神奖励和物质奖励两种形式，如图4-6所示。物质奖励包括钱和物，可以满足或部分满足人的五大需求，而精神奖励能够满足人们的被尊重的需求。通常情况下，在员工完成进取目标后，公司会发放奖金给予其物质奖励，而在员工完成难度更大的挑战目标后，公司除了在物质上给予奖励外，在精神上也会对其进行奖励。当然，在员工没有完成最低限度的底线目标时，该员工也会受到物质处罚和精神处罚。

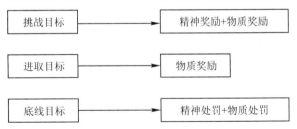

图4-6　完成目标的精神奖励和物质奖励

本章小结

本章介绍全面预算管理意识的培养，从全局意识、统筹兼顾意识、风险管控意识、道德风险和绩效考核5个方面对全面预算管理意识的培养进行了整体阐述。讲述了全局意识是全员参与、全方位编制、全过程控制的预算管理模式；讲述了量入为出、收支平衡的预算原则，分析了在统筹兼顾的基础上保证重点的重要意义；讲述了预算编制、预算审批与下达、预算指标分解和责任落实以及预算执行与控制过程中的风险及其管控意识；强调规避法律风险和道德风险；区分了预算考核与绩效考核的关系；讲述了加强绩效考核的注意事项。通过上述学习，能够从思想上培养学生全面预算管理的意识，树立正确的全面预算管理理念。

练习题

一、单项选择题

1. 全面预算管理作为一项（　　）参与的系统工程，在管理的范围上，要求公司全体人员积极参与；在管理内容上，要求各项经营管理活动互相协调、综合平衡；在管理环节上，要求各环节紧密相扣，层层落实。

　　A. 各部室、各区队、各班组　　　　B. 所有领导、所有科长、所有员工

　　C. 全员、全方位、全过程　　　　　D. 以上都不正确

2. 预算编制要依据"上下结合、分级编制、逐级汇总、综合平衡"的程序进行，并按照（　　）编制。

　　A. 年度　　　　　B. 季度　　　　　C. 月度　　　　　D. 以上都不正确

3. 我们常说，考核和（　　）是预算管理的生命线。如果全面预算管理与绩效考核脱节，往往是预算指标的约束作用得不到充分发挥。

　　A. 奖惩　　　　　B. 惩罚　　　　　C. 奖励　　　　　D. 效益

4. 在预算管理领导组的领导下，牵头负责预算管理日常工作的部室是（　　）。

　　A. 办公室　　　　B. 生产管理部　　C. 计划财务部　　D. 预算管理办公室

二、多项选择题

1. 影响收入水平的非财务指标有（　　）。

　　A. 产品质量指标　　　　　　　　　B. 客户满意度

　　C. 老客户巩固率　　　　　　　　　D. 员工积极性指标

2. 全面预算工作不相容岗位一般包括（　　）。

　　A. 预算审批与预算执行　　　　　　B. 预算执行与预算考核

　　C. 预算编制与预算审批　　　　　　D. 预算编制与预算调整

3. 实行全面预算管理需要关注的主要风险有（　　）。

　　A. 不编制预算或预算不健全，可能导致企业经营缺乏约束或盲目发展

　　B. 预算目标不合理，编制不科学，可能导致信息泄露或毁损，系统无法正常运行

　　C. 系统运行维护和安全措施不到位，可能导致信息泄露或毁损，系统无法正常运行

　　D. 预算缺乏刚性、执行不利、考核不严，可能导致预算管理流于形式

三、简答题

1. 作为当代大学生，怎样培养自己全面预算管理意识？

2. 全面预算管理意识的内容包括哪些？

3. 怎样理解量入为出、统筹兼顾？

第二篇　企业全面预算管理

第五章 企业全面预算的编制

预算编制是全面预算管理的起点，也是全面预算管理的关键环节。本章阐述了企业全面预算编制的流程模式、编制逻辑、编制起点以及全面预算编制方法，同时介绍了企业编制预算之前必须做好充分的准备工作，这些准备工作包括规定全面预算编制的期间与时间、设计全面预算编制的表格、确定与分解全面预算的目标、编写并颁布全面预算编制大纲等。本章说明了企业全面预算应包括业务预算、专项预算和财务预算，并充分细致地展示了如何编制全面预算。

第一节 企业全面预算编制的流程

一、企业全面预算编制的流程模式

一般来说，预算编制程序包括"自上而下式""自下而上式""上下结合式"三种方式。企业根据自身规模、管理基础和经营特点，会选择不同的预算编制流程模式，但从现阶段企业实际使用情况来看，很多企业采用的是"上下结合式"的编制流程。

（一）自上而下式

自上而下模式是指高层管理者先制定预算目标，然后自上而下地分解下达目标，各责任单位（或部门）据此编制和执行预算。该模式的优点是它能够更好地进行决策控制，保证企业利益最大化，同时兼顾企业战略发展需要。高层管理者往往先设置预算期的整体目标，然后通过全面预算来实现这一目标，体现了预算管理更能服务于企业战略的作用。缺点是易因总部对各责任单位（部门）信息了解不充分，导致制定的目标脱离实际，可执行性差，另外，各责任单位（部门）没有参与预算目标的制定，执行预算的积极性可能受影响。该模式适用于中小企业，其组织结构一般采用的是直线制或直线职能制，企业往往实行的是高度集权的预算管理模式。

（二）自下而上式

自下而上模式是指各责任单位（部门）根据自身的实际情况编制和执行预算，总部只起汇总和管理的职能，并对预算负有最终审批权。在自下而上的编制程序中，预算执行单位（部门）在资金、人员和物资等企业资源的使用上有充分的自主权。该模式的优点是能提高各责任单位（部门）的主动性，容易调动其编制和执行预算的积极性，体现权利与义务对等原则。缺点是易因缺乏战略发展规划的指引，不能从整体利益出发，导致宽打窄用和资源浪费。所以，这种模式不利于各责任单位（部门）发挥最大的盈利潜能，容易产生与公司战略不符的预算目标。该流程模式适用于分权式企业的预算编制，一般是企业集团中的子公司。

（三）上下结合式

上下结合模式是指企业在确定经营总目标后，首先，预算管理部门确定企业总预算目标并将预算目标层层分解到各预算责任单位（部门）；其次，各预算责任单位（部门）根据分解目标并结合实际情况，编制出本单位（部门）预算，逐级往上汇总，协调平衡；最后，得出企业的总预算。采用这种模式的企业，预算的执行者在企业总目标和部门分目标的框架指导下进行预算的编制，体现了以集团管理为主的民主管理思想。该模式的优点是提高了员工参与预算的程度，上下反复沟通，增强预算目标的可执行性和透明性。缺点是会增加预算编制的难度，并导致预算编制周期较长。适合采用这种编制流程的是企业集团或大型企业，它们大多采用事业部制组织结构。

为保证各责任单位（部门）预算编制与企业整体战略目标的协同一致，企业内部应该做到"上下一心"，在预算编制上加强沟通，建立互相沟通的平台，因此，选择合适的编制流程很关键。企业一般应按照"上下结合，分级编制，逐级汇总"的流程编制。下面以编制年度预算为例，说明全面预算编制的流程。

1. 下达目标

公司预算管理委员会根据战略规划及董事会确定的发展战略和经营目标，经过对预算期内市场情况、公司自身情况等因素的科学预测，一般于每年10月份左右提出下一年度的企业全面预算目标，包括销售目标、成本费用目标、利润目标、现金流量目标和长期投资方案等。然后由公司预算管理部门编写下一年度预算编制大纲（包括年度预算编制指导思想）、设计预算表格、分解各项预算指标，经预算管理委员会批准，通过召开专门预算会议的形式，将预算指标下达给下属各预算编制责任单位（部门）。

2. 编制上报

各预算编制单位（部门）按照下达的全面预算目标和预算编制大纲，结合实际情况及预测的执行条件，按照统一格式和分工，编制本单位（部门）的年度预算草案，一般于11月中旬上报公司预算管理部门。

3. 审查平衡

公司预算管理部门会同有关职能部门对各预算编制单位（部门）上报的预算草案进行审查、汇总，提出综合平衡的建议。在审查、平衡过程中，公司预算管理部门要进行充分协调、沟通，对发现的问题和偏差，提出初步调整意见，并反馈给有关预算编制单位（部门）予以修正。对经过多次协调仍不能达成一致的，应在充分调研的基础上，向公司预算管理委员会汇报，以确定是否调整有关预算编制单位（部门）的预算目标，并最终达到综合平衡。

4. 审议批准

公司预算管理部门在有关预算编制单位（部门）修正、调整预算草案的基础上，汇总编制出整个公司的全面预算方案，报公司预算管理委员会审议；预算管理委员会召集专门会议审议公司全面预算方案，对于不符合企业发展战略和经营目标的事项，要求预算管理部门进行修订和调整；在反复修订、调整的基础上，公司预算管理委员会编制正式的年度全面预算草案，提交公司最高决策机构——公司董事会或股东大会审议批准。

5. 下达执行

公司预算管理部门将经过董事会审议批准的年度全面预算，在次年1月之前，逐级下达到各预算执行单位（部门）。

图 5-1 和表 5-1 为某公司编制年度预算的流程图及各个流程的详细步骤，我们从这些图表中，可以清晰地看到全面预算编制中的动态衔接过程。

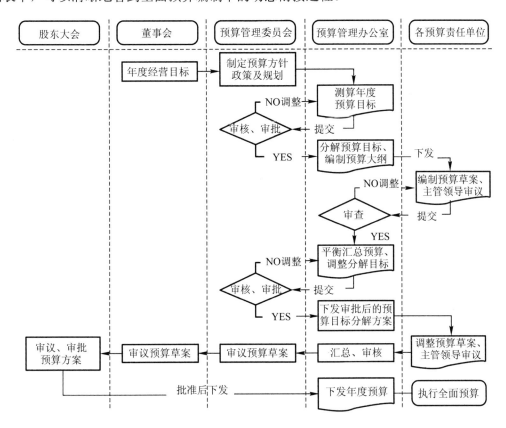

图 5-1　企业全面预算编制流程图

表 5-1　企业全面预算编制流程步骤描述表

流程步骤	执行部门/岗位	执行记录	流程步骤描述
制定年度经营目标	董事会		董事会根据公司发展战略制定年度经营目标
制定年度预算方针政策及规划	预算管理委员会		预算管理委员会根据年度经营目标制定年度预算方针政策及规划
测算年度预算目标	预算管理办公室	预算目标草案	预算管理办公室根据经营目标及预算方针测算年度预算目标草案
审核审批预算目标草案	预算管理委员会		预算管理委员会对提交的年度预算目标草案进行审核，如果存在问题，返回意见，并要求预算管理办公室进行调整，最终确认审批
拟订预算目标分解方案、编写预算编制大纲，并下达	预算管理办公室	预算目标分解方案、预算编制大纲	预算管理办公室将公司年度预算目标草案分解为各预算责任单位（部门）的预算目标草案，并编写全面预算编制大纲；然后，召开年度预算会议，将分解的预算目标草案和全面预算编制大纲下发到各预算责任单位（部门）

流程步骤	执行部门/岗位	执行记录	流程步骤描述
编制单位（部门）预算草案	各预算责任单位（部门）	单位（部门）预算草案	各预算责任单位（部门）根据下达的预算目标分解草案和预算编制大纲，结合本单位（部门）的具体情况，编制本单位（部门）预算草案；并须经本单位（部门）主管领导审查同意后，报预算管理办公室审查
审查单位（部门）预算草案	预算管理办公室、各预算责任单位（部门）		预算管理办公室审查各责任单位（部门）提交的预算草案，如果不合乎公司要求，则退回责任单位（部门）重新修改；修改后再报预算管理办公室，这个过程可能要反复多次，直至预算管理办公室满意为止
平衡汇总预算、调整预算目标分解方案	预算管理办公室、各预算责任单位（部门）	调整后的预算目标分解方案	预算管理办公室平衡、汇总、编制整个公司的全面预算。若公司预算平衡未能实现，则要求有关责任单位（部门）修订预算草案，直至公司总预算平衡为止，然后报预算管理委员会审核
审核审批调整后的预算目标分解方案	预算管理委员会		预算管理委员会对调整后的预算目标分解方案进行审核，若有问题，返回预算管理办公室进行修改调整，最终确认审批
下发审批后的预算目标分解方案	预算管理办公室		预算管理办公室将预算管理委员会审批后的预算目标分解方案下达至各预算责任单位（部门）
调整单位（部门）预算草案	各预算责任单位（部门）	调整后的单位（部门）预算草案	预算责任单位（部门）根据下达的预算目标分解方案，重新调整本单位（部门）的预算草案；并须经本单位（部门）主管领导审查同意后，报预算管理办公室
汇总编制预算草案	预算管理办公室	年度预算草案	预算管理办公室重新汇总编制整个公司的全面预算草案，然后报预算管理委员会审议
审议预算草案	预算管理委员会		预算管理委员会对公司预算草案进行细致的审查、协调，若存在问题，返回修订，最终将审议后的全面预算草案呈报公司董事会
审议预算草案	董事会		公司董事会审议全面预算草案，若存在问题，返回调整，最终确定正式的全面预算方案，提交股东大会审议批准
审议审批预算方案	股东大会		公司股东大会审议全面预算方案，若存在问题，返回修改，最终确认审批
下发审批后的年度预算	预算管理办公室	年度预算方案	公司预算管理办公室将审批后的全面预算方案正式下达给各责任单位（部门）执行

二、企业全面预算编制的逻辑

在实践中发现，许多企业的预算编制是基于财务报表的预测和倒推，其过程可以概述为：财务人员以历史年度的财务报表为基础，通过趋势预测、经验判断等方式首先对预算年度的利润表组成项目进行预测，然后通过相关明细表格将各项数据拆分为明细组成数据。但是预算内容体系中的财务预算，是业务预算、专项预算共同结果和价值的反映。其中，利润预算是业务预算中销售预算、成本预算、费用预算项目加加减减的结果，业务预算中的各个具体预算都是利润预算项目的展开，为利润预算所涵盖；现金流预算反映的是业务预算、专项预算的现金收支项目及其金额；资产负债表预算是预算目标对企业财务状况共同作用的结果。在这种形式下，企业的历史业绩数据虽然对预算编制有参考作用，但若将其作为预算编制的基础数据，必然会导致预算结果的不准确。换句话说，先进行利润表预算的做法不合理。

实际上，所谓预算编制的逻辑，就是如何在确定一个点之后，向下一个点推进的理论依据。通常预算编制都是在确定预算目标之后，向下推进，在某个分类点上将其分解为若干个子目标，并在不影响其他条件的前提下将其逐个量化，对应职能下放给各责任单位（部门），并具体指派到个人。从逻辑导向来说，预算编制就是在市场分析和企业分析等一些客观因素的基础上，结合成本、单价、产量等基本假设条件并根据上述条件推导出企业最终的整体预算目标。不同的编制方法下，方案的导向也是不同的，有些企业是以成本为导向，有些企业是以销售为导向的。当然导向始终是跟随战略目标的，而且无论何种编制模式，都要保证逻辑的极强的严密性，而且整体目标从上到下，或者从下到上，推理过程应当是可逆的。

总体来说，全面预算管理强调以业务驱动预算，即对年度生产经营进行合理安排，然后预测这些生产经营行为所带来的财务数据，最终预测企业的财务成果。以业务驱动预算的编制逻辑主要包括三个步骤。

第一，从企业产能和市场需求的平衡间寻求预算决策。这一步骤是预算编制的起点，企业整体的运营管理就是企业产能和市场需求之间的平衡过程，而全面预算的编制就是以这个平衡作为决策的依据，将整体决策进行细化并逐步落实；企业应当根据自身的运营情况、资源配置及外部的市场需求、竞争对手等，在可供选择的运营管理方案中选择最能够有效支持年度预算目标的方案。

第二，确定各个责任单位（部门）的任务。这一步骤是全面预算管理编制流程中，以业务驱动预算最为关键的环节。确定了年度运营管理方案之后，企业应该落实各个责任单位（部门）的具体工作任务和计划，并进行相关的任务安排、计划和预测。

第三，形成具体执行安排，产生预算编制结果。按前面两个步骤执行后，接下来应该形成具体的执行安排，并且产生财务预算，形成预算编制的结果。

三、企业全面预算编制的起点

在编制预算之前，确定全面预算的编制起点是企业首先应当解决的问题，而在这个问题上，理论界和实务界都众说纷纭。在全面预算的整个体系架构中，包括采购、生产、销售、仓储、人工、投资等各个环节，各项预算之间相互影响、前后衔接、相辅相成，存在着严密的勾稽关系，形成一个完整的、科学的全面预算管理体系。

以业务驱动的全面预算的编制起点应该结合公司内部的运营情况和外部的整体经济情况，预算实务中，受企业产品在市场上的供求关系影响，预算的编制起点常见的有以下几种。

（一）以生产预算为起点

在产品处于卖方市场的情况下，产品供不应求，企业生产多少就能销售多少，生产决定销售。在这种情况下，预算编制的起点必然是生产，只要生产"搞定了"，其他则全部"搞定"。这种情形，在计划经济时期比较普遍，而在市场经济条件下，由于市场规律的影响，只是出现在垄断行业或个别领域，以及个别产品的某个时期。例如，当电力供不应求时，各发电企业需要开足马力、满负荷生产，这时就会以发电量指标作为预算编制的起点，首先确定发电的数量，然后，以产定销，确定销售预算、采购预算、人工预算、费用预算、成本预算、利润预算等。以生产预算为起点编制全面预算的流程如图5-2所示。

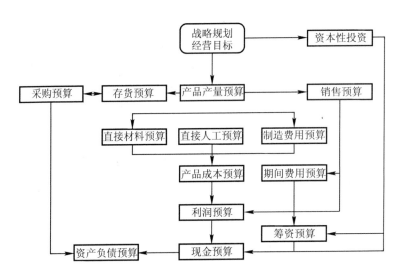

图 5-2　以生产预算为起点编制全面预算的流程

（二）以销售预算为起点

在产品处于买方市场的情况下，产品供过于求，销售决定生产。这时，企业的生产必须贴近市场、适应市场，就必然以销售预算作为预算编制的起点，首先确定产品的销售数量，然后，以销定产，确定企业的生产预算、采购预算、人工预算、费用预算、利润预算等。以销售为起点的预算管理模式是现代市场经济条件下最为普遍采用的一种预算管理模式。以销售预算为起点编制全面预算的流程如图5-3所示。

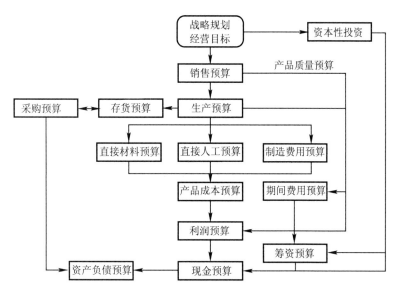

图 5-3 以销售预算为起点编制全面预算的流程

（三）以采购预算为起点

某些企业产品供不应求，生产技术也足够支持，但因为生产所用的原材料有限，生产的能力完全取决于原材料取得的多少，这时原材料的供应成为限制产量的关键，应该以采购预算为起点编制全面预算。以采购预算为起点编制全面预算的流程如图 5-4 所示。

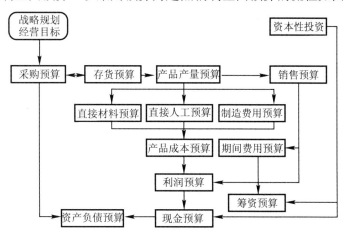

图 5-4 以采购预算为起点编制全面预算的流程

（四）以资本支出预算为起点

以资本支出预算为起点的预算管理模式多为处于初创期的企业所采用。在企业创业初期，面临着很大的经营风险，一方面是有大量的资本支出与现金支出，使得企业净现金流量为绝对负数；另一方面是新产品开发的成败及未来现金流量的大小具有较大的不确定性，投资风险大。投资的高风险性，使得新产品开发及其相关资本投入需要慎重决策，这时的预算管理应以资本支出预算为重点。

（五）以成本控制为起点

以成本控制为起点的预算管理模式是现代企业为适应低成本竞争而采用的一种预算

管理模式。在一个产品的市场成熟期，市场的生产环境与企业应变能力都有不同程度的改善，企业经营风险相对较低，但潜在的压力则非常大。这种压力体现在两个方面：一是成熟期长短变化所导致的持续经营的压力与风险；二是成本下降的压力与风险。其中，市场的成熟期长短对一个企业而言是不可控风险，但成本的下降相对是可控风险。也就是说，在既定产品价格的前提下，企业收益能力的大小完全取决于成本这一相对可控因素。因此，成本控制成为这一阶段财务管理甚至企业管理的核心。

第二节　企业全面预算编制的方法

目前，预算编制的方法有多种，常用的方法主要有固定预算法、弹性预算法、增量预算法、零基预算法、定期预算法和滚动预算法等。正确选择预算编制方法是保证预算科学性、可行性的重要前提，因此，在具体的预算编制中，应基于基本的预算编制逻辑，灵活选择适宜的编制方法。

一、固定预算法与弹性预算法

预算编制方法按照预算编制所依据的预算业务量是否固定，分为固定预算法与弹性预算法。

（一）固定预算法

固定预算法又称为静态预算法，是根据预算内正常的、可实现的某一固定业务量（如销售量、生产量）水平作为唯一基础来编制的预算。固定预算法是编制预算最基本的方法，按固定预算法编制的预算称为固定预算。

固定预算法的特点是不考虑预算期内业务量水平可能发生的变动，只以某一确定的业务量水平为基础制定有关的预算，在预算执行期末，将预算的实际执行结果与固定的预算水平加以比较，并据此进行业绩考评。此方法存在适应性差和可比性差的缺点，一般适用于经营业务稳定，生产产品产销量稳定，能准确预测产品需求及产品成本的企业，也可用于编制固定费用预算。

（二）弹性预算法

弹性预算法又称为动态预算法或变动预算法，是在按照成本（费用）习性分类的基础上，根据量、本、利之间的依存关系，考虑到预算期间业务量可能发生的变动，编制出一套适应多种业务量的预算，按弹性预算法编制的预算称为弹性预算。

从理论上讲，弹性预算法适用于编制全面预算中所有与业务量有关的各种预算，但在实务中，主要用于编制弹性成本费用预算和弹性利润预算等。弹性预算能够反映预算期内与一定相关范围内的，可预见的多种业务量水平相对应的不同预算额，从而扩大了预算的适用范围，便于预算指标的调整。

二、增量预算法与零基预算法

预算编制方法按照预算编制所依据的基础不同，分为增量预算法与零基预算法。

（一）增量预算法

增量预算法又称为调整预算法，是指以基期水平为基础，分析预算期业务量水平及有关影响因素的变动情况，通过调整基期项目及预算额的一种编制预算的方法。用增量预算法编制的预算称为增量预算。

按照这种方法编制预算，往往不加分析地保留或接受原有的成本项目，可能使原来不合理的费用继续开支，而得不到控制，形成不必要开支合理化，造成预算上的浪费。此外，当预算期的情况发生变化，预算数额会受到基期不合理因素的干扰，可能导致预算的不准确，不利于调动各责任单位（部门）达成预算目标的积极性。

（二）零基预算法

零基预算法是"以零为基础编制预算"的方法，采用零基预算法在编制费用预算时，不考虑以往期间的费用项目和费用数额，主要根据预算期的需要和可能，分析费用项目和费用数额的合理性，综合平衡编制费用预算，用零基预算法编制的预算称为零基预算。

零基预算法作为一种预算控制思想，它的核心是要求预算编制人员不要盲目接受过去的预算支出结构和规模，一切都应按照变化后的实际情况重新予以考虑。应用零基预算法编制预算的优点是不受前期费用项目和费用水平的制约，能够调动各部门降低费用的积极性，但其缺点是编制工作量大、时间长，对企业资源的分配极易受主观意识的影响。

三、定期预算法与滚动预算法

预算编制方法按照预算编制所依据的预算起止期间是否固定，分为定期预算法与滚动预算法。

（一）定期预算法

定期预算法是以固定不变的会计期间（如年度、季度、月份）作为预算期的一种编制预算的方法。定期预算法并不是一种单纯的预算编制方法，若前述的固定预算法、弹性预算法、增量预算法和零基预算法以固定不变的预算期间编制预算，都可以称为定期预算法，用定期预算法编制的预算称为定期预算。

采用定期预算法编制预算，保证预算期间与会计期间在时期上配比，便于依据会计报告的数据与预算的比较，考核和评价预算的执行结果。但不利于前后各个期间的预算衔接，不能适应连续不断的业务活动过程的预算管理。

（二）滚动预算法

滚动预算法又称为连续预算法或永续预算法，是指在编制预算时，将预算期与会计年度脱离，在上期预算完成情况的基础上，不断延伸补充预算，将预算期间逐期连续向后滚动推移，使预算期间保持一定的时期跨度，用滚动预算法编制的预算称为滚动预算。

运用滚动预算法编制预算，使预算期间依时间顺序向后滚动，能够保持预算的持续性，有利于考虑未来业务活动，结合企业近期目标和长期目标，使预算随时间的推进不断加以调整和修订，能使预算与实际情况更相适应，有利于充分发挥预算的指导和控制作用。

上述几种预算编制方法的应用说明如表5-2所示。

表 5-2　几种预算编制方法的应用说明

方法	适用范围	应用说明
固定预算法	适用于固定成本费用预算的编制	固定成本费用的划分
弹性预算法	适用于变动成本费用预算的编制	变动成本费用的划分，对于某些选择性固定成本费用预算也可以考虑这种方法编制
增量预算法	适用于影响因素简单和以前年度基本合理的预算指标编制	合理使用增量法，可以减少预算编制的工作量，但应详细说明增减变动原因
零基预算法	适用于以前年度可能存在不合理或潜力比较大的预算指标编制	使用周期不宜过短，否则会增加工作量
定期预算法	适用于固定资产、部门费用、咨询费、保险费、广告费等预算的编制	合理使用定期预算，可以减少预算编制的工作量
滚动预算法	适用于定期预算以外的指标预算的编制	通常按季度滚动，每季度第三个月中旬着手滚动预算编制工作

第三节　企业全面预算编制的准备

全面预算编制作为一项复杂的系统工程，只有将准备工作做好了，预算的编制才能得心应手，事半功倍。一般情况下，全面预算编制的准备工作主要包括如下事项：一是制定预算编制原则；二是夯实编制基础，健全定额体系，初次编制预算的企业首先要建立健全科学、合理的定额体系，非初次编制预算的企业也需要对现行的预算定额进行修订；三是设计预算表格，明确勾稽关系；四是确定预算目标，搞好目标分解；五是编写预算大纲，明确预算方法；六是召开预算会议，布置预算编制工作。

一、企业全面预算编制的期间与时间

企业全面预算编制的期间主要根据预算的内容和实际需要而定，可以是一月、一季、一年等。一般情况下，编制企业全面预算多以一年为一个预算期，年内再按季度或月度细分，而且预算期间与会计期间保持一致。

企业全面预算编制的时间主要取决于以下几个因素：企业规模大小和组织结构、产品结构的复杂程度；企业编制预算的方法和工具；企业预算管理开展的深度和广度；预算审批程序的复杂度。

编制预算的时间太早、太晚都不行，太早影响预算的准确性，太晚影响预算的执行。一般而言，独立法人企业的年度预算应在上年度的 10～11 月份开始编制，集团企业的年度预算在上年度的 9～10 月份开始编制。

二、企业全面预算表格的设计

（一）预算表格的分类

1. 按预算表的功能分类

预算表按功能不同，可以分为主表、分表、计算表和基础表四大类。

主表也称为狭义预算表，是一个企业、一个部门编制预算的最终产品，它反映了全面预算各项目的预算目标值，如资产负债预算表、利润预算表、现金预算表等。

分表也称为副表，是对主表进行细化或补充说明的表。当预算主表的项目、格式、栏次不能满足预算编制需要时，就需要编制分表予以对应、细化、补充和说明。例如，制造费用预算主表只能反映预算期内企业制造费用总额及细分到各个季度、月份的数额，如果要细化到各个分厂、车间的制造费用数额就需要编制预算分表进行描述。

计算表也称为附表，是反映预算指标计算过程的表。编制预算需要运用计算公式进行大量的数字计算。例如，编制采购预算就需要按照"采购量=生产消耗量+期末库存量-期初库存量"和"采购金额=采购量×预算价格"的基本公式进行计算。这些反映预算指标计算过程的表格往往需要作为附件放在主表、分表的后面，以方便有关部门对预算编制过程的审查和核实。

基础表也称为工作底表，是采集预算基本资料、数据和提供编制依据的表。编制预算需要很多基础性的数据和资料。例如，编制产品成本预算需要材料耗用量、材料单价、工时定额、费用定额等数据资料；编制销售预算需要营销环境、市场分析、销售政策等资料，提供这些预算基本数据的表就是基础表。

需要注意的是，主表、分表、计算表、基础表的概念是动态的、可变的。下级预算责任单位（部门）的主表对于上级预算责任单位（部门）而言，可能就是其编制主表的分表或基础表。

2. 按预算表反映的内容分类

预算表按反映的内容不同，可以分为业务预算表、专项预算表和财务预算表。业务预算表反映的是预算期内企业日常的生产经营活动；专项预算表反映的是预算期内企业进行的资本性投资活动、筹资活动和分配活动；财务预算表反映的是预算期内企业有关的现金收支、经营成果和财务状况。

（二）预算表格的设计

编制全面预算需要设计主表、分表、计算表和基础表的具体格式。不同的表格具有不同的设计要求：主表的设计要求简洁明了、一目了然；分表的设计要求具体详尽、细致入微；计算表的设计要求繁简适度、计算关系明确、计算过程清晰；基础表的设计要求因事制宜、灵活多样、适用性强。

1. 主表的格式设计

预算主表的格式尽管很多，但其基本内容主要有预算项目、预算总额及细化指标三项。下面列举某公司预算主表的基本形式，如表5-3所示。

表5-3　××××预算表

编制单位：　　　　　　　　　编制时间：　　　年　　　月　　　日

序号	预算项目	计量单位	年度预算指标	各季度预算指标			
				第一季度	第二季度	第三季度	第四季度
1							
2							
...							
n	合计						

总经理：　　　　　　　　　部门负责人：　　　　　　　　　编制人：

为了将预算期的指标与基期指标进行对比，预算表可以增加"基期预计指标"，作为编制预算指标的对比资料。例如，管理费用预算主表的基本形式如表5-4所示。

表5-4　××公司2016年管理费用预算表

编制单位：预算管理办公室　　　　　编制时间：2015 年 10 月 16 日　　　　　单位：万元

序号	管理费用项目	2015年预计	2016年预算	各季度预算指标			
				第一季度	第二季度	第三季度	第四季度
1	薪酬	150	153	35	38	40	40
2	办公费	24	31	6	8	8	9
3	差旅费	32	30	8	7	7	8
4	培训费	75	80	22	20	18	20
5	其他	32	38	11	10	8	9
6	合计	313	332	82	83	81	86

总经理：徐浩　　　　　　　　部门负责人：王彬　　　　　　　　编制人：高鑫

2. 分表的格式设计

预算分表是预算主表的对应、细化、补充和说明。因此，分表的基本内容与主表一致，主要有预算项目、预算总额及细化指标三项。例如，管理费用预算主表的分表形式如表5-5所示。

表5-5　××公司2016年人力资源部管理费用预算表

编制单位：人力资源部　　　　　　编制时间：2015 年 10 月 14 日　　　　　单位：万元

序号	管理费用项目	2015年预计	2016年预算	各季度预算指标			
				第一季度	第二季度	第三季度	第四季度
1	薪酬	22	26	6	6	7	7
2	办公费	3	4	1	1	1	1
3	差旅费	6	7	2	1	2	2
4	培训费	15	19	5	4	5	5
5	其他	15	14	3	3	4	4
6	合计	61	70	17	15	19	19

预算管理办公室：王彬　　　　　　部门负责人：冯一帆　　　　　　编制人：魏虹

3. 计算表的格式设计

预算计算表涉及很多预算指标的计算过程，需要预算人员根据预算指标的性质和计算公式进行设计，基本内容主要有预算项目、基础数据、计算关系和指标数据四项。例如，产品产量预算所附的计算表格形式如表5-6所示。

表 5-6　××公司 2016 年产品产量预算表

编制单位：生产部　　　　　　　　编制时间：2015 年 10 月 14 日

产品名称	计量单位	期初库存	本期销售	期末库存	本期生产
计算关系	—	①	②	③	④=②+③-①
甲产品	件	210	860	180	830
乙产品	吨	5	20	4	19
丙产品	台	56	450	60	454
丁产品	件	108	700	95	687

预算管理办公室：王彬　　　　　部门负责人：刘琦　　　　　编制人：杨惠

4. 基础表的格式设计

预算基础表为主表、分表和计算表提供基础数据和编制依据，这些基础数据和编制依据有的是数字形式，有的是文字形式。因此，预算人员需要根据数据资料的内容和表现形式灵活设计基础表的格式。例如，编制直接材料预算所需的材料消耗定额及预算价格基础表形式如表 5-7 所示。

表 5-7　××公司 2016 年直接材料预算基础资料表

编制单位：生产部　　　　　　　　编制时间：2015 年 10 月 14 日

序号	材料名称	计量单位	单位产品材料消耗定额				预算单价（元）
			甲产品	乙产品	丙产品	丁产品	
1	A 材料	吨	0.5	0.2	0.4	0.3	6 000
2	B 材料	件	8	3	5	6	350
3	C 材料	千克	10	6	8	7	300
4	D 材料	吨	0.9	1.6	1.0	1.2	4 000

部门负责人：刘琦　　　　　编制人：杨惠

总之，预算表格的设计需要综合考虑企业性质、组织架构、经营活动、预算类型、预算管理要求等因素，判断预算表格设计是否达标的标准主要在于"好用"这两个字。

三、企业全面预算目标的确定与分解

（一）预算目标确定与分解的目的

确定预算目标是企业全面预算编制过程中最重要的前置工作，企业全面预算管理目标应与企业发展的目标一致。企业预算目标的确立，一方面可以引导企业各项活动按预定计划进行，防止出现或及时纠正偏差；另一方面还可以最大限度地发挥企业员工的积极性，提高企业经济效益。

1. 保证公司战略目标的实现

战略目标可以作为预算编制的指导目标，通过预算目标的下达，指标化、数字化明确地表达了战略目标，实际为各级责任主体预算编制指引了方向。企业年度预算目标按一定

预算周期分解到各级责任主体，构成了各级责任主体的预算目标责任书，该责任书将作为标准来衡量责任主体所编制的预算，保证企业战略在各责任单位（部门）得到贯彻与实施。

2. 为预算编制提供前提和基础

预算编制过程中，通过对所编制预算进行分析，特别是对预算目标模拟达成情况进行分析，可以评价不同责任单位（部门）战略合理性与所编制预算的合理性。在预算的审核、平衡过程中，一般会将总体战略和总体预算目标作为平衡点，通过调整相关责任单位（部门）的战略和预算，使所编制预算满足总体战略和预算目标的要求。

3. 为预算控制及考核提供依据

预算目标的确定与分解可以确保各层责任单位（部门）的所有经营活动均在量化的预算指标体系下运作，增强企业整体的控制与考核的可操作性。在预算执行过程中，通过对预算实际发生情况进行分析，可以进行预算目标达成情况差异分析，通过差异分析，可随时发现执行过程中的问题，并通过对问题的根源分析，及时进行预算的调整。

（二）预算目标确定与分解的原则

企业整体预算目标、分（子）公司预算目标以及部门预算目标等构成一个整体的预算目标体系。在确定企业的预算目标之后，还需要根据企业的实际情况将预算目标分解到每个阶段、每个部门，从而有利于企业整体预算目标的实现。无论是制定企业的预算目标还是将其分解，都应遵循一定的原则。

1. 预算目标确定应遵循的原则

企业全面预算目标作为企业战略目标在特定预算期内具体体现，应适应企业长远战略目标实现的要求，而预算目标要通过预算的编制来体现，通过预算的执行和监督来落实。企业预算的目标必须从企业自身情况和市场经济环境，以及对于未来发展趋势的预测来综合考虑制定，一旦确定，应在一定时期内保持稳定性。在实际工作中，企业预算目标的确定主要遵循下列原则：先进性与可行性兼顾的原则、整体规划与具体计划相结合的原则、外部市场与企业内部条件相结合的原则。

2. 预算目标分解应遵循的原则

在企业预算目标的分解中应当牢牢把握以下原则：整体一致性原则、长期利益与短期利益相协调的原则、先进性与可操作性相结合的原则、效率与公平兼顾的原则、充分挖掘盈利潜力的原则。

（三）确定预算目标的步骤

1. 建立预算指标体系

预算指标是全面预算的载体，建立逻辑严谨、相互联系、互为补充的预算指标体系，可以综合反应预算总目标的要求。由于企业各个层级、各个责任部门的职责分工不同，所承担的预算指标体系内容也不同。因此，企业需要根据具体的预算主体，设计建立不同的预算指标体系。

2. 测算并确定预算目标数值

预算目标是企业战略规划和经营目标的体现。按照现代企业制度的要求，任何预算目标数值的确定，都是公司股东、董事会、经营者等不同利益团体相互协调和相互博弈的过程。

3. 对预算目标进行细化分解

预算目标的细化分解，是一个由上到下、由下到上的反复沟通、协商过程。当预算总目标确定以后，就要将其在企业各个层级和各个部门中进行分解，使之成为各责任单位（部门）在预算期内的预算目标，并以此约束各责任主体的经营行为，确保企业战略规划和经营目标的实现。

实际中，预算目标的分解是比较难确定的，因为预算目标的实现与否会直接影响员工的绩效。预算目标定得较低，下属员工会愿意接纳，但预算的松弛程度会提高，预算的约束力较差；预算目标定得较高，员工会放弃努力，预算完成的可能性会受到影响。因此，预算目标的分解只有在等于或略高于员工的能力时，预算目标才会被员工接纳并愿意执行。解决预算目标差异的良好方法就是用企业文化的传递加强高层与基层员工的沟通，日本丰田公司的一种做法就是将产品的用量标准和产品制造的工时标准交给工人自己制定，充分信任员工的责任心和使命感，从而带来了预算目标的顺利实现。

实质上，在信息不对称的条件下，由于员工比上级责任负责人能更清楚地了解影响预算目标实现的环境因素，员工客观上存在压低预算目标的主观愿望动机。因此，只有利用沟通的方法，掌握下属员工的工作能力，经过充分的信息沟通和协商来促使预算目标的确定与分解。图 5-5 展示了预算目标在某公司内部责任部门的分解和落实过程。

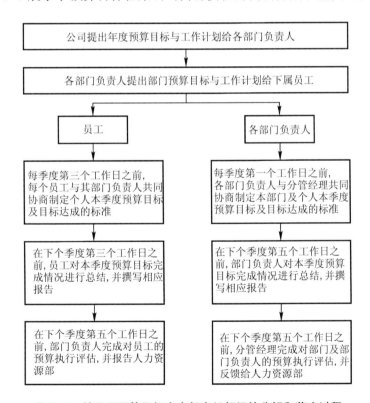

图 5-5　某公司预算目标在内部责任部门的分解和落实过程

四、企业全面预算编制大纲

预算编制大纲是编制年度预算的纲领性文件。在正式编制预算之前，企业首先要对下一年度的市场情况、生产经营情况进行广泛的调查研究，尤其对企业的销售、生产、采购、设备和资源的平衡配置情况进行深入分析，对投资项目支出以及项目投产后给企业生产经营及损益带来的影响进行全面预测。在充分掌握下一年度生产经营环境、条件后，公司董事会提出下一年度的经营目标草案，然后由公司预算管理部门或财务部门执笔编写一份预算编制大纲（或称预算编制手册），经公司预算管理委员会审批后，下发至各个预算编制单位（部门），用以指导和规范预算编制工作。

实务中，公司应召开专门的预算会议向公司各责任单位（部门）负责人布置下一年度预算编制任务，并下达预算编制大纲。预算管理办公室应对各责任单位（部门）负责人和预算编制人员进行有关预算编制的业务培训，让各单位（部门）负责人和预算编制人员在接收业务培训和阅读理解预算编制大纲的基础上，按照责任分工，根据预算编制大纲和具体预算项目的特点、要求编制各项预算，并及时将编制完成的预算草案上报预算管理办公室。

预算编制大纲一般由总纲、预算编制的组织领导、预算目标及预算指标草案、预算范围与内容、预算编制原则、预算表的填写说明、预算编制要求、预算编制时间安排、附件等部分组成。

【案例 5-1】预算编制大纲引导各预算责任单位（部门）开展预算编制工作，以下以集团公司为例说明预算编制大纲包括的内容与形式。

××集团 20××年度预算编制大纲

一、总纲

根据《全面预算管理制度》的有关规定和工作计划安排，集团定于 20××年 10 月××日至 12 月××日开展 20××年全面预算的编制与申报工作。为了确保预算编制与申报工作的顺利进行，特将 20××年预算编制大纲下发给你们，望各预算编制单位按照本大纲的要求，在规定的时间内保质、保量将本集团的预算草案上报到集团预算管理办公室。

（一）20××年集团经营环境

1. 集团公司战略规划（略）。

2.20××年度市场分析与预测。

该部分包括但不限于以下内容：

（1）总结 20××年集团所处细分市场的总体情况和特点，以及企业在市场中的地位和竞争能力；

（2）分析及预测 20××年度集团所处细分市场的发展趋势和竞争地位；

（3）计划在 20××年度采取的竞争策略和竞争目标以及将达到的市场地位（市场份额或在主要客户中的供货比重）。

预测应建立在合理的基础上，避免出现过于保守或过于乐观的重大偏差。该部分内容应当有充分的文字或说明，重点在于市场分析和竞争策略，尤其是针对销售增量和主要竞争对手的分析与竞争策略，通过这部分内容能够比较清楚地反映企业经营目标的形成基础。

3.20××年度预算管理关键因素。

（1）全面预算是全员参与、全面覆盖、全程跟踪及控制的系统工程，各权属单位务必高度重视并着力推进预算管理工作，使全面管理发挥出应有的效能；

（2）紧紧围绕全面预算管理主题，健全制度，明确责任，理顺关系，规范行为，完善增收节支、节能减排措施，缩减一切开支，努力降低各种成本费用；

（3）加强现金流量控制，加速资金周转，提高资金使用效率，拓宽筹资渠道，保障重大项目的建设。

（二）20××年集团预算编制的主题

1. 根据集团发展规划和现阶段主要任务，确定20××年度全面预算管理主题为：

（1）建立以资金为中心的预算管理体系，强化资金管理；

（2）控制成本费用。

2. 集团公司权属单位紧紧围绕集团公司全面预算管理主题，根据本单位20××年度预算管理工作重点以及预算资源的重点投向，确定本单位全面预算管理主题。

（三）预算编制的原则

1. 目标性原则。各预算部门要以确保完成公司董事会制定的20××年总体经营目标为出发点，围绕本预算编制大纲下达给各预算部门的预算分目标，深入分析、测算完成预算目标的有利因素和不利因素，编制积极的预算草案。

2. 可行性原则。预算一经批准，必须严格执行，一般不能调整。因此，各预算部门申报的年度预算指标必须切实可行，本预算编制大纲给各预算部门下达的预算指标草案，是给各预算部门编制预算的一个方向性指导意见，各预算部门在编制年度预算时必须本着实事求是的精神，从严从细，编制出既能实现公司总体经营目标，又符合本单位实际情况的年度预算。

3. 完整性原则。年度预算要体现全面预算的思想，各单位必须将经营管理范围内的所有收入和支出完整、全面地反映在年度预算中，做到不重不漏，绝不允许在公司预算之外搞预算外收支。

4. 统筹兼顾原则。预算编制要做到合理安排各项资金支出，重点保障生产经营活动的资金需要，要按照"先生产、后生活，先生产、后基建，先简单再生产、后扩大再生产"的顺序，分清各项支出的轻重缓急，做到有保有压，统筹安排资金预算项目，在保证重点项目支出的前提下，兼顾一般项目的资金需求。

5. 公开透明原则。年度预算的编制要公开透明，各单位要让预算的执行者参与到编制预算的过程中来，向所有参与预算编制的人员公开预算编制的原则、内容、程序、方法、要求和结果，要加强各部门之间的沟通与协调，建立民主决策机制，提高预算编制的公开性和透明度，确保年度预算指标拥有雄厚的群众基础。

6. 统一性原则。各预算部门要求按照本预算编制大纲统一设置的预算表格，统一口径、统一程序、统一计算方法，填列预算项目的指标与数据。

（四）预算编制的依据

1. 国家的有关方针、政策，国内外经济环境及市场发展趋势。

2. 集团董事会确定的集团发展战略、经营规划、经营策略和经营目标。

3. 公司改组改制、收购兼并、资本运营等重大经营事项安排。

4. 客户订单、市场预测及公司生产能力。

5. 集团财务政策、集团会计制度和预算编制的基本政策、基本假设。

6. 集团相关定额标准、计划价格和其他基础资料。

7. 本年度实际经营情况以及预见到的预算年度内外变化因素。

8. 集团制订的预算编制大纲。

9. 本单位的具体情况及其他影响预算编制的因素。

二、预算编制的组织领导

1. 全面预算的编制工作由集团预算管理委员会组织领导，具体协调工作由集团预算管理办公室负责。

2. 各预算草案均以各权属单位进行编制和申报，各权属单位负责人为编制本单位预算的第一责任人，各级预算管理机构、财务部门及专兼职预算员负责具体的预算编制及申报工作。

三、20××年度预算目标

1. 经过集团公司研究，集团公司20××年度预算总目标如表5-8所示。

表5-8　××集团20××年度预算总目标

序号	目标项目	20××年目标
1	收入总额	
2	净利润	
3	经营性现金净流量	
4	净资产收益率	
…	…	

2. 集团公司各权属单位20××年度预算目标（略）。

四、20××年度预算编制内容

（一）预算编制表格内容（见表5-9）

表5-9　预算编制表格内容

一级主表	二级分表	三级基础表
1. 主要经济指标预算表	1. 经营预算表	行业业务预算表
2. 资产负债预算表	2. 资本性支出预算表	
3. 利润预算表	3. 筹资预算表	
4. 现金流量预算表	4. 预算准备表	

预算报表体系由集团公司统一下发，各权属单位根据表格的内容填列，上报集团公司。

（二）预算编制方案说明书

预算编制方案说明书是对年度预算报表的补充说明，是评价预算编制方案质量的重要依据，是年度预算编制方案的重要组成部分，由各权属单位填列上报集团。其主要包括以下内容：

1. 上年度生产经营情况总结。

2. 预算年度内部责任中心构成。

3. 预算年度预算管理主题。

4. 预算编制假设。

5. 预算指标编制说明（包括收入、成本、期间费用、利润、现金流、投资等预算指标，并与上年实际数对比说明）。

6. 可能影响预算指标完成的关键因素说明。

7. 开展全面预算管理工作及完成预算目标的具体措施和建议。

五、预算编制方法

预算编制方法不要求一刀切，各预算单位可按照原则灵活运用固定预算法、弹性预算法、增量预算法、零基预算法等方法编制预算（略）。

六、20××年度预算编制要求

（一）预算假设

1. 为贯彻目标管理，简化预算处理内容，各单位在预算编制前须设立预算假设，作为预算编制的前提和依据。

2. 各单位预算假设内容应在预算编制方案说明书中体现。

（二）内容要求

1. 表与表之间逻辑关系正确。

2. 数据准确，且有依据。

（三）格式要求

预算编制说明书用 Word 格式编辑（正文小四宋体、文字图表相结合等），预算表格用 Excel 格式作为附件报送。

七、20××年度预算编制时间安排

1. 20××年××月××日，集团公司下属单位启动 20××年度预算编制工作。

2. 20××年××月××日前，各单位向集团公司预算管理办公室报送预算年度方案完整稿。

3. 20××年××月××日至××月××日，为各单位预算草案审查、汇总阶段，在××月××日前，集团公司预算管理办公室负责将各单位的预算草案审核完毕并汇总编制集团 20××年全面预算草案。

4. 20××年××月××日前，集团公司预算管理办公室组织有关处、室完成预算方案的审查工作，将审查修改意见反馈给各单位，双方沟通协调，直至达到预算管理目标。

5. 20××年××月××日前，集团预算管理委员会审定 20××年度预算方案。

6. 20××年××月××日前，集团预算管理委员会将集团总预算方案上报集团董事会审议。

7. 20××年××月××日前，集团董事会审议、批准集团 20××年度全面预算。

8. 20××年××月××日前，集团与各权属单位负责人签订《20××年预算目标责任书》。

9. 20××年××月××日前，各单位下发执行预算方案。

八、信息传递

1. 预算编制是一项系统工程，各预算表及项目之间有着密切的勾稽关系，需要各单位按照本预算大纲规定的要求和时间认真填写。

2. 各单位报送集团预算管理办公室的预算草案，一律采用电子文档方式，通过电子邮件发送。

3. 不明之处，请及时与集团预算管理办公室联系。

联系人：×××、×××

联系电话：×××-×××××××

电子邮箱：×××××××××

××集团预算管理委员会

20××年××月××日

第四节　企业全面预算的具体编制

一个完整的企业全面预算一般包括业务预算、专项预算和财务预算三个组成部分。

一、业务预算

业务预算也称为营业预算、经营预算，是指企业在预算期内日常发生的基本业务活动的预算，主要包括销售预算、生产预算、直接材料预算、直接人工预算、制造费用预算、产品成本预算、销售及管理费用预算等。

（一）销售预算

销售预算是在销售预测完成之后才进行的，销售目标被分解为多个层次的子目标。企业如果忽视对市场的调研与预测，对市场变化反应迟钝，就会使整个预算指标体系难以与市场衔接，缺乏对市场的应变能力和弹性，因此，企业要认识到销售预算的重要性。

本书前面介绍过预算编制起点的多种观点，通常"以销定产"的企业，全面预算的编制一般是从销售预算开始的，销售预算不仅是编制全面预算的基础，也是编制全面预算的关键，生产预算、采购预算、存货预算、产品成本预算等其他预算都要以销售预算为依据。本节以销售预算为起点来进行介绍，销售预算一般由销售部门负责编制。

【案例 5-2】假定 A 公司于计划年度只生产和销售一种产品，其 2016 年度的预计销售量如表 5-10 所示。

表 5-10　A 公司 2016 年度销售预测表

项目	一季度	二季度	三季度	四季度	全年合计
预计销售量（件）	1 000	1 500	2 000	1 800	6 300
销售单价（元/件）	200	200	200	200	200

此外，A 公司每季度的商品销售在当季度收到货款的 60%，其余货款在下个季度收回。2015 年度的应收账款余额为 62 000 元，该公司 2016 年度的分季度销售预算如表 5-11 所示（不考虑增值税）。

表 5-11　A 公司 2016 年度销售预算　　　　　　　　　单位：元

项目	一季度	二季度	三季度	四季度	全年合计
预计销售量（件）	1 000	1 500	2 000	1 800	6 300
销售单价	200	200	200	200	200
预计销售收入	200 000	300 000	400 000	360 000	1 260 000
预计现金收入：					
年初应收账款	62 000				62 000
第一季度	120 000	80 000			200 000
第二季度		180 000	120 000		300 000
第三季度			240 000	160 000	400 000
第四季度				216 000	216 000
现金收入合计	182 000	260 000	360 000	376 000	1 178 000

注：预计销售收入是编制预计利润表中收入的依据，期初应收账款和期末应收账款是预计资产负债表的数据，现金收入合计是现金预算表中现金流入量的数据。

（二）生产预算

生产预算是在销售预算的基础上编制的，用来安排预算期内的产品生产，主要包括预计期初存货量、预计生产量、预计销售量及预计期末存货量。

生产预算一般由生产部门根据销售部门提供的销量预算，按照产品的生产周期组织平衡生产能力和安排生产，分品牌、分品种、分规格、分车间编制产量预算。通常企业的生产和销售不能做到"同步同量"，需要设置一定的产成品存货，以保证能在发生意外需求时按时供货，并可均衡生产，节省赶工的额外支出。因此，期末产成品存货数量通常按下期销售量的一定百分比确定。

【案例 5-3】假定 A 公司 2016 年甲产品年初存货 100 件，各季度末期末存货量按下一季度销售量的 10% 计算，2016 年末预计留存数为 200 件，该公司 2016 年度甲产品的生产预算如表 5-12 所示。

表 5-12　A 公司 2016 年度生产预算　　　　　　　　　单位：件

项目	一季度	二季度	三季度	四季度	全年合计
预计销售量	1 000	1 500	2 000	1 800	6 300
加：预计期末存货量	150	200	180	200	200
合计	1 150	1 700	2 180	2 000	6 500
减：预计期初存货量	100	150	200	180	100
预计生产量	1 050	1 550	1 980	1 820	6 400

注：预计期初存货量和期末存货量是预计资产负债表的数据来源。

（三）直接材料预算

直接材料预算也称为直接材料采购预算，是用来确定预算期内的材料的采购数量和采购成本的，以生产预算为基础编制的，主要包括产品的预计生产量、单位产品材料耗用量、期初及期末材料存量、材料单位价格和当期支付的材料购货款等。

直接材料预算一般由采购部牵头，仓储部、生产部和生产车间配合进行编制。预计生产量的数据来源于生产预算；单位产品材料耗用量的数据来自标准成本资料或消耗定额资料；原材料存量取决于企业存货政策，通常根据所用的存货控制模型确定；预计材料单价是指该材料的平均价格，通常可从采购部门获得。此外，还应包括材料方面预期的现金支出的计算，包括上期采购的材料将于本期支付的现金和本期采购的材料中应由本期支付的现金。

【案例5-4】假定A公司2016年年初、年末预计材料库存量分别为3 000千克、4 000千克，各季度的期末材料库存量为下季度生产需要量的20%，单位甲产品耗用材料10千克，材料计划单价为5元/千克，每季度的购料款当季度支付50%，其余在下个季度支付，2015年度的应付账款余额为23 500元，该公司2016年度直接材料预算如表5-13所示（不考虑增值税）。

表5-13　A公司2016年度直接材料预算　　　　　　　　单位：元

项目	一季度	二季度	三季度	四季度	全年合计
预计生产量（件）	1 050	1 550	1 980	1 820	6 400
单位产品材料耗用量（千克）	10	10	10	10	10
生产需要量（千克）	10 500	15 500	19 800	18 200	64 000
加：预计材料期末库存量（千克）	3 100	3 960	3 640	4 000	4 000
合计	13 600	19 460	23 440	22 200	68 000
减：预计材料期初库存量（千克）	3 000	3 100	3 960	3 640	3 000
预计材料采购量（千克）	10 600	16 360	19 480	18 560	65 000
单价	5	5	5	5	5
预计采购金额	53 000	81 800	97 400	92 800	325 000
预计现金支出：					
年初应付账款	23 500				23 500
第一季度	26 500	26 500			53 000
第二季度		40 900	40 900		81 800
第三季度			48 700	48 700	97 400
第四季度				46 400	46 400
现金支出合计	50 000	67 400	89 600	95 100	302 100

注：预计材料期初库存量和期末库存量是预计资产负债表的数据来源，第四季度的应付账款是预计资产负债表的数据来源，现金支出合计是现金预算表中现金流出量的数据，单位产品材料耗用量和单价是单位产品成本预算表和期末存货成本预算表的数据来源。

（四）直接人工预算

直接人工预算也是以生产预算为基础编制的，根据生产量确定进行生产所需的直接人工小时以及相应的成本，主要包括预计生产量、单位产品工时、人工总工时、每小时人工成本和人工总成本。

直接人工预算一般由生产车间负责编制。预计生产量数据来自生产预算；单位产品工时和每小时人工成本数据，来自标准成本资料，通常由生产管理部门和工程技术部门获得。

【案例 5-5】假定 A 公司 2016 年单位产品耗用直接人工 2 小时，每小时人工成本 10 元，该公司 2016 年度甲产品的直接人工预算如表 5-14 所示。

表 5-14 2016 年度甲产品的直接人工预算

项目	一季度	二季度	三季度	四季度	全年合计
预计生产量（件）	1 050	1 550	1 980	1 820	6 400
单位产品工时（小时/件）	2	2	2	2	2
人工总工时（小时）	2 100	3 100	3 960	3 640	12 800
每小时人工成本（元/小时）	10	10	10	10	10
人工总成本（元）	21 000	31 000	39 600	36 400	128 000

注：预计直接人工的总额直接计入现金预算表，单位产品工时和每小时人工成本是单位产品成本预算表的数据来源。

（五）制造费用预算

制造费用预算包括变动性制造费用预算和固定性制造费用预算。变动性制造费用通常包括间接材料、间接人工等，是以生产预算为基础来编制的，如果有完善的标准成本资料，用单位产品的标准成本与产量相乘，即可得到相应的预算金额，如果没有标准成本资料，就需要逐项预计计划产量需要的各项制造费用。固定性制造费用通常包括厂房和机器设备的折旧、租金及一些车间的管理费用等，与本期产量无关，按每季度实际需要的支付额预计，然后求出全年数。

制造费用预算项目的编制内容应有详细说明，企业不同，要求预算表的项目不一样。制造费用预算一般由生产车间负责编制，其中折旧费等不可控的费用，由财务部门负责编制。由于制造费用大部分需要用现金支付，所以在编制制造费用预算时也要编制现金支出的部分。但制造费用中一些项目不需要用现金支付如固定资产折旧费，所以在编制现金支出预算时应将折旧费扣除。

【案例 5-6】假定 A 公司 2016 年制造费用的变动部分，按计划年度的预计生产量进行规划（单位产品耗用间接人工 1 元/件，间接材料 2 元/件，水电费 2 元/件）；固定部分根据基期的实际开支数，按上级下达的成本降低率 3%进行计算。该公司 2016 年度甲产品的制造费用预算如表 5-15 所示。

表 5-15 2016 年度甲产品的制造费用预算 单位：元

项目	一季度	二季度	三季度	四季度	全年合计
变动性制造费用：					
间接人工（1 元/件）	1 050	1 550	1 980	1 820	6 400
间接材料（2 元/件）	2 100	3 100	3 960	3 640	12 800
水电费（2 元/件）	2 100	3 100	3 960	3 640	12 800
小计	5 250	7 750	9 900	9 100	32 000
固定性制造费用：					

项目	一季度	二季度	三季度	四季度	全年合计
折旧①	7 500	7 500	12 500	12 500	40 000
车间管理费	12 500	12 500	12 500	12 500	50 000
保险费	1 250	2 750	600	1 400	6 000
小计	21 250	22 750	25 600	26 400	96 000
合计	26 500	30 500	35 500	35 500	128 000
减：非付现项目（折旧）	7 500	7 500	12 500	12 500	40 000
现金支出合计	19 000	23 000	23 000	23 000	88 000

注：制造费用每季度现金支出总额是现金预算表的数据来源，折旧费是资产负债表的数据来源，变动性制造费用分配率（变动性制造费用分配率=32 000/12 800=2.5 元/小时）和固定性制造费用分配率（固定性制造费用分配率=96 000/12 800=7.5 元/小时）是单位产品成本预算表的数据来源。

①表示公司直线法计提折旧，第三、四度折旧比第一、二季度折旧多 5 000 元（12 500-7 500），主要是因为第二季度末预计购入设备一台，价值 100 000 元，5 年期，期满无残值，每季度计提折旧 5 000 元（年折旧=100 000/5=20 000 元，详见资本支出预算表 5-18）。

（六）产品成本预算

产品成本预算是根据销售预算、生产预算、直接材料预算、直接人工预算、制造费用预算编制的，其主要内容是产品的单位成本和总成本是编制财务预算中预计利润表和预计资产负债表的基础。

产品成本预算一般归生产部门编制，并由企业财务部门负责公司所有产品的成本预算汇总，不同行业的产品成本预算表的结构略有不同。单位产品成本的有关数据，来自直接材料预算、直接人工预算和制造费用预算；生产量和期末存货量来自生产预算；销售量来自销售预算。

【案例 5-7】根据前述预算表信息，A 公司 2016 年度甲产品成本预算如表 5-16 所示。

表 5-16　2016 年度甲产品成本预算　　　　　　　　　　单位：元

项目	单位成本			生产成本（6 400 件）	期末存货（200 件）	销货成本（6 300 件）
	价格标准	用量标准	单位成本			
直接材料	5 元/千克	10 千克	50	320 000	10 000	315 000
直接人工	10 元/小时	2 小时	20	128 000	4 000	126 000
变动性制造费用	2.5 元/小时	2 小时	5	32 000	1 000	31 500
固定性制造费用	7.5 元/小时	2 小时	15	96 000	3 000	94 500
合计	—	—	90	576 000	18 000	567 000

注：期末存货成本是预计资产负债表的数据来源，销货成本是预计利润表的数据来源。

（七）销售及管理费用预算

销售费用预算，是指为了实现销售预算所需支付的费用预算，它以销售预算为基础，分析销售收入、销售利润和销售费用的关系，力求实现销售费用的最有效使用。在安排销售费用时，要利用本量利分析方法，费用的支出应能获取更多的收益；在草拟销售费用预算时，要对过去的销售费用进行分析，考察过去销售费用支出的必要性和结果；销售费用预算应和销售预算相匹配，应有按品种、按地区、按用途的具体预算数额。

管理费用是搞好一般管理业务所必要的费用，随着企业规模的扩大，一般管理职能日益重要，其费用也相应增加。在编制管理费用预算时，企业要分析其业务成绩和一般经济状况，务必做到费用合理化，管理费用多属于固定成本，所以一般是以过去的实际开支为基础，按预算期的可预见变化来调整。重要的是，企业必须充分考察每种费用是否必要，以便提高费用的使用效率。按照费用可调性，管理费用可分为约束性管理费用和酌量性管理费用。约束性管理费用预算的客观因素较多，受有关基数、政策和标准的制约，基本没有弹性，一般可采用固定预算法编制预算；酌量性管理费用的主观因素较多，应重点控制，一般可根据基期管理费用预计水平和预期内的变化因素，结合费用开支标准和企业降低费用的要求，采用零基预算法或增量预算法编制。

销售费用是预算期内企业销售活动各项费用发生的总体安排，由销售部门负责编制，财务部门予以协助；管理费用预算是预算期内企业组织和管理生产经营活动所发生的管理费用的总体安排，由各职能部门负责编制，财务部门或综合管理部门负责汇总，并编制管理费用总预算。

销售费用、管理费用也有固定性和变动性之分，对于变动费用可以根据业务量在各季度之间分配，固定费用则可以在四个季度平均分配或列入实际支付的季度，混合成本应在分解为变动费用和固定费用后分别列入预算的变动部分和固定部分。编制相关的现金支出预算时需要扣除固定性销售及管理费用中非付现的项目（如折旧、摊销）。

【案例 5-8】A 公司 2016 年度汇总编制的销售及管理费用预算如表 5-17 所示（假定所发生的销售与管理费用均为固定费用，并在四个季度平均分配）。

表 5-17　A 公司 2016 年度销售及管理费用预算　　　　　　　　单位：元

项目	一季度	二季度	三季度	四季度	全年合计
销售费用：					
销售人员工资	12 000	12 000	12 000	12 000	48 000
广告费	16 000	16 000	16 000	16 000	64 000
保管费	5 000	5 000	5 000	5 000	20 000
小计	33 000	33 000	33 000	33 000	132 000
管理费用：					
管理人员薪金	14 000	14 000	14 000	14 000	56 000
保险费	1 000	1 000	1 000	1 000	4 000
办公费	2 000	2 000	2 000	2 000	8 000
小计	17 000	17 000	17 000	17 000	68 000
合计	50 000	50 000	50 000	50 000	200 000
现金支出合计	50 000	50 000	50 000	50 000	200 000

注：销售及管理费用现金支出是现金预算的数据来源。

二、专项预算

专项预算是指企业不经常发生的资本支出项目或一次性专门业务所编制的预算。专项预算大体上可分为资本支出预算和一次性专门业务预算两类。

（一）资本支出预算

资本支出预算是指企业长期投资计划的反映，是为资本性投资活动服务的，它具体反映企业在何时进行投资、投多少资、用什么方式取得、何时可获得收益、每年的现金净流量为多少、需要多少时间收回全部投资等。

企业的资本性投资活动分为内部投资和外部投资。内部投资是指企业用于固定资产的购置、扩建、改建、更新、改造等方面的投资和无形资产方面的投资；外部投资是指企业用于股权、收购、兼并、联营投资及债券等方面的投资。

因此，专项预算是指企业不经常发生的长期投资决策项目或筹资项目所编制的预算，主要包括固定资产投资预算、无形资产投资预算、权益性资本投资预算、债券投资预算、投资收益预算等。

第一，固定资产投资预算是预算期内企业为构建、改建、扩建、更新固定资产而进行资本投资的预算，主要根据企业有关投资决策资料和预算期固定资产投资计划编制。

第二，无形资产投资预算是预算期内企业为取得专利权、非专利技术、商标权、著作权、土地使用权等无形资产而进行资本投资的预算，主要根据预算期无形资产投资计划编制。

第三，权益性资本投资预算是预算期内企业为了获得其他企业的股权及收益分配权而进行资本投资的预算，主要根据企业有关投资决策资料和预算期权益性资本投资计划编制。

第四，债券投资预算是预算期内企业购买国债、企业债券、金融债券等的预算，主要根据企业有关投资决策资料和证券市场行情编制。

第五，投资收益预算是预算期内企业对外投资所取得的利润、股利、债券利息及投资损失的预算，主要根据投资企业有关利润分配计划、股利分配计划和有关债券的面值及利息率编制。

【案例 5-9】假定 A 公司预计在 2016 年度第二季度末购入一台设备，支付价款 100 000 元，第四季度末购入一台设备，支付价款 110 000 元，预计均可使用 5 年，期满无残值。购入后每年可分别为公司增加净利润 15 000 元和 18 000 元，均按直线法计提折旧。根据上述资料编制 A 公司 2016 年度的资本支出预算表，如表 5-18 所示。

表 5-18　A 公司 2016 年度资本支出预算　　　　　　　　　　单位：元

项目	购置时间	初始投资额	使用年限	购入后每年的NCF[①]	回收期
设备 1	第二季度	100 000	5 年	35 000[②]	2.86[④]
设备 2	第四季度	110 000	5 年	40 000[③]	2.75[⑤]
预计现金支出	一季度	二季度	三季度	四季度	全年合计
		100 000		110 000	210 000

注：①NCF 为现金净流量（Net Cash Flow）；
　　②NCF=15 000+100 000/5=35 000（元）；
　　③NCF=18 000+110 000/5=40 000（元）；
　　④回收期=100 000/35 000=2.86（年）；
　　⑤回收期=110 000/40 000=2.75（年）。

（二）一次性专门业务预算

企业为了满足正常的业务经营和资本支出需要，同时也为了提高资金的使用效果，往往对现金制定出最低和最高的限额，现金过低，容易发生债务到期不能清偿而影响企业的信誉情况，反之，若现金过高，则使资金得不到充分利用，失去许多获利的机会。正因为如此，财务部门在日常理财活动中会发生以下一次性专门业务。

第一，筹措资金。若预计现金低于最低限额，出现资金短缺情况，则应及时设法筹措资金，筹措的手段一般包括：向银行借款、发行股票或债券、出售企业本身拥有的证券等。

第二，投放资金。若预计现金高于最高限额，出现资金多余情况，则应及时设法投放和运用资金，其途径一般包括：买进或回收本公司发行的股票、归还银行借款和债券本息等。

第三，企业根据董事会决定自计划期发放股息、红利，及根据税法规定在计划期缴纳所得税等，也属于一次性专门业务。

【案例5-10】假定A公司根据计划期间现金收支情况（参见表5-20所示的现金预算表），根据公司与银行之间的协议，预计在2016年度第一季度向银行短期借款30 000元，第二季度向银行短期借款60 000元，第三季度末需要归还短期借款90 000元及利息（年利率均为8%），第四季度需要还长期借款利息（年利率12%），假定借款发生在期初，还款发生在期末。另外，根据税法规定，公司计划每季度末预付所得税30 000元，全年共计120 000元，又根据董事会决定每季度支付现金股利25 000元，全年共计100 000元。根据上述有关资料，编制A公司2016年度一次性专门业务预算，如表5-19所示。

表5-19　A公司2016年度一次性专门业务预算　　　　　　　单位：元

项目	一季度	二季度	三季度	四季度	全年合计
筹措资金	30 000	60 000			90 000
归还资金			90 000		90 000
偿还利息			4 200[①]	9 600[②]	13 800
预付所得税	30 000	30 000	30 000	30 000	120 000
预付股利	25 000	25 000	25000	25 000	100 000

注：①第三季度现金多余，用于偿还借款，按"每期期初借入，每期期末归还"来预计利息，故短期借款30 000元的借款期为9个月，短期借款60 000元的借款期为6个月，因此短期借款利息=30 000×8%×9/12+60 000×8%×6/12=4 200元；

②该公司长期借款余额80 000元，预计在第四季度支付利息=80 000×12%=9 600元。

三、财务预算

财务预算是企业的综合性预算，是指反映企业预算期现金收支、经营成果和财务状况的预算，主要包括现金预算、预计利润表、预计资产负债表。它是以业务预算和专项预算为基础编制而成的。

财务预算由财务部门负责，财务部将各预算责任单位或部门的财务预算进行汇总，形成企业总预算目标，可以使企业全面了解预算期的现金收支、经营成果和财务状况，并为企业的经营决策、业绩考评、资源配置等提供依据。

（一）现金预算

现金预算包括现金收支及筹措、运用情况，是反映企业在预算期内一切现金收入和支出，以及二者对抵后的现金余缺数的预算。编制现金预算通常要以业务预算和专项预算为依据。现金预算包括现金收入、现金支出、现金多余或不足、资金的筹集和运用四个部分。

1. 现金收入

"现金收入"部分包括期初现金余额和预算期现金收入，如现销、应收账款收回、应收票据到期兑现、票据贴现收入、出售长期性资产、收回投资等业务。现金收入主要反映经营性现金收入，产品销售收入是其主要来源。

2. 现金支出

"现金支出"包括预算期内的各项现金支出，主要包括采购材料、支付工资、支付制造费用、支付销售及管理费用、支付财务费用、偿还应付账款、缴纳税金、购置设备、股利分配等。现金支出主要反映经营性现金支出和资本性现金支出。

3. 现金的多余或不足

"现金的多余或不足"具体是指现金收入与现金支出的差额。当现金收入大于现金支出，则是现金多余，多余的现金可以用来归还借款、进行投资。当现金收入小于现金支出，则是现金不足，此时需要筹集资金。

4. 资金的筹集和运用

企业在预算期内根据现金多余或不足情况，采取措施合理筹集和使用资金，比如根据现金不足的情况，可通过向银行借款、发行短期企业债券来弥补。

需要强调的是，现金预算的编制要按收付实现制来进行，要保证现金预算准确，就必须首先保证业务预算和专项预算准确，并且注意现金预算应有一个合理的持有量。

【案例 5-11】A 公司预算期内现金最低余额为 30 000 元，不足此数需要向银行借款，假设银行借款的金额要求是 10 000 元的倍数，该公司 2016 年度现金预算如表 5-20 所示。

表 5-20　A 公司 2016 年度现金预算　　　　　　　　　单位：元

项目	一季度	二季度	三季度	四季度	全年合计
期初现金余额	20 500	37 500	31 100	39 700	20 500
加：销货现金收入（表 5-11）	182 000	260 000	360 000	376 000	1 178 000
可供使用现金	202 500	297 500	391 100	415 700	1 198 500
减：现金支出					
采购直接材料（表 5-13）	50 000	67 400	89 600	95 100	302 100
支付直接人工（表 5-14）	21 000	31 000	39 600	36 400	128 000
支付制造费用（表 5-15）	19 000	23 000	23 000	23 000	88 000
支付销售及管理费用（表 5-17）	50 000	50 000	50 000	50 000	200 000
支付所得税费用（表 5-19）	30 000	30 000	30 000	30 000	120 000
购买设备（表 5-18）		100 000		110 000	210 000
支付股利（表 5-19）	25 000	25 000	25 000	25 000	100 000
现金支出合计	195 000	326 400	257 200	369 500	1 148 100

续表

项目	一季度	二季度	三季度	四季度	全年合计
现金多余或不足	7 500	-28 900	133 900	46 200	50 400
向银行借款（表5-19）	30 000	60 000			90 000
还银行借款（表5-19）			90 000		90 000
短期借款利息（年利率8%）（表5-19）			4 200		4 200
长期借款利息（年利率12%）（表5-19）				9 600	9 600
期末现金余额	37 500	31 100	39 700	36 600	36 600

注：第四季度的期末现金余额是预计资产负债表的数据来源。

（二）预计利润表

预计利润表是指用货币金额来反映企业在计划期间全部经营活动及其最终财务成果而编制的预算，也称利润预算，是整个预算体系中的重要组成部分，它的格式与实际的利润表相同，只是数据来源于上述各项具体预算，而不是实际。

预计利润表是企业全面预算体系的核心，也是编制预计资产负债表的基础。通过编制预计利润表，可以了解企业预期的盈利水平，如果预计出来的利润与最初编制方针中的目标利润有较大的差距，那么就需要调整各单位或部门预算，设法达到目标，或者经企业领导同意后修改目标利润。

【案例5-12】根据上述预算表信息，A公司2016年度预计利润表如表5-21所示。

表5-21　A公司2016年度预计利润表　　　单位：元

项目	一季度	二季度	三季度	四季度	全年合计
销售收入（表5-11）	200 000	300 000	400 000	360 000	1 260 000
减：销货成本（表5-10和表5-16）[①]	90 000	135 000	180 000	162 000	567 000
毛利	110 000	165 000	220 000	198 000	693 000
减：期间费用					
销售及管理费用（表5-17）	50 000	50 000	50 000	50 000	200 000
财务费用（利息）（表5-19）			4 200	9 600	13 800
期间费用合计	50 000	50 000	54 200	59 600	213 800
利润总额	60 000	115 000	165 800	138 400	479 200
所得税费用（表5-19）	30 000	30 000	30 000	30 000	120 000
净利润	30 000	85 000	135 800	108 400	359 200

注：①各季度销货成本=各季度销售量×产品单位成本，各季度销售量来自表5-10，产品单位成本来自表5-16。

预计利润表中所得税费用是在对企业利润进行预测分析时估算出来的，并非通过预计利润表中的利润总额与所得税税率计算得出的。这是由于该项支出已列入现金预算，并对利息产生影响，而预计利润表又利用了现金预算的有关数据，如果在编制预计利润表时根据利润与所得税税率重新计算所得税，那么就需要根据计算出的新结果修改现金预算，继而影响现金预算中的有关数据，并反过来对预计利润表产生影响，结果又要修改预计利润表，如此一来就会陷入数据的循环修改。

（三）预计资产负债表

预计资产负债表是反映企业预算期末预计的财务状况。其内容和格式与实际的资产负债表基本相同，只是预计资产负债表中的期末数为预算数，该表是利用预算期期初资产负债表，根据业务预算、专项预算、现金预算和预计利润表等的有关数据加以分析和计算后形成的。

编制预计资产负债表的目的在于判断预算反映的财务状况的稳定性和流动性。如果通过对预计资产负债表的分析，发现某些财务比率不佳，必要时可修改有关预算，以改善财务状况。

【案例 5-13】根据上述预算表信息，A 公司 2016 年度预计资产负债表如表 5-22 所示。

表 5-22　A 公司 2016 年度预计资产负债表　　　　　　　　单位：元

资产			负债及所有者权益		
项目	期初余额	期末余额	项目	期初余额	期末余额
流动资产：			流动负债：		
现金（表 5-20）	20 500	36 600	应付账款（表 5-13）	23 500	46 400
应收账款（表 5-11）	62 000	144 000	流动负债总额	23 500	46 400
直接材料（表 5-13）	15 000	20 000	长期负债：		
产成品（表 5-16）	9 000	18 000	长期借款	80 000	80 000
流动资产总额	106 500	218 600	长期负债总额	80 000	80 000
固定资产：			负债总额	103 500	126 400
固定资产	400 000	610 000	所有者权益：		
减：累计折旧（表 5-15）	40 000	80 000	普通股股本	200 000	200 000
固定资产净值	360 000	530 000	未分配利润	163 000	422 200
			所有者权益总额	363 000	622 200
资产总额	466 500	748 600	负债与所有者权益总额	466 500	748 600

注：①期末应收账款=本期销售额×（1-本期收现率）=360 000×（1-60%）=144 000 元

②期末应付账款=本期采购金额×（1-本期付现率）=92 800×（1-50%）=46 400 元

③期末未分配利润=期初未分配利润+本期净利润-本期股利=163 000+359 200-100 000=422 200 元。

本章小结

本章介绍了全面预算编制过程中常用的三种编制流程模式，包括"自上而下式""自下而上式"和"上下结合式"几种形式，分析了各种编制起点的预算编制流程；解释了预算编制的几种方法及各种方法的应用范围；说明了企业全面预算编制的准备工作，包括编制期间与时间、预算表格的设计、目标的确定与分解、预算编制大纲等内容；并详细分析了企业各种业务预算、专项预算和财务预算的具体编制工作。通过上述学习，能够让大家正确认识企业全面预算的编制，熟悉编制流程，掌握在预算编制过程中涉及的内容及编制方法，能够参与企业的预算编制工作。

练习题

一、单项选择题

1. 下面不是预算分类的是（　　）。

　　A. 业务预算　　　　B. 专项预算　　　　C. 财务预算　　　　D. 零基预算

2. 下列不是预算编制的主要方法的是（　　）。

　　A. 固定预算　　　　B. 弹性预算　　　　C. 成本预算　　　　D. 零基预算

3. 现金预算属于下列项目中的是（　　）。

　　A. 业务预算　　　　B. 生产预算　　　　C. 资本预算　　　　D. 财务预算

4. 下列选项中，哪项不属于按预算表功能的分类是（　　）。

　　A. 主表　　　　　　B. 分表　　　　　　C. 基础表　　　　　D. 财务预算表

5. 与生产预算没有直接联系的预算是（　　）。

　　A. 直接材料预算　　　　　　　　　　B. 变动制造费用预算

　　C. 销售及管理费用预算　　　　　　　D. 直接人工预算

6. 下列预算中只使用实物量计量单位的预算是（　　）。

　　A. 现金预算　　　　B. 资产负债表预算　　C. 生产预算　　　D. 销售预算

7. 某企业编制"直接材料预算"，预计第四季度期初存量 400 千克，预计生产需用量 2 000 千克，预计期末存量 350 千克，材料单价为 10 元，若材料采购货款有 60%在本季度内付清，另外 40%在下季度付清，则该企业预计资产负债表年末"应付账款"项目为（　　）元。

　　A. 13 200　　　　　B. 7 800　　　　　　C. 22 000　　　　　D. 12 600

8. 不构成产品成本预算的是（　　）。

　　A. 直接材料预算　　　　　　　　　　B. 直接人工预算

　　C. 制造费用预算　　　　　　　　　　D. 销售费用预算

9. 某企业制造费用中的修理费用与修理工时密切相关。经测算，预算期修理费用中的固定修理费用为 2 000 元，单位工时的变动修理费用为 1.5 元；预计预算期的修理工时为 2 500 小时，则预算期的修理费用总额为（　　）元。

　　A. 3 750　　　　　　B. 4 500　　　　　　C. 5 750　　　　　D. 2 000

10. 甲公司正在编制下一年度的生产预算，期末产成品存货按照下季度销量的 10%安排。预计一季度和二季度的销售量分别为 150 件和 200 件，一季度的预计生产量是（　　）件。

　　A. 145　　　　　　　B. 150　　　　　　　C. 155　　　　　　D. 170

11. 编制业务预算与财务预算的期间通常是（　　）。

　　A. 1 个月　　　　　　B. 1 个季度　　　　　C. 半年　　　　　　D. 1 年

12. 某企业 2015 年第一季度产品生产量预算为 1 500 件，单位产品材料用量 5 千克 / 件，季初材料库存量为 1 000 千克，第一季度还要根据第二季度生产耗用材料的 10%安排季末存量，预算第二季度生产耗用 7 800 千克材料。材料采购价格预计 12 元 / 千克，则该企业第一季度材料采购的金额为（　　）元。

  A. 78 000   B. 87 360   C. 92 640   D. 99 360

  13. 某批发企业销售甲商品，第三季度各月预计的销售量分别为 1 000 件、1 200 件和 1 100 件，企业计划每月月末商品存货量为下月预计销售量的 20%。下列各项预计中，不正确的是（　　）。

   A. 8 月份期初存货为 240 件

   B. 8 月份采购量为 1 180 件

   C. 8 月份期末存货为 220 件

   D. 第三季度采购量为 3 300 件

  14. 在编制制造费用预算时，计算现金支出应予剔除的项目是（　　）。

   A. 折旧费   B. 间接人工

   C. 车间管理人员工资   D. 间接材料

二、多项选择题

1. 下列属于预算编制的方法有（　　　　）。

  A. 固定预算   B. 弹性预算   C. 滚动预算   D. 零基预算

2. 下列选项中，属于按预算反映的内容不同的分类有（　　　　）。

  A. 主表   B. 基础表   C. 业务预算表   D. 财务预算表

3. 企业全面预算编制的时间确定主要取决于的因素是（　　　　）。

  A. 企业规模大小和组织结构、产品结构的复杂程度

  B. 企业编制预算的方法和工具

  C. 企业预算管理开展的深度和广度

  D. 预算审批程序的复杂度

4. 下列预算中，编制产品成本预算时需要使用的有（　　　　）。

  A. 生产预算   B. 直接材料预算   C. 直接人工预算   D. 制造费用预算

5. 下列各项预算中，不是以生产预算为基础编制的有（　　　　）。

  A. 直接材料预算   B. 直接人工预算

  C. 销售费用预算   D. 管理费用预算

6. 下列预算中，属于业务预算的有（　　　　）。

  A. 销售预算   B. 生产预算

  C. 产品成本预算   D. 长期资金筹措预算

7. 在下列各项中，属于财务预算内容的有（　　　　）。

  A. 销售预算   B. 预计利润表   C. 预计资产负债表   D. 投资决策预算

8. 在下列各项中，属于全面预算构成内容的有（　　　　）。

  A. 业务预算   B. 财务预算   C. 专项预算   D. 滚动预算

三、简答题

1. 如何认识企业全面预算编制？

2. 简述企业全面预算编制的流程。

3. 简述企业全面预算编制的起点。

4. 常用的预算编制方法有哪几种？这几种方法的区别及应用范围是什么？

5. 简述企业全面预算编制的原则。

6. 简述确定预算目标的步骤。

7. 简述企业全面预算编制大纲包括的内容。

8. 什么是业务预算，业务预算包括哪些内容？

9. 什么是专项预算，专项预算包括哪些内容？

10. 什么是财务预算，财务预算包括哪些内容？

四、计算分析题

A 公司生产经营甲产品，预计全年 1～4 季度的产品需要量分别为 120 件、130 件、150 件、140 件，每件产品需要 A 材料 10 千克，第一季度材料期初存货量为 80 千克，上年第四季度材料生产耗用量 1 000 千克，预计期末材料存货量为上一季度生产耗用量的 10%，单位材料的购买价格为 20 元。供应商要求付款条件是当季度付款 60%，下个季度付款 40%。年初有应付账款 10 000 元，其中包括上年第三季度形成的应付账款 4 000 元，上年第四季度形成的应付账款 6 000 元。

要求：编制 A 公司直接材料预算。

A 公司直接材料预算

单位：元

项目	一季度	二季度	三季度	四季度	全年合计
预计生产量（件）					
单位产品材料耗用量（千克）					
生产需要量（千克）					
加：预计期末库存量（千克）					
合计					
减：预计期初库存量（千克）					
预计材料采购量（千克）					
材料采购单价					
预计采购金额					
预计现金支出：					
年初应付账款					
第一季度					
第二季度					
第三季度					
第四季度					
现金支出合计					

第六章　企业全面预算的执行与控制

编制全面预算为企业的各项经营活动制定了规矩，能不能达到预期的经营目标，关键还在于企业是否能够搞好预算的执行与控制。本章对企业全面预算执行与控制进行了阐述，主要包括企业全面预算执行的前提条件、执行前准备工作、执行组织及权责安排，全面预算控制主体和具体内容，全面预算的调整与追加的条件、程序，全面预算的预警以及相关案例。

第一节　企业全面预算执行与控制的概述

预算编制的完成只是预算管理的开始，只意味着企业预算期内经营活动有了明确的目标和方向。由于企业在实际经营过程中，会发生各种各样的情况，为了能够达到控制的目的，则需要对预算执行实际状况不断地同原预算进行比较，分析差异，监督预算执行状况。因此，要使企业达到预期的经营目标，关键还在于企业是否能够搞好预算的执行与控制。

预算执行是指以预算为标准组织实施企业生产经营活动的行为，包括从预算审批下达到预算期结束的全过程。预算控制是指企业以预算为标准，通过过程监督、信息反馈、预算调整等方法促使预算执行不偏离预算标准的行为。预算执行与预算控制是相辅相成的关系，预算执行必须以预算为标准进行严格控制，预算控制也必须以预算为标准实施。有执行，没控制，执行将处于不确定状态，预算执行的过程和结果就会偏离预算的方向和目标；有控制，没执行，控制将成为空中楼阁、无的放矢，预算执行的过程和结果就无从谈起。因此，预算执行的过程也就是企业以预算为标准控制各项经济活动的过程。

一、企业实施全面预算管理的难题

为强化管理控制，实现目标利润，提高执行力，在企业推行全面预算管理已经成为一种较普遍的模式，但在实际运行中，预算管理效果并不理想，许多实际问题并未得到有效解决。目前我国企业在执行全面预算管理时面临的主要难题具体有以下几方面。

（一）重编制轻执行

有些企业虽然比较注重对预算的编制，但实际工作中却存在着"重编制轻执行"的问题。第一，机械地执行预算。预算是实现企业目标的手段，企业不能只将全面预算管理作为管理制度的组成部分去填补制度空白，其重点不在于企业有无预算管理制度，而在于是否有效实施预算管理。第二，由于预算较细，导致预算执行困难。预算作为管理和控制的手段，并非越细越好，预算过细往往会影响积极性的发挥进而影响企业的运营效率。因此，预算应给企业各部门留有余地。第三，预算执行单位的内部控制力度不够。对下属单位而言，预算常常是在上级部门的要求下开展的，下属单位很难拥有发言权，因此，常常把预算当成负担，在执行上缺乏内在动力。第四，预算执行力度不够。多数企业中的预算负责机构仅在预算编制中发挥作用，在对预算执行进行跟踪调查和预算调整时，预算机构就很少参与，同时在对预算的执行过程中出现的问题也很少顾及。

（二）预算调整没有明确的权限与程序

由于企业管理的需要和外界经营环境的变化，预算指标需要进行调整和修订。为了保证预算的科学性和实用性，必须建立合理的预算调整机制，既不能僵化不变，也不能稍有变化就调整。我国企业在预算调整时没有明确的预算调整权限和程序，预算调整规定过于笼统，这不但不利于预算作用的发挥，还浪费了人力、物力。从调整权限来看，预算管理委员会并不是预算调整的唯一部门，很多预算责任单位都有权调整预算指标。

企业若找不到预算"刚性"和"柔性"的平衡点，往往走向两个极端：要么过于强调预算的刚性，严禁部门出现"突破预算"的现象，降低了企业对环境变化的应变速度；要么过于强调预算的柔性，随意调整预算内容，从而导致预算丧失了约束和控制的基本功能。

（三）缺乏相应的预算考核和激励措施

以预算为基础的业绩考核在我国企业已经实行了许多年，并且这种考核往往是和企业的奖惩联系在一起的，然而不少企业在预算的业绩评价环节上出现问题。第一，缺乏相应的预算考评制度，造成预算不能成为企业的硬约束，使预算失去其应有的权威性和严肃性；第二，部分企业只在年终才考核预算总体指标，缺少定期或不定期的预算反馈，导致业绩评价不公平、不客观，从而挫伤员工的积极性，影响了预算管理工作的深入开展；第三，企业的考核与奖惩本来是一种激励，但我国企业在实际应用中，往往只重奖励，而淡化了考核的真正目的是总结经验，发现问题，不断整改，以便实现全面预算管理的最终目标。

（四）缺乏完善有效的组织结构的支持

预算工作能否顺利地展开还有赖于健全的组织结构的支持。企业的组织结构是实现企业经营战略目标的基础和保证，也是全面预算管理得以实施的载体，在企业管理中起到支撑的作用。企业作为一个组织客体，必须不断调整自身结构，在发展过程中不断适应种种环境变化的需要，以组织结构为基础的全面预算管理方法和程序也应做出相应的调整。

目前，我国企业在组织结构上存在几个方面的问题：第一，有的企业未设置专门的预算管理委员会，预算的编制和控制由财务部门来负责；第二，基层部门并不参与编制，使得预算与实际脱节，缺乏科学性、可操作性和权威性，还会导致预算计划在下达时遇到来自基层部门和人员的阻力，如传达不力、理解有误等；第三，在企业集团中，由于组织机构的庞杂性和母子公司之间复杂的层级关系，各层级之间的信息传递困难，全面预算管理难以有效贯彻执行。要改变这些现象，企业就需要对组织结构进行完善或调整，减少结构上的阻力。

二、企业全面预算执行与控制的程序和内容

预算执行是为了实现全面预算规划的各项预算目标，因此，企业的各预算执行部门需要严格以预算为标准，从事各项生产经营活动，包括预算执行前、预算执行中和预算执行后的三个基本的阶段。而企业为保证预算执行部门在预算执行过程中不偏离预算目标，就需要对预算执行的各个阶段采取一系列的控制方法和措施。所以，预算执行与控制程序是以预算执行的三个基本阶段为主线展开的。

（一）企业全面预算执行与控制的程序

1. 预算执行前阶段

预算执行前阶段是指企业各预算执行部门安排生产经营活动的过程。在这个阶段，预算执行部门需要安排一件件具体的经营活动，预算管理部门则需要对这些具体的经营活动进行事前控制，以确保预算执行部门执行的经营活动都在预算范围内。

预算的事前控制包括定性控制和定量控制两个方面。定性控制是指保证实施的经营活动在预算规定的项目之内；定量控制是指保证实施的经营活动不要超出预算标准。如果准备实施某项经营活动不在预算范围内或超出了预算规定的标准，那么就需要对不同的情况进行不同的处理。如果是必须实施的，那么就要追加预算项目、调整预算或动用预算外指标，同时还要对造成经营活动事项与预算项目及指标之间差异的原因实行分析，以便完善今后的预算工作。如果此项活动可以不实施或可以拖后实施，那么就应中止这项经营活动的执行。

2. 预算执行中阶段

预算执行中阶段是指企业各预算执行部门具体实施生产经营活动的过程。在预算执行过程中，管理者要对预算执行实施事中控制，以确保预算执行的结果能达到预算的目标；预算管理部门则通过审批、核算、分析、反馈、调整、审计等方法实现对预算执行过程的有效控制。如果执行过程中出现了偏离预算标准的情况，那么企业就要分析原因，采取措施纠正偏差，以保证预算目标的实现。

3. 预算执行后阶段

预算执行后阶段是指企业各执行部门实施的生产经营活动预算期已经结束，预算结果已经出现的过程。在该阶段，预算执行部门需要对预算执行结果进行决算、反馈；预算管理部门需要对预算执行实施事后控制，包括对预算执行结果的审计、分析、考核、反馈等控制活动，以确认预算执行结果是否达到了预算目标，为下一期预算提供参考和借鉴。由此可见，预算执行是一个周而复始的过程。企业全面预算执行与控制的基本程序如图 6-1所示。

（二）企业全面预算执行与控制程序的主要内容

企业全面预算执行与控制程序的主要内容有：公司决策机构将预算分别下达各预算执行部门和预算管理部门；各预算执行部门以预算为标准实施各自的生产经营活动；各预算管理部门根据各自职责，行使预算监控职能。

第一，财务部门通过实施资金控制，确保各项资金收支符合预算标准。

第二，财务部门通过实施责任核算，反映预算执行过程及执行结果，并将核算信息及时反馈到下列机构和人员。

（1）反馈给各预算执行部门，以确保信息的准确无误和作为校正偏差的依据；

（2）反馈给预算管理部门，作为预算控制、考核和调整的依据；

（3）反馈给审计部门，作为审计监督的依据；

（4）反馈给人力资源部门，作为业绩评价和实施预算奖惩的依据；

（5）反馈给公司管理层，作为控制整个企业生产经营活动的依据。

第三，各预算管理部门通过实施过程控制、调整控制、分析控制和考核控制，确保全面预算管理活动的顺利进行。

第四，审计部门通过实施审计监督，确保预算执行过程及结果的真实性和有效性。

第五，人力资源部门通过实施业绩评价，确保预算执行结果与奖惩密切挂钩。

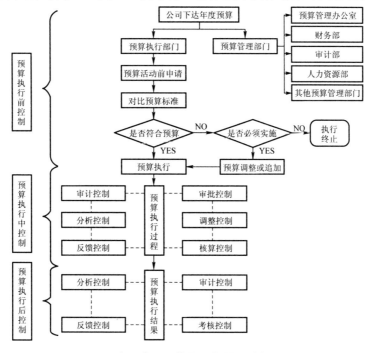

图6-1　企业全面预算执行与控制的基本程序

【案例6-1】鸿运公司是一家纺织印染企业，该公司预算实施过程中，在调动各级预算责任单位的积极性、创造性的基础上，强化责任意识，并运用各项经济资源完成预算目标。

每月月初，该公司财务部门根据预算和预算执行进度给各部门下达财务指标，指导业务部门制订本月业务计划。月份期间，财务部门根据下达的财务指标对各级业务部门的日常业务进行监督和审核，保障预算目标的实现。月末，财务部门根据考核依据对本月的预算实现情况进行评价调整，及时反馈给总经理或管理层，指导下一月度的预算计划。图6-2为我们清楚地展示了鸿运公司预算的实施过程。

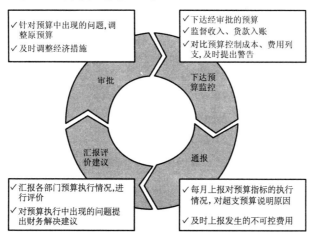

图6-2　鸿运公司全面预算实施过程

第二节　企业全面预算的执行

一、企业全面预算执行的前提条件

企业全面预算的规划与编制必定投入相当庞大的人力与时间，但毕竟属于书面作业，如不能付诸实践，仍属徒劳无功，必将前功尽弃。因此，企业预算编制好后，在执行过程中必须要营造一个有利于预算执行的良好环境，以使企业自上而下都能按照统一的行为规则开展预算活动，这个良好环境就是预算执行的前提条件。

（一）提高预算的准确性，是预算执行的基础

首先，预算编制与预算执行互为条件，相辅相成。预算编制是预算执行的基础，而预算执行以完备和严谨的预算为前提。编制的预算与实际情况相差甚远，这样的预算没有办法执行，也没有必要执行。因此，企业在编制预算时必须强调预算的准确性，要让预算编制者明白，编制预算是为了执行预算，没有办法执行的预算无异于一张废纸。为了使预算能够得到顺利执行并发挥应有的效能，必须端正预算编制态度，规范预算编制规程，切实提高预算编制的准确性。

（二）树立预算的权威性，是预算执行的保障

预算编制得再好，未能得到很好的执行也是枉然，预算要想得到认真执行，树立预算的权威性是关键。企业的预算一旦通过审批，就会下发到各执行单位，在企业内部就有了"法律效力"，领导审批生产经营活动要看是否有预算，员工从事生产经营活动要看是否符合预算，财务部门报销费用要看是否超出预算。换句话说，企业中上至董事长，下到基层员工都要严格执行预算，不能违背预算，只有这样，预算的执行才能拥有切实的保障。

（三）健全预算执行机制，是预算执行的关键

建立健全预算执行机制，是预算执行的必要条件。它包括组织机制、核算机制、监控机制和考核奖惩机制四个方面。

1. 建立预算执行的组织机制

企业实施全面预算管理，首要问题是设计预算组织体系，这一组织体系必须体现出企业各层级之间的权力制衡，使决策机构、组织机构、执行机构和控制机构能够发挥各自在预算管理组织中的作用。由于各项具体预算是按照企业内部各个部门不同的职责范围进行编制的，是责任预算，与此相适应，企业必须建立健全各种预算执行的责任中心，使各责任中心对分解的预算指标既能控制，又能承担完成责任。因此，按照企业的组织结构合理划分责任中心，建立与预算责任划分相适应的组织架构，是搞好预算执行的组织保证。

2. 建立预算执行的核算机制

企业各责任中心的预算执行过程和结果，需要及时、准确地予以揭示和反映，而传统的财务会计以资金运动作为核算对象，不能满足企业对预算责任进行核算的需要。责任会计通过对各个责任中心的责任核算，不仅可以准确掌握各责任中心的预算执行情况和执行结果，而且有利于企业管理者及时发现、分析和纠正预算执行中的偏差，确保预算目标的实现。因此，实施全面预算管理，必须建立责任会计核算机制，按预算责任部门开展会计

核算工作，以满足正确核算各预算责任部门预算执行过程和结果的需要。

3. 建立预算执行的监控机制

预算的执行与监督是紧密联系的，有力监督是有效执行的重要保证。预算执行是一个动态过程，不确定的因素很多。为了确保预算的有效执行，就必须对各责任中心预算的执行情况进行有效监控，及时调整预算执行中的偏差。因此，企业只有建立健全预算执行的监控机制，才能确保预算的顺利执行。它包括预算信息监控、预算调整监控、预算审计监控等内容。

4. 建立预算执行的考核奖惩机制

如果不对预算执行的过程和结果进行考核和奖惩兑现，那么预算执行就会流于形式。企业在全面预算管理工作中应确立"以人为本"的管理理念，建立有效的考核和奖惩机制，以全面提高预算工作的效率和效果。制定科学、合理的考核和奖惩机制是确保企业预算管理系统长期、有效运行的重要条件。明确的考核和奖惩机制可以让预算执行者在预算执行之前就明确其业绩与奖惩之间的密切关系，使个体目标与企业预算整体目标紧密结合，从而自觉地调整和约束自己的行为，努力工作，提高工作效率，全面完成企业预算指标。

二、企业全面预算执行前的准备

企业在完成预算编制之后，就进入预算执行阶段。预算执行得好坏是预算目标实现与否的关键，为了保证所编制的预算能够顺利执行，企业需要在预算执行之前进行如下准备工作。

（一）预算目标的分解

年度预算经过审查批准后，为了在实际的生产经营活动中执行得便捷顺利，通常需要进行分解。预算目标的分解至少包括以下两个方面。

1. 时间的分解

企业需要把年度预算目标分解到更具体的时间段，比如，分解为季度、月份乃至旬等，有条件的企业甚至可以分解到更细致的时间段。

2. 内容的分解

企业应将年度总预算按照所涉及的内容不同，分解到各个不同的责任主体或人员。

预算目标经过分解，这样企业才能在日常的生产经营中随时将实际执行情况与预算标准进行比较，分析差异，从而解决问题。

（二）预算任务的下达

预算经过分解后，就可以将其传达给各个业务部门。通常企业完整的总预算仅分发给企业高级管理人员以及经高级管理人员授权的其他人员。分发给各部门主管和中层管理人员的预算不需要是完整的，但是必须保证与他们的权力和职责相关的预算传达到位。例如，一位固定资产管理的主管，不必分送完整的企业预算，但应给予职责相关的部分，如固定资产采购预算、折旧预算及更新改造计划预算等。一般来说，企业应将各预算连续编号，并保留分送对象的编号记录。

（三）预算执行的动员与讲解

预算能否成功执行，很大程度上取决于员工是否能充分地了解编制的依据、原理，明确自己在预算中的职责和任务。虽然预算编制必须遵循全员参与的原则，但实际上关键步骤都是由管理人员和专业人员完成的，一般员工对于预算并不一定有很全面的认识和很深刻的理解。因此，对于预算的动员与讲解是十分重要的。预算分解下达后，必须以部门为单位举行预算说明会，讲解企业整体预算计划以及本部门的职责和任务，使每个员工都能明确自己的职责。

三、企业全面预算执行的组织

各责任中心和各单位（部门）是预算的执行机构，预算执行的直接责任人是各责任中心的负责人和各单位（部门）的负责人。可以说，责任中心是企业预算执行和控制的基础。企业在对预算目标进行层层分解后，依据各责任中心的职责范围进行分配传达，预算的执行、控制以及后期的考评和激励都将以责任中心为单位来进行。

责任中心是指具有一定的管理权限，并承担相应的经济责任的企业内部责任单位。划分责任中心的标准是：凡是可以划清管理范围，明确经济责任，能够单独进行业绩考核的内部单位，无论大小都可成为责任中心。具体如何建立责任中心、建立多少责任中心，取决于企业内部控制、考核的要求。根据内部单位职责范围和权限大小，可以将其分为成本中心、利润中心和投资中心。

（一）成本中心

成本中心是指只对成本负责的责任中心。这类责任中心大多是指不形成收入、只负责产品生产的生产部门、提供劳务的部门和被规定一定费用控制指标的企业管理部门。

成本中心是责任中心中应用最为广泛的一种责任中心形式。只要有费用支出的地方，就可以建立成本中心，上至企业，下至车间、工段、班组，甚至个人都可以划分为成本中心。第一，成本中心往往是没有收入的，例如，一个生产车间，它的产成品或半成品并不由自己出售，没有销售职能，没有货币收入。第二，有的成本中心可能会有少量收入，但不成为主要的考核内容，例如，生产车间可能会取得少量外协加工收入，但不是它的主要职能，不是考核车间的主要内容。第三，一个成本中心可以由若干个更小的成本中心组成，又如，一个分厂是成本中心，它由几个车间组成，而每个车间还可以划分为若干个工段，这些工段是更小的成本中心。任何发生成本的责任领域，都可以确定为成本中心，大的成本中心可能是一个分公司，小的成本中心可能是一台卡车和两个司机组成的单位。成本中心的职能是用一定的成本去完成规定的具体任务。

成本中心有两种类型：一种是标准成本中心，是指有明确具体的产品，并且对生产产品所需各种要素的投入量能够合理预计的成本中心。通常，标准成本中心的典型代表是制造业工厂、车间、工段、班组等。在生产制造活动中，每个产品都可以有明确的原材料、人工和制造费用的数量标准和价格标准。另一种是费用中心，适用于那些产出物不能用财务指标来衡量，或者投入和产出之间没有密切关系的单位。这些单位包括一般行政管理部门，如财务、人事等；研究开发部门，如设备改造、新产品研制等；某些销售部门，如广告、宣传、仓储等。一般行政管理部门的产出难以度量，研究开发和销售活动的投入量与产出量之间没有密切的联系。对于费用中心，唯一可以准确计量的是实际费用，无法通过投入和产出的比较来评价其效果和效率，从而限制无效费用的支出，因此，有人称之为"无限制的费用中心"。

（二）利润中心

一个责任中心，如果能同时控制生产和销售，既要对成本负责，又要对收入负责，但没有责任或没有权力决定该中心资产投资的水平，因而可以根据其利润的多少来评价该中心的业绩，那么，该中心称为利润中心。

利润中心同时具有生产和销售的职能，有独立的、经常性的收入来源，可以决定生产什么产品、生产多少、生产资源在不同产品之间如何分配，并自行决定销售策略。相比成本中心，利润中心通常在经济上具有较强的独立性，负责人对生产经营有较大的自主权。

利润中心有两种类型：一种是自然的利润中心，它直接向公司外部出售产品，在市场上进行购销业务。例如，某些公司采用事业部制，每个事业部均有销售、生产、采购的职能，有很大的独立性，这些事业部就是自然的利润中心。另一种是人为的利润中心，它主要在公司内部按照内部转移价格出售产品。例如，大型钢铁公司分成采矿、炼铁、炼钢、轧钢等几个部门，这些生产部门的产品主要在公司内部转移，它们只有少量对外销售，或全部对外销售由专门的销售机构完成，这些生产部门可视为利润中心，并称为人为的利润中心。

（三）投资中心

投资中心是指某些分散经营的单位或部门，其经理所拥有的自主权不仅包括制定价格、确定产品和生产方法等短期经营决策权，而且还包括投资规模和投资类型等投资决策权。投资中心的经理不仅能控制除公司分摊管理费用外的全部成本和收入，而且能控制占用的资产，因此，不仅要衡量其利润，而且要衡量其资产并把利润与其所占用的资产联系起来。

投资中心是既要对成本、利润负责，又要对投资效果负责的责任中心。它是比利润中心具有更高层次的责任中心，相当于一个独立核算的企业。投资中心与利润中心的主要区别是：利润中心没有投资决策权，需要在企业确定投资方向后组织具体的经营；而投资中心则具有投资决策权，能够相对独立地运用其所掌握的资金，有权购置和处理固定资产，扩大或削减生产能力。一般整个企业本身就可以作为一个投资中心或者投资中心由几个利润中心构成的，既有成本中心和利润中心拥有的所有决策权，还对其进行的投资享有决策权。

四、企业全面预算执行权责安排

正确的授权才能创造工作绩效，由于责任中心掌握了相当大的自主权，所以责任中心内部是否进行了正确的授权就十分关键，未能合理授权的责任中心实质上变成了职能部门，不利于调动全员的积极性。为了提高管理效率，实行预算管理的企业大多会将预算管理与授权制度进行整合和融合，使其成为一体化的预算授权管理制度。也就是说，将授权规则与预算管理权限进行重新梳理，以明确预算内审批权和预算外审批权两者的权力边界。

预算内审批权，本质上是一种预算执行权。预算内审批权是指企业内部各预算责任单位及其责任人，在其既定的管理边界内根据既定预算、计划、制度标准等，充分行使各项经营事项的决策权和执行权，如费用开支、预算内的资本支出计划等。

预算外审批权，本质上是一种预算决策权。预算外审批权是指在既定的管理边界、既定的预算范围和权限以外的决策和管理事项，需要由更上一级的管理者行使决策控制的权限。在管理学中，人们通常将这些决策管理事项称之为"例外事项"，这些例外事项是针对既定的组织边界和管理权限而言的（对总部决策者而言没有任何例外事项，拥有终极决策控制权），这些事项往往是个别的、特殊的，没有既定的预算、计划等标准作为依据，需要根据具体情况进行具体的分析和决策。例如，改变经营方向的"战略性投资"，没有被授权的商品降价销售等。

第三节　企业全面预算的控制

预算控制指的是根据预算规定的收入与支出标准，检查和监督各部门活动，以保证组织经营目标的实现，并使费用支出受到严格有效的约束的过程。预算控制以预算编制为基础，执行和控制企业经营活动并在活动过程中比较预算和实际的差距及原因，然后对差异进行处理，是管理控制中运用最广泛的一种控制方法。它涵盖了预测、试算、平衡、执行、调整、分析、评价、奖惩等环节。

一、企业全面预算控制的主体

企业预算控制主体是实施预算控制的机构或个人，是预算执行者之间的自我控制和相互控制的结合。预算控制主体一般分为五个层次，自下而上分别为基层员工、责任中心、财务部门、预算委员会（董事会）和出资者，如图6-3所示。

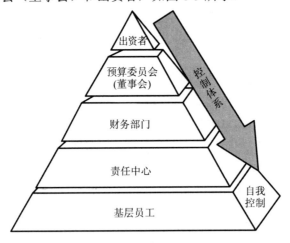

图6-3　企业全面预算控制的主体

（一）基层员工

基层员工是企业开展各种业务活动的开端，是预算控制的第一道"闸门"，也是最小的控制责任单元。员工的基本素质包括归属感、忠诚度、职业道德、控制意识及技能等，是实施第一层控制的基础，建立员工控制责任机制是重要保证。

（二）责任中心

企业的责任中心一般分为成本中心、利润中心及投资中心，是承载企业预算目标的主体，也是预算控制的直接责任人。责任中心的主要任务是通过实施各种控制手段，保证责任目标的实现。

（三）财务部门

财务部门是预算控制中心和预算信息处理中心，负有主要预算控制责任。财务部门的主要任务是构建预算控制关键点体系和建立信息快速沟通机制，确保预算责任执行到位。

（四）预算委员会（董事会）

预算委员会是企业预算管理的最高机构，是预算控制的指挥官，负责预算的调控决策及仲裁，为企业预算目标严肃、一贯地执行保驾护航。

（五）出资者

现代企业产权关系的主要特征是所有权和经营权分离，经营者取代出资者控制企业的经营管理权。委托代理理论认为，出资者将其所拥有的资产根据预先达成的条件委托给经营者经营，所有权仍归出资者所有，出资人按出资额享有剩余索取权和剩余控制权。经营者在委托人授权范围内，按企业法人制度的规则对企业财产等行使占有、支配和处置的权力。因此，预算控制的主体除了以上参与企业生产经营活动的经营者外，还有出资者。

出资者预算控制是出资者为了实现其资本保全和资本增值，提高资本收益率而进行的预算控制，其控制方式主要有以下五种：一是通过股东大会审议通过预算方案的方式，实现对企业生产经营活动的事前控制；二是通过以股东为主体组成的公司董事会，对企业生产经营活动实行决策控制；三是通过在企业实行监控型财务总监制，实现对企业生产经营活动的预算控制，很多母公司以出资者身份向子公司委派财务总监，就是实施出资者预算控制的具体形式；四是通过出资者代表组成的监事会，实现对企业生产经营活动的日常监控；五是通过审议经营者年终决算报告的形式，实现对企业生产经营活动的事后控制。

总之，企业预算控制必须构建以上五个层次的控制主体，各尽其责、各司其职，又必须相互监督、相互控制，才能发挥最大的控制效能。

二、企业全面预算控制的具体内容

企业全面预算控制的内容就是预算编制产生的各级各类预算，即业务预算、资本支出预算和财务预算。控制的具体内容包括以下几方面：一是预算是否落实，各部门是否采取了相应的落实措施，责任预算与总预算是否协调，是否有擅自改变预算的行为；二是预算执行是否全面，全面核查责任单位的各项经济活动，判断是否全面完成预算任务；三是预算执行是否均衡，企业各部门应合理安排采购、生产和销售的进度，均衡地完成预算各项要求，按月分析预算执行实绩与平均完成程度的偏离系数，判断各部门执行预算的均衡情况。

（一）业务预算控制

1. 销售预算控制

销售预算控制的目的是为了保证责任单位全面完成甚至超额完成销售预算目标，所以控制目标应该集中于销售价格和销售量，监督二者在预算期间的变化。

销售预算控制的要点有：第一，在时间周期上对销售预算应控制到最小的预算周期，监控人员应关注每一个最小预算期间预算的执行情况；第二，将销售预算涉及的地区划分为若干部分，每部分由专人负责，如分区销售经理；第三，建立销售预算完成计划时间进度表，随时检验预算完成情况；第四，建立有效的预算评估程序，对每一阶段预算执行情况进行评价。

对于销售预算执行好的应及时激励，无论是精神激励还是物质激励都是必需和必要的；对于销售预算执行差的应及时鞭策，给予必要的警告和处罚。从不少企业的实际操作经验来看，定期进行销售预算执行情况公示对于激励先进和鞭策落后都是很好的方法，而且成本很低，能起到事半功倍的效果。

另外，在销售预算中还涉及产品期初、期末的存货。销售量的波动由于各种环境因素的影响会比较频繁，为了生产的稳定，对存货的预算也应该进行控制，使存货数量处在最低安全存量和最高存量之间。

2. 生产预算控制

（1）产量预算控制

产量预算控制会受到销售预算和存货预算控制结果的影响，一般来说，产量预算控制的指导原则应包括以下几点：一是决定每项或每类产品的标准存货周转率；二是利用每项或每类产品的标准存货周转率和销售预测值来决定存货数量的增减；三是预算期内的生产数量等于销售预算加减存货增减的数量；四是依据产量预算，与有关部门协商后，就可发出制造指令，进行实际的生产活动，并对生产进度与数量加以控制。总之，产量预算的控制必须符合管理控制的政策，使生产稳定，并将存货数量保持在最低安全存量以上和管理决策所决定的最高存量以下。

（2）直接材料预算控制

直接材料预算控制的基本目的有两个：一是关于直接材料存货的，通过预算控制使相关人员能够在最适当的时候发出订单，以适当的价格和质量获得适当数量的直接材料；二是关于直接材料消耗的，通过控制使材料消耗符合预算标准，将损失控制在确定范围之内。

有效的直接材料存货控制必须做到以下几点：第一，及时供应生产所需的材料，保证生产的连续性；第二，在供应短缺时（季节性等因素造成），设法提供充足的材料；第三，以最少的处理时间和成本储存材料，并避免火灾、盗窃等意外情况以及减少自然消耗；第四，系统地报告材料状况，使过期、过剩、陈旧的材料项目降到最低程度；第五，对于生产过程的残废料的发生，也要加强控制。这些要求可以通过定期汇报、定期检查、限定材料存货最低、最高量等手段来实现。

（3）直接人工预算控制

直接人工预算控制的有效性取决于各级主管人员的持续监督和观察，以及主管人员与员工的接触。直接人工预算中最重要的环节是单位产品人工工时标准的确定，因为单位工时人工工资的标准已经在年度工资方案中确定了，变动的可能性很小。另外，工作流程的规划以及物料、设备等的布置安排也会对直接人工总成本产生影响，必须加以注意。

（4）制造费用预算控制

对制造费用的控制分为两部分，一部分是跟产量有关的费用，即变动性制造费用，比如机、物、料的消耗、维修费等，对这部分的控制主要还是靠定额进行控制，可以参照直接材料和直接人工的预算控制，另一部分是固定性的制造费用，比如分摊的折旧费，由负责计算分摊这些费用的部门实施控制，主要是从额度上控制费用总额和分配给相应受益部门的份额，接受这些间接费用的部门则无须承担控制责任。

3. 材料采购预算控制

材料采购预算应从单价、数量和质量三个方面控制。采购单价应控制在预算范围之内，若超过控制的幅度必须作为例外管理事项上报，单独审批；采购的数量则可以根据弹性预算的变动来控制；采购的质量是采购预算控制的底线，实际控制中若出现不符合质量要求的采购项目则不允许验收入库和支付相应款项。

4. 费用预算控制

对于费用应首先将其划分为固定费用与变动费用，固定费用预算控制的时候以总额控制为主，实行封顶控制，即不得超支，对于变动费用预算则按与业务量挂钩比例来进行控制，业务量增加相应的费用增加，业务量下降则相应的费用下降。

（二）资本支出预算控制

对资本支出预算，企业不能仅仅考虑压制支出，还应该考虑战略成本，如技术开发的成本、开发市场的成本、扩大生产的成本、提高质量的成本等。这些成本着重的是企业的长远利益而非短期利益，技术研发可以使企业获得技术上的领先地位，开发市场可以使企业扩大市场占有率，扩大生产可以使企业生产能力提高而获得规模效益，提高质量可使企业争创名牌。因此，资本支出预算控制应根据实际情况的变化，随时调整支出项目与支出额，使资产的取得、维护、升值等能够顺利进行。一旦发生无法预计和解决的问题，应依据谨慎性原则，及时停止资本支出项目以最大限度地减少损失。

资本支出预算的控制分为三个阶段：第一阶段是正式授权进行特定资本项目的计划，主要的资本支出计划需要最高管理层批准，批准的形式可以是正式或非正式的通知，相应地，对重要程度递减的资本支出计划，由相应级别的管理部门授权即可；第二阶段是资本支出项目进行中的支出控制，一旦资本支出项目经过批准并开始实施，应立即设立专门档案记录发生的成本、费用支出，并根据责任范围编制工作进度作为补充资料，每个资本支出项目的进展情况报告都应该每隔一段期间呈报给相应的管理机构，重要的资本项目则需要将报告呈送企业最高管理层审核；第三阶段是资本项目完成后的记录归档，项目完成后，相关的档案资料也记录完毕，实际情况、预算情况以及两者的对比、分析和解决措施、项目的验收和试运行情况等都一一包括在内，这些档案资料经相应管理机构核准后可以归档。

经过以上阶段，对资本支出预算的控制已经基本完成，但如果是重大的资本支出项目，还应遵循重要性原则进行跟踪观察和定期研究，以确定该项目是否产生当初预期的结果。这样的考察是十分必要的，可以对原分析的适当性提供良好的测验，还可以为将来的经营决策提供有价值的参考资料。

（三）财务预算控制

财务预算控制的对象是现金预算。通过对前面各项预算的控制，预计利润表和预计资产负债表已经得到了较好的保证，但还需要对现金进行专门的管理控制。良好的现金控制制度是非常重要的，因为现金的多余和不足，特别是现金不足给企业带来的潜在影响是很难估计的。

实际现金收支与预算收支的差异是一定存在的，发生差异的原因可能有现金影响因素的变化、突然及意想不到的情况对生产经营的影响、现金控制不力等。管理层为了缩小差异，避免出现现金不足，可以采取下面的方法：加强应收账款的催收力度；减少付现费用；延迟资本支出；推迟待付的款项；在不影响生产经营的基础上减少存货数量。

具体来说，现金控制的方法有以下两种：第一，对现金及未来可能的现金状况做出适当和持续的评价，这个方法涉及定期（每月）评估及报告所发生的实际现金流动情况，同时对下一期可能发生的现金流量进行预测；第二，保存每日（或更长时间间隔）的现金情况资料，为减少利息成本，确保充足的现金，有条件的企业可以对现有现金状况进行每日评估，这种方法特别适用于现金需要波动幅度较大，以及分支机构分散而有庞大现金流的企业。实际上，有不少企业都编制"现金收支日报表"，以方便控制现金量。

【案例 6-2】唐山惠达陶瓷实施全面预算控制的实践

唐山惠达陶瓷（集团）股份有限公司（以下简称"惠达陶瓷"）下设 18 个成员单位，该公司在实施全面预算管理中，牢牢掌握了以下原则，即通过现金流监控、授权监控和信息反馈，强化了预算执行与监控。

1. 现金流监控

惠达陶瓷成立了资金结算中心，实行统一结算、统一管理；建立了收支两条线制度，有效避免截留和坐支现金；建立了现金流量监控卡和费用监控卡，严把资金流出关。

2. 授权监控

惠达陶瓷通过授权书明确授权事项和使用资金的限额，制止不合理、不正确、不合法的行为。

3. 信息反馈

建立信息反馈系统，对各公司、部门执行预算的情况进行跟踪监控，不断调整执行偏差，确保预算目标的实现。控制权牢牢掌握在总经理手中，使年度和月度的实际发生值与预算值的差距保持在 5%以内，如遇突发事件超出预算控制比例，要通过申请按程序逐级申报并经股东大会、董事会批准后实施。财务部门及时和生产、销售、采购、供应等部门保持实时的信息沟通，对各部门完成预算情况进行动态跟踪监控，不断调整偏差，确保预算目标的实现。

在销售环节，财务部门通过计算机统一开票的方式实施监控，对每个客户建立应收账款业务结算卡，应收账款超过一定限额，则停止开票，避免坏账。同时，财务部门根据每天的销售和回款情况，编制销售日报和收款日报，及时向有关部门和领导反馈收入预算的执行情况，确保销售预算目标的实现。

在物资采购环节，财务部门严格审核每笔业务有无"采购计划通知单"、有无经济合同、有无财务预算、专用发票是否规范等。财务部门对每个供应商建立应付账款业务结算卡，根据欠款及供应商的信誉等情况来调节付款节奏，争取最优惠的付款方式。各部门从仓库领料到财务部门报销时必须审批手续齐全，从而有效地控制成本及相关费用的开支。财务部门根据每天的资金支出日报，及时向各部门和领导反馈预算的执行情况，控制资金支出。

第四节　企业全面预算的调整与追加

企业全面预算的执行以刚性为主要特征，没有刚性约束，任何管理行为都不会达到预期效果。但是，预算刚性并不等于预算管理的固化。公司外部经营环境的不可控制性，必然要求预算管理要保持适度弹性，从而产生预算执行过程中的预算调整行为。预算调整是指当企业内外环境发生变化，预算出现较大偏差，甚至发生重大变化将导致预算无法执行，原有预算不再适宜时，对原预算进行的修订。

一、企业全面预算的调整

（一）预算调整的条件

为了防止在实际执行中一些责任单位故意假借变化之名随意调整预算，使预算管理缺乏应有的严肃性等情况的出现，对于企业正式下达执行的预算，一般不予调整，只有出现特殊情况后方可调整。这里所说的特殊情况包括以下方面：

第一，国家有关法规或宏观经济政策发生重大变化，使原来编制预算的假设和前提不成立，或者将使预算执行结果产生重大偏差。

第二，企业调整发展战略，股东会、董事会或总经理办公会决议调整经营计划，涉及有关预算调整的。

第三，客观环境发生重大变化，如市场环境、经营条件、行业发展等方面发生变化，年初制定的销售预算明显不准确，或者是销售订单与原预算产生一定偏差时。

第四，企业有改制、重组、合并、并购等情况发生，或者企业内部条件如机构、部门、人员发生重大变化。

第五，出现其他严重影响原预算执行的情况，但必须由预算管理办公室提出并经预算管理委员会同意应进行调整的事项。

尽管企业的预算在一定条件下可以调整，但各预算责任单位的年度关键考核指标原则上不予调整，否则会影响考核目标的严肃性及其实现程度，从而影响公司整体经营目标的实现。

（二）预算调整的周期

企业调整预算有两种方式：第一种是随时调整，在这种方式下，只要出现了满足预算调整的事项就按程序随时调整，这种调整预算的方式比较灵活，时效性强，但工作量大，预算的执行、监控和审批等单位随时都需要判断预算是否需要调整，由此会增加相关工作的频率；第二种方式是定期调整（也称滚动调整），在这种方式下，企业只需要定期判断预算是否满足调整的条件，如果出现了满足调整条件的事项则按程序进行调整。

企业应当选择何种方式来调整预算一定要具体情况具体分析。下面给出预算调整参照表，企业可以根据表 6-1，针对不同情况选择调整项目和调整方式。

表 6-1　预算调整方式参照表

情况	适用的调整方式	适用的预算项目
出现重大特殊情况	随时调整	与重大特殊情况相关的预算
变化比较频繁的情况	按月度年度内滚动预算，预算管理比较成熟的企业可选择按月或季度跨年度滚动	生产预算、采购预算、销售预算、成本预算、销售费用预算、税金预算、资金预算、预计资产负债表、预计利润表、预计现金流量表等
变化不是很频繁的情况	按季度年度内滚动，预算管理比较成熟的企业可选择按季度跨年度滚动	管理费用预算、财务费用预算、资本性支出预算等

（三）预算调整的程序

预算调整必须具有一定的程序。一般情况下，预算调整需要经过申请、审议、批准三个主要程序。

1. 预算调整的申请

如果需要调整预算，首先应由预算执行人或编制人员提出申请，调整申请应说明调整的理由、调整的初步方案、调整前后的预算指标对比、调整后可能对企业预算总目标的影响以及调整后预算的负责人与执行人等情况。表6-2为某企业预算指标调整审批表，通过此表，可以清晰地看到该企业预算调整申请的审批过程。

表6-2 预算指标调整审批表

申请单位：　　　　　　　　　　　　　　　　　　　　　　　　年　　月　　日

项目名称	申请情况			审批情况		调整理由
	原预算指标值	申请调整额	调整后预算指标值	批准调整额	批准后预算指标值	
金额合计						
申请单位经办人签名	申请单位财务负责人签名	申请单位负责人签名	集团财务总监签名	集团预算管理委员会签章		

2. 预算调整的审议

在申请报告到达预算管理委员会之前，会先提交至预算执行单位上一级主管机构进行审核，对于确实需要修改的项目，在报告中加注自己的意见并签名呈送再上一级主管机构。这一程序根据企业规模和员工级别设置情况，逐级向上传递，直到预算管理的最高机构——预算管理委员会。

预算管理委员会接到预算调整申请后即进入调整审议程序，审议时应注意与预算审议人、预算单位及时交换意见，最终提出审议意见。审议意见应说明审议的参与人和审议过程，包括对申请同意、反对或补充修改的内容。

3. 预算调整的批准和后续跟踪

批准预算调整的权力机构是预算管理委员会，预算管理委员会根据预算调整事项性质上的不同，按照权限批准预算调整事项，下发预算单位执行。需要说明的是，若出现超过预算管理委员会授权范围的预算调整，还应报企业董事会或股东会审批。

调整之后，通过对预算进展情况的跟踪报告，可以发现调整的效果如何，作为业绩评价和今后预算执行的一个重要参考。

图6-4为某企业调整预算的流程图，通过此图，可以清晰地看到该企业预算调整的动态衔接过程。

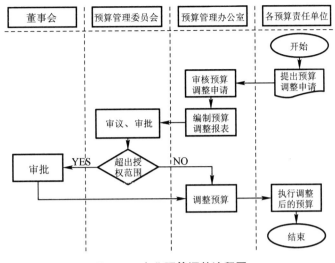

图6-4　企业预算调整流程图

二、企业全面预算的追加

（一）预算追加概述

预算调整一般是由于预算编制前提发生变化，使得预算指标必须进行修正。与预算调整不同，预算追加通常是由于公司经营规模扩大导致业务量增加或出现新的业务而年度预算未予以考虑，不得不对已有的预算指标进行追加或新增预算项目和指标。

各企业根据经营管理发展的需要，可以追加销售、采购、利润、资本等重大项目的预算。企业除总体项目预算需要追加和追减外[①]，各部门在预算执行过程中，由于新的经济业务的内容不在原预算之内或在预算之内但其实际金额超过了原预算金额，也需要申请追加补充和追减，主要是费用预算、资金预算等。

对重大项目预算的追加，必须召开由各企业总经理主持的预算调整会议，认真讨论项目的可行性研究报告、市场形势分析报告，确定追加项目的预算额度，并形成书面会议决议，由企业的预算管理办公室编制新的追加预算。

部门预算的追加，一般情况是各部门在执行预算过程中由于工作的需要，准备增加小额资产和经费等，应由部门负责人以签呈的形式向所属企业的财务部门提出，总经理同意后上报，要详细说明追加的理由，同时填写"预算追加申请表"进行逐级审批。表6-3为某企业预算指标追加申请表，通过此表，可以清晰地看到该企业预算追加申请的审批过程。

（二）预算追加的程序

预算追加的程序与预算调整大致相同，也要遵循逐级审批、统一受理的原则。

1. 预算追加的申请

预算追加申请单位在根据当月实际业务量分析后，发现需要进行预算追加时，填写预算追加申请表，详细说明申请追加的事由和额度，并提供相关支持性附件，上交至预算管理委员会进行审批。

---

① 从理论上说，预算既可能"追加"，也可能"追减"，但实践中一般常见"追加"，鲜见"追减"。

表6-3 预算指标追加申请表

申请单位：　　　　　　　　　　　　　　　　　　　　　　　　　　　　年　　月　　日

项目名称	申请情况			审批情况		追加理由
	原预算指标值	申请追加额	追加后预算指标值	批准追加额	批准后预算指标值	
金额合计						
申请单位经办人签名	申请单位财务负责人签名	申请单位负责人签名	集团财务总监签名	集团预算管理委员会签章		

2. 预算追加的审批

预算管理委员会接到申请后，提请申请部门上级部门进行审核，同时展开全面调查，评估预算追加的必要性，提出意见和建议。

3. 预算追加的批准

预算管理委员会根据申请部门上级部门的审核意见，结合自身调查情况，对追加申请加以审批。批准后，由预算管理委员会下达追加通知，通知相关部门执行。

（三）预算追加的注意事项

预算追加是保证企业预算灵活性，使预算目标能更好地服务企业生产经营需要的重要环节。同样，如果预算追加没有得到很好的控制，可能会使企业预算制度的严谨性、权威性受到损害。因此，企业在预算追加环节需要注意的事项包括以下几点。

1. 预算追加的权限应该根据追加金额分级授予

分级标准可以按比例或按固定金额。按比例分级是指以追加金额占预算指标的比例来分级。例如，追加申请金额占预算指标5%以下的由预算管理委员会审批通过后即可执行；追加申请金额占预算指标5%～20%的要由预算管理委员会、财务总监、总经理共同审批通过方可执行；追加申请金额占预算指标20%以上的要由预算管理委员会、财务总监、总经理、董事长共同审批通过才能执行。按固定金额分级是指以固定的金额范围来对审批权限进行分级。例如，追加申请金额在5万元以下的只需要由预算管理委员会批准；追加申请金额在5万～50万元的需由预算管理委员会、财务总监、总经理批准；而追加申请金额在50万元以上的需由预算管理委员会、财务总监、总经理、董事长共同审批通过。采取分级审批标准可以有效地控制追加过程中可能出现的风险，保证预算的权威性和严谨性，同时对于额度较小的追加申请也可以节约时间和成本，保证预算的灵活性。

2. 预算追加审批要遵循逐级审批、统一受理的原则

预算追加审批要统一提交至预算管理委员会受理，以保证预算管理的一致性和权威性。之后，预算管理委员会应通知申请部门上级部门先行进行审批，这主要是由于上级部门对该部门的情况较为了解，可以深入了解相关的收入和开支的实际发生情况，使审批更加科学、有效。

3. 预算追加要符合企业战略目标和统一的预算管理制度

追加的预算指标要严格符合预算管理制度，也要切实符合企业发展战略目标，如生产部门的生产支出必须在对当月的实际生产能力与销售需求进行分析后决定是否追加支出。预算追加要做到既符合企业战略目标规划，保证正常生产经营的开展，又要厉行节约，防止浪费。

【案例 6-3】X 集团的预算调整与追加管理办法

预算调整与预算追加管理办法

1. 总则

1.1　为规范企业预算调整和预算追加程序，保证预算流程顺畅，提高预算的严谨性，制定本办法。

1.2　本办法适用于企业所属各单位。

2. 预算调整与预算追加的概念

2.1　预算调整的概念

预算调整是指由于预算前提发生重大变化、企业业务体制划转、机构设置变化、核算方式改变等原因，使得某些预算指标需要在预算项目间更新分配、归并或修正预算指标，从而使预算指标进行重新调整的过程。预算调整是在已有预算项目之间的调整，是预算内调整。

2.2　预算追加的概念

预算追加是指由于企业经营规模扩大导致业务量增加或出现新的业务，而年度预算没有考虑全面，从而对已有预算项目的预算指标进行追加或新增预算项目和预算指标的过程。

3. 预算调整与预算追加的前提条件

3.1　企业年度预算书一经批准下达，原则上不予调整。如遇执行环境发生重大变化和编制基础发生重大改变，造成执行中发生重大偏差时，企业酌情予以调整或追加。

3.2　凡具备下列条件之一者，预算予以调整或追加：

（1）组织机构调整；

（2）业务流程变化；

（3）预算管理委员会决定的其他事项。

4. 预算调整与预算追加业务流程

调整额度在 5 万元以内的，由总会计师审批；超过 5 万元的由总会计师核准，报董事长审批；20 万元以上的，由总会计师核准，预算管理委员会批准。签呈一式三份，一份报总会计师，另两份由部门和财务留存。否则，一律不得调整已经批准执行的预算。

追加金额在 20 万元（含）以内的，由各企业财务负责人和总经理提出申请，报总会计师审核，由董事长批准，20 万元以上的预算追加，由各企业财务负责人和总经理提出申请，报总会计师审核，报预算管理委员会批准。

X 集团预算调整（追加/变更）申请单如表 6-4 所示，预算调整与追加业务流程如图 6-5 所示。

表 6–4 预算调整（追加/变更）申请单

申请部门：				NO.	
申请项目：					
申请性质：	变更：变更金额		从……编码至……编码		
	追加：追加金额		原预算编码：		
			原预算金额：		
	新增：新增金额		新增编码：		
申请理由：					
申请人			部门负责人		
分管部门负责人意见（YES 或 NO）			分管部门负责人签字		
财务负责人意见（YES 或 NO）			财务负责人签字		
是否影响责任人考核（YES 或 NO）			企业总经理批准		

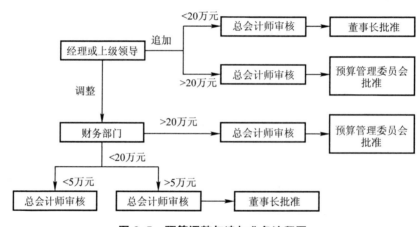

图 6–5 预算调整与追加业务流程图

第五节 企业全面预算的预警

全面预算管理作为一种管理机制，目的之一是建立有效的预算预警系统，通过设置预警功能及时发现预算执行过程中偏离企业战略目标的异常现象，解决预算执行过程中出现的经营问题，将非正常业务活动控制在萌芽之中，减少企业不必要的损失，特别是对确保经营活动按照预算目标顺利进行具有重要作用。

一、企业全面预算预警的分类

一般而言，企业全面预算的预警应包括以下四类：一是预算内事项预警，是指预算内事项在其实际发生额接近预算时出具的预警提示，主要是通过财务核算的实际与预算进行比较后，系统自动发出的警告，以提醒有关人员注意预算的执行情况是否将超出预算，如超出预算就应该决定采取何种措施；二是超预算事项预警，是指预算内事项在实际业务活动中，其实际发生数已经或将要超出预算额度时出具的预警提示，主要是通过财务核算的实际与预算进行比较后，系统自动发出的警告，或通过预算管理的授权控制系统而发出的警告，以提醒有关人员进行必要的判断，并决定相应的预算弥补措施；三是预算外事项预警，是指预算方案中没有预计，而执行中即将发生某项业务事项时而发出的预警提示，是通过预算管理中的授权控制系统的实时监控管理而发生作用的，提醒有关人员按照授权制度进行分析和审核，以决定是否应该发生及如何分配资源；四是反常事项预警，是指在实际业务活动中，针对某些反常经济现象发出的预警，反常现象并不一定成为隐患事项，但如果不对反常现象提起注意，一旦转换成隐患事项并最终发生将酿成重大损失，影响预算完成。

总体而言，企业全面预算预警功能的发挥基本都遵循这样的一个步骤：在对整个生产经营活动进行预算时，公司各个部门都要定期上报真实财务数据并对数据进行适时分析，如果发现了异常情况就进行进一步的综合分析，并通过综合分析找到引起异常情况的原因，最后根据产生异常情况的原因，决定今后是否采取改进措施以及如何采取措施等。可以说，预算预警借鉴了危机管理和风险管理的思想，更集中于对企业重大失误、管理波动的处理和研究，注重自我诊断和纠正，本质上属于一种逆境管理，是对传统企业管理控制理论的发展和提升。

二、企业全面预算预警的原理

企业全面预算预警主要是通过设立并观察、判断一系列敏感性预算预警指标的变化和发展趋势，对企业可能或将要面临的预算执行风险实施预测和预报的分析控制过程。为了提供科学合理的预警信号，预算预警就必须具备监控功能和识别功能：监控功能主要研究如何对企业预算执行全过程实施有效的监督和控制；而识别功能是如何通过有效的识别系统，依据事先设定的相关预警控制标准来判定所监测到的所有预算管理活动在其控制的范围之内，对于那些超越控制标准的预算风险必须及时通报给相应的决策机构，以便及时发现问题苗头，采取措施消除隐患，保证预算目标的实现。

企业预算管理的预警主要包括预警分析和预控对策两方面内容。预警分析是指对预算风险因素出现的可能性和产生的原因进行识别、分析与评价，并由此做出警告的管理活动，它可结合利润管理、资产管理和风险管理等控制底线来进行企业全面预算警示分析。预控对策是指在预警分析基础上，对企业预算执行过程中重大偏差的征兆进行事前控制与矫正的管理活动，保证预算管理活动严格按预算目标执行。建立完善的企业全面预算预警体系是对企业预算执行波动和预算执行失误的事前控制，是利用预警分析手段，使之不发生或减低预算执行过程中出现的不利因素而进行的一种管理活动。

三、企业全面预算预警模型设立

（一）指标预警

对于可计量的因素可以运用指标预警法。对于不同的预算主体来说，预算的重点也不同，不同的战略目标也决定了不同层次的预算目标。预算的主体、目标等的不同使预算的预警功能在发挥作用时依据的预警指标也不同。但是不管企业的预算是以销售额为目标还是以成本为目标，或者以利润为目标，最终都是反映在财务上，因此不少企业的预算在执行过程中的主要警情都集中在财务风险上。下面我们仅针对财务指标对企业全面预算预警模型进行说明。

1. 预警指标

在具体的预警指标选取方面，应考虑到各指标间既能相互补充，又不重复，尽可能全面综合地反映企业运营状况，既能真正发挥预知危机、控制危机的作用，又要方便计算易于取得警戒线，同时还应遵循灵敏性、超前性、稳定性和互斥性的选择原则。

目前大多数企业存在"效益唯上"的短期行为，由于这种短期行为的存在，近期内效益和财务状况较好的企业，往往会因为小的决策失误，导致企业的破产清算。所以，企业全面预算预警指标应既包含短期预警指标，还包含长期预警指标。即应包括反映企业获利能力、营运能力、偿债能力和发展能力四个方面的指标，营运能力与偿债能力是企业财务评价的两大基本部分，获利能力直接体现了企业的经营管理水平，这些都应作为重要的预警指标。一般而言，主要的预警指标有：获利能力指标，包括总资产报酬率、成本费用利润率等；偿债能力指标，包括流动比率、资产负债率等；营运能力指标，包括应收账款周转率、存货周转率等；发展能力指标，包括销售增长率、资本保值增值率等。

2. 警戒值的设置

警戒值的设置因预警指标的性质而异。有些指标数值越大越好，比如总资产报酬率、净资产报酬率等，这类指标的数值通常不设置上限，只设置下限；有些指标的数值则是在某一区间内最好有一个最优值，这类指标的数值具有上限、下限或者最优值，比如资产负债率这一指标不是越小越好，也并非越大越好，而是要控制在一定的区间内；有些指标数值越小越好，如应收账款周转天数等指标，这类指标的数值一般只设置上限，不设置下限。

企业应该采用系统化的方法，即按照所处行业中的多数原则、半数原则、平均数原则等并列的客观原则进行研究，根据自身的历史情况及所处行业的整体表现进行综合，以获得较为合理的警戒值。当然，考虑到各个企业的发展具有共性和特性，在确定全面预算管理的预警功能时，对警戒值的设置可以做一些必要的调整。比如，考察目标企业所处的细分市场、历史发展等情况，结合多数原则、半数原则、平均数原则三项并列的原则所确定的警戒值进行综合调整，以确定更加可靠的警戒值。

3. 指标预警模型

指标预警就是根据指标的数值大小的变动来发出不同程度的预警。上述指标警戒值的设置中提及过三类指标，有些指标只设下限，有些指标同时设置上、下限两个值，有些指标只设下限，此处，我们以第二种情况为例说明指标预警模型。

设预警指标为 X，它的安全区域为 $[X_3, X_4]$，其初等危险区域为 $[X_2, X_3]$、$[X_4, X_5]$，其高等危险区域为 $[X_1, X_2]$、$[X_5, X_6]$，如图 6-6 所示。

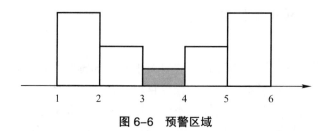

图 6-6 预警区域

基本警报准则如下：

当 $X_3 < X < X_4$ 时，不发生警报；

当 $X_2 < X \leq X_3$，$X_4 \leq X < X_5$ 时，发出一级警报；

当 $X_1 < X \leq X_2$，$X_5 \leq X < X_6$ 时，发出二级警报；

当 $X \leq X_1$，$X \geq X_6$ 时，发出三级警报。

在预算管理活动中，预算的许多指标都已经数量化了，而且细化分配至各个责任主体和具体的执行部门，因此指标预警法就有很强的实用性。预算管理办公室和各个责任主体根据以往的执行情况和实际执行情况，帮助各个执行部门建立不同的预警区域，并以此来进行监控、诊断和消除该因素，使预算目标能够如期实现。

（二）因素预警

对于不可计量的风险因素则采用因素预警法，因素预警是用在风险致错或预警管理点。因素预警有两种形式：

第一种是当风险因素 X 出现时，发出警报，当风险因素 X 不出现时，不发出警报；

第二种是视这种致错因素为随机变量，且设 P（X）表示致错因素出现的概率，并区分为三个区间（A、B 为企业设定的值）：

当 $0 \leq P（X）< A$ 时，不发生警报；

当 $A \leq P（X）< B$ 时，发出初等警报；

当 $P（X）\geq B$ 时，发出高等警报。

因素预警法相对于指标预警法使用的范围要小一些，但是其中的风险因素往往具有很大的影响，有时可能决定预算的成败。因此，不能因为预算活动中该因素出现的可能性小就不重视。由于该因素的影响往往比较大，其对策的制定常需要预算管理办公室和各职能管理部门参加。

（三）综合警报

由于全面预算管理过程中，许多经济活动对预算指标的影响因素具有多样性。其中可能有可计量风险因素，也可能有不可计量风险因素，在这种情况下，把指标预警方法与因素预警方法结合起来，并把诸多因素综合进行考虑。

四、企业全面预算预警的应用情况

"预算预警"是对预算责任主体就预算执行情况的预先警告，以便相关责任主体能够更好地筹划剩余期间的资源使用。企业可以通过预算管理与会计核算、资金管理、招投标管理、合同管理等系统相结合，建立预算预警。在实际工作中，部分企业已经建立了预算预警，预警方式主要包括以下几种形式。

第一，利用 ERP 系统。例如，某企业"实施了 ERP 系统的 FM 模块，建立了预警机制，当实际执行情况快超出预算时，系统会自动发出预警信息"。

第二，利用会计核算报销系统。例如，"红塔集团在预算执行会计核算报销时，资金管理、资本性支出项目管理、合同履约管理通过预算系统及资金监管系统建立了预算执行情况的预警。主要通过在预算系统内开设专门管理模块建立项目台账、合同台账等，同时与报销系统建立相关的对应关系实现预警"。需要说明的是，在此种方式下，要建立好预算项目与会计核算科目之间的衔接关系，处理好预算执行与会计核算之间的口径差异；否则，会计核算并不一定等同于预算执行数。

第三，利用资金支出系统。例如，"通过建立预算指标与资金监管规则对应关系，实现预算执行与资金控制联动"，"各期根据会计核算系统中的数据，及时在办公自动化系统上公布费用预算情况；资金监管系统中也可实时反映可使用预算额"。

第四，与招投标系统相结合。例如，"企业在进行招投标活动时，需要相关业务部门先向预算管理委员会申请开具预算证明，证明该月内有该笔业务的预算，然后才能具体开展招投标活动"。

总之，企业全面预算的预警是一种手段，并非目的。预警的目的在于促使相关责任主体关注预算执行情况，分析已执行预算情况，并对剩余期间的资源使用做出合理筹划，使之既能满足业务需求，又能达到预算管理目的。

本章小结

本章从介绍企业实施全面预算管理的难题及预算执行控制的程序和内容出发，对企业全面预算的执行与控制进行了整体阐述。本章讲述了企业全面预算执行的前提条件和准备工作，说明了预算执行的组织及其权责安排；阐述了企业全面预算控制的主体，分析了预算控制的具体内容，即对业务预算、资本支出预算和财务预算的控制；概括说明了预算调整的条件、周期和程序，解释了企业在什么情况下能够进行预算追加，以及申请预算追加的具体程序；并通过介绍企业全面预算预警的原理和实际应用情况，说明企业设立预算预警的重要性。通过上述学习，能够让大家正确认识到企业全面预算的执行与控制在全面预算管理者中的重要地位，清楚预算执行与预算控制的关系，两者是相辅相成的，预算执行过程中的控制是预算落实的关键，是预算目标实现的重要保证。

练习题

一、单项选择题

1. 企业在日常的生产经营过程中，要加强预算执行过程的管理，也就是预算执行的（　　）。

　　A. 事前控制　　　　B. 事中控制　　　　C. 事后控制　　　　D. 全程控制

2. 预算的执行与（　　）是相辅相成的，二者必须有机结合，将编制的预算付诸实施，促进预算目标的实现。

　　A. 激励　　　　　　B. 考核　　　　　　C. 分析　　　　　　D. 控制

3. 企业应当建立健全预算编制、审批、（　　）、控制、分析与考评等预算内部管理制度。

　　A. 执行　　　　　　B. 整合　　　　　　C. 评价　　　　　　D. 反馈

4. 企业要想控制费用，很重要的工作就是（　　）。

　　A. 从支出上把关　　　　　　　　　　　B. 从收入上把关

　　C. 从质量上把关　　　　　　　　　　　D. 从效率上把关

5. 对企业全面预算管理执行与控制认识正确的有（　　）。

　　A. 企业全面预算管理工作主要是预算编制

　　B. 企业预算执行过程中，要严格遵循预算的刚性，不能进行预算调整

  C. 预算执行与预算控制之间是相辅相成的

  D. 企业可以随意调整或追加预算

二、多项选择题

1. 下列选项中，属于企业全面预算执行与控制程序的主要内容有（   ）。

  A. 公司决策机构将预算分别下达各预算执行部门和预算管理部门

  B. 各个预算执行部门以预算为标准实施各自的生产经营活动

  C. 各预算管理部门根据各自职责，行使预算监控职能

  D. 确定各个责任单位（部门）的任务

2. 企业全面预算控制的主体有（   ）。

  A. 预算委员会   B. 财务部门

  C. 基层员工   D. 责任中心

3. 预算执行机构即为企业的各级责任中心，包括（   ）。

  A. 利润中心   B. 投资中心

  C. 成本中心   D. 核算中心

4. 一般而言，企业全面预算预警的类型有（   ）。

  A. 预算内事项预警   B. 超预算事项预警

  C. 预算外事项预警   D. 反常事项预警

三、简答题

1. 什么是预算执行？什么是预算控制？如何认识两者之间的关系？

2. 简述企业全面预算执行与控制的程序和内容。

3. 简述预算执行前的准备工作。

4. 企业全面预算控制涉及哪些主体？并说明这些主体的主要任务。

5. 简述企业全面预算控制的具体内容。

6. 什么是企业全面预算调整？预算调整的程序有哪些？

7. 什么是企业全面预算追加？预算追加的注意事项有哪些？

8. 简述企业全面预算预警的类型。

第七章 企业全面预算的分析与考评

在全面预算管理体系中，预算分析与预算考评处于承上启下的关键环节，预算在执行过程中和执行结束后应进行必要的分析与考评。本章介绍了全面预算分析与预算考评的方法、内容、程序以及过程中的常见问题，说明预算分析和考评在全面预算管理体系中的重要作用。通过预算分析可以肯定预算管理的成绩、查找存在的问题、分析原因、寻找改进问题的方法，有助于落实责任和纠正偏差，促进企业不断提高预算管理水平；通过预算考评可以增强全面预算管理的权威性和激励约束作用，充分调动各级责任单位和个人的工作积极性，为下一周期的预算管理打下基础。

第一节 企业全面预算的分析

预算分析是以预算指标、预算报告、预算执行情况以及其他相关资料为依据，采用一系列专门的分析技术和方法，对全面预算管理过程和结果进行分析、确认的综合管理活动。

预算分析贯穿于全面预算执行的全过程，其有广义和狭义之分。广义的预算分析是指对预算管理全过程的分析，包括预算的事前、事中和事后分析。狭义的预算分析只包括事后分析，即指对预算执行结果的分析。本章中预算分析主要指的是预算差异分析，就是将预算实际执行情况与预算目标之间相比较，计算出两者的差异，评估预算执行的效率和效果，并根据周围环境和相关条件的变化而制定出差异调整措施或调整原有预算，使预算合理而顺利地继续执行。

一、企业全面预算分析的方法

预算分析方法由定量分析方法和定性分析方法两大类组成。定量分析法主要是计算各项预算指标的变动大小和变动幅度，通过对比数据、因素替换等方法，找出差异、发现问题、分析原因、解决关键问题，它是预算差异分析的重要工具和手段，没有定量分析就很难明白数量界限、阶段性和特殊性。定性分析法是通过实地观察、座谈调查、因素评价、经验判断等形式，考虑各种不可计量的因素加以综合论证，并对定量分析结果进行切合实际的修正，并做出"质"的判断的分析方法，它是差异分析的基础和前提，没有定性分析就弄不清事情的本质、趋势以及与其他事物的联系。

定量分析方法是最基本的分析方法，定性分析方法是辅助分析方法，应该把定量分析方法和定性分析方法有机地结合起来，加以综合运用，才能构成完整的预算管理分析体系，才能充分发挥预算分析的作用。实际应用中，需要根据分析的目的和要求灵活选择不同的分析方法，下面主要介绍几种常见的定量分析法。

（一）比较分析法

比较分析法是一种最基本的预算差异分析方法，即通过各个指标数据对比来确定差异，主要是揭示客观上的差距。一般将实际数与预算数对比来揭示实际与预算之间的数量关系与差异，分析预算执行过程中存在的问题，为进一步分析原因提供依据。在运用时，要注意所比较的指标必须具有同质性，计算口径必须一致。

（二）比率分析法

比率分析法是指通过经济指标的计算、用相对数值对比来进行数量分析，从而确定经济活动变化程度的一种分析方法。比率指标的类型主要有：构成比率、效率比率、相关比率三类。

1. 构成比率

构成比率又称结构比率，是指某项财务指标的各组成部分数值占总体数值的百分比，反映部分与总体的关系。利用构成比率可以考察总体中某个部分形成和安排是否合理，以便协调各项财务活动。其计算公式为：

构成比率=某个组成部分数值÷总体数值×100%

2. 效率比率

效率比率是某项财务活动中所费与所得的比率，反映投入与产出的关系。利用效率比率指标可以进行得失比较，考察经营成果、评价经济效益。

3. 相关比率

相关比率是以某个项目和与其相关但又不同的项目加以对比所得出的比率，反映有关经济活动的相互关系。利用相关比率指标，可以考察企业有联系的项目指标数值之间的合理性，反映企业某方面的能力水平。

采用比率分析法时，应当注意对比项目的相关性、对比口径的一致性和衡量标准的科学性。

（三）因素分析法

因素分析法是一种分析影响因素，计算各种因素影响程度的分析方法。在预算执行中，造成实际业绩与预算标准之间差异的因素很多，有的是主要因素，有的是次要因素。为了对各种因素的影响程度进行度量，就要采用因素分析法。根据计算方法和程序的不同，因素分析法主要有连环替代法和差额分析法。

1. 连环替代法

连环替代法是将分析指标分解为各个可以计量的因素，并根据各个因素之间的依存关系，顺次用各因素的比较值（即实际值）替代基准值（即标准值或计划值），据以测定各因素对分析指标的影响。

2. 差额分析法

差额分析法是连环替代法的一种简化形式，是利用各个因素的比较值与基准值之间的差额来计算各因素对分析指标的影响。

因素分析法是在比较分析法的基础上加以应用的，是比较分析法的发展和补充。采用因素分析法时，必须注意因素分解的关联性、因素替代的顺序、顺序替代的连环性和计算结果的正确性。

二、企业全面预算分析的程序

（一）确定分析对象及分解标准

在编制年度预算的同时，由预算管理委员会确定预算差异分析的对象与差异分解原则。

一方面，确定差异分析的对象。适合进行差异分析的预算项目具有如下特点：对预算目标的实现有较重要的影响；成本动因数据可以准确获得，该费用与其动因之间有较为确定的对应关系，如线性关系。

另一方面，确定分解标准。预算管理委员会结合企业实际情况，根据差异分解原则，制定主要成本、费用项目的差异分解标准。其包括：差异分解的程度，各项目差异分解所参照的数据来源及收集方式，差异的各细分部分对应的责任方。

（二）收集信息

在预算的执行过程中，由预算执行与控制部门根据差异分解标准的要求，进行信息收集工作。其包括：预算执行过程中的财务信息，重要的外部市场信息，公司内部的非财务信息等。信息收集的工作需要全员的参与，最后汇总和整理的过程由专人负责，比如财务人员。

（三）差异计算与分解

月度预算执行结束后，由预算执行与控制部门根据收集的信息计算出各项目的预算差异，并依据差异分解标准对差异进行分解，确定差异的责任部门，此时就可以运用之前提到的几种定量分析方法。根据不同的差异原因，预算执行与控制部门可以要求相应的责任中心做出差异原因解释。

（四）判断差异重要程度

在确定预算执行情况和预算指标的差异后，需要确定该差异对整个预算目标的重要性和影响程度。预算管理委员会根据实际经验，制定差异重要性标准，由预算执行与控制部门按此标准衡量实际发生的预算差异，确定其中重要的、须由相关责任部门做出解释的差异。

差异重要性标准依据项目的不同性质可采取以下形式确定：设定差异率，即超过某一特定百分比的差异视为重要差异；设定差异金额，即超过某一设定金额的差异视为重要差异；差异变动趋势，即连续若干月差异持续增长的差异视为重要差异。

（五）对重要差异进行解释

确定重要差异后，由预算管理委员会要求各责任单位对差异产生的原因进行解释。预算差异产生的原因很多，对于比较明确的差异不需要花费过多的时间来分析，如由于报告中的错误造成的差异、特定的经营决策导致的差异、企业不可控制的因素造成的差异等。对于原因不明确的差异和重要差异要着重考察。

通过差异分解只揭示并排除了其中一部分原因，对预算差异的全面解释，需要各责任部门在差异分解的基础上，对其经营活动进行深入的、定量的分析，并对其可控性及在后续月度可能产生的影响做出判断。

（六）差异分析报告与确认

各责任部门的分析结果汇总到预算管理委员会，并上报到公司执行层，公司执行层对差异原因分析进行审核，并予以确认。即依据对各项预算执行情况的分析结果进行综合概括，对企业全面预算管理的整个过程及其结果做出正确评价。

图 7-1 展示了企业预算分析的一般程序，通过此图，可以清晰地看到企业进行预算差异分析的整个过程。

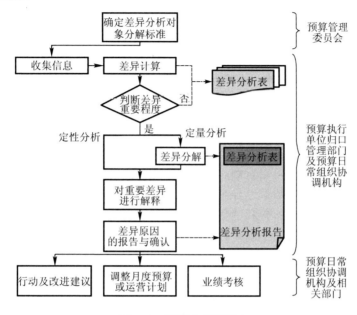

图 7-1　预算分析的程序

实际应用中，企业预算部门要定期召开预算执行分析会议，通过预算执行情况，研究、解决预算执行中存在的问题，提出改进措施，并落实责任。企业预算部门和各执行单位应当充分收集有关财务、业务、市场、技术、政策、法律等方面的信息资料，根据不同情况分别采用比率分析、比较分析、因素分析等方法，从定量与定性两个层面充分反映预算执行单位的现状、发展趋势及其存在的潜力，对于预算执行差异，应当客观分析产生的原因，提出解决措施或建议，提交企业决策机构研究决定。

三、企业全面预算分析的具体内容

前述章节编制预算时是以销售预算为起点，进而编制成本、利润的预算目标。预算差异分析也将依据这个思路，从销售收入预算差异分析开始，然后是成本、费用和利润的差异分析。下面依次介绍销售收入预算、成本预算、销售费用预算、管理费用预算和利润预算的差异分析。

（一）销售收入预算的差异分析

实际销售收入与预算目标产生差异可能有两个主要原因，即销售量和销售价格的变化。对于销售收入的差异应分析销售量差异和销售价格差异，除此以外，还应该分析各种差异占总差异的比重。销售量差异和销售价格差异的计算公式如下：

销售收入差异＝实际销售收入-预算销售收入

　　　　　　＝实际销量 ×实际价格-预算销量×预算价格

　　　　　　＝（实际销量×实际价格-实际销量×预算价格）

$$+（实际销量×预算价格-预算销量×预算价格）$$
$$=实际销量×（实际价格-预算价格）$$
$$+（实际销量-预算销量）×预算价格$$
$$=销售价格差异+销售数量差异$$

有关销售收入差异分析的数据之间的关系图如图 7-2 所示。

图 7-2　销售收入差异分解图

从上述公式和分解图中可以看到，销售价格差异是由于实际销售价格高于或低于预算销售价格而形成的；而销售数量差异是由于实际销量高于或低于预算销量而形成的，销售收入差异实际是由销售价格差异和销售数量差异两者共同决定的。计算结果如果是正数表示有利差异，如果为负数表示不利差异。

通过对销售价格和销售数量差异的分解，可以将销售收入预算完成情况进一步细化，找到影响销售收入预算执行情况的具体原因，并为寻找深层次原因提供突破点。

【案例 7-1】2016 年 1 月，B 公司采用因素分析法将 2015 年的销售收入预算执行结果与预算标准进行了分析，分析结果如表 7-1 所示。

表 7-1　B 公司 2015 年销售收入预算差异分析表　　　　金额单位：元

产品名称	计量单位	预算			实际			差异分析				总差异
								销量差异		价格差异		
		销量	单价	金额	销量	单价	金额	销量差异	量差占总差异比例	价格差异	价差占总差异比例	
计算关系	—	①	②	③=①×②	④	⑤	⑥=④×⑤	⑦=（④-①）×②	⑧=⑦/⑪	⑨=④×（⑤-②）	⑩=⑨/⑪	⑪=⑦+⑨
乙产品	件	300	6 000	1 800 000	320	6 200	1 984 000	120 000	65.22%	64 000	34.78%	184 000
丙产品	吨	200	9 000	1 800 000	210	9 500	1 995 000	90 000	46.15%	105 000	53.85%	195 000
丁产品	台	500	3 000	1 500 000	480	2 900	1 392 000	-60 000	55.56%	-48 000	44.44%	-108 000
合计	—	—	—	5 100 000	—	—	5 371 000	150 000	55.35%	121 000	44.65%	271 000

根据表 7-1 可以得出：

销售收入预算完成率=实际销售收入/预算销售收入=5 371 000/5 100 000=105.31%

销售价格差异=∑实际销量×（实际价格-预算价格）=320×（6 200-6 000）+210×（9 500-9 000）+480×（2 900-3 000）=64 000+105 000+（-48 000）=121 000（元）

销售数量差异=∑（实际销量-预算销量）×预算价格=（320-300）×6 000+（210-200）×9 000+（480-500）×3 000=120 000+90 000+（-60 000）=150 000（元）

销售收入总差异=销售价格差异+销售数量差异=121 000+150 000=271 000（元）

从表 7-1 中可以看到，B 公司销售收入预算总的完成情况良好，形成了 271 000 元的正差异。不过在销售收入总预算差异分析的基础上，还需要考虑各产品种类的具体情况，以便发现获利能力强、发展前景好的品种，同时也明确存在问题的品种，为下一步的生产经营决策提供依据。B 公司的乙产品、丙产品销售价格和销售量都超额完成了预算，向着有利于企业的方向发展，但是丁产品销售价格和销售量都没有完成预算，向着不利于企业的方向发展，应引起注意。不过，实际应用中，对丁销售量预算差异不能简单地认为正差异就是有利的，而负差异就是不利的，对销售量差异需要根据企业所处的特定行业、企业自身生产经营条件、所处的经营周期，以及各种不断变化的条件，进行综合分析。

影响产品销售数量和销售单价变动的具体原因很多，当销售量差异和销售价格差异确定下来之后，就需要具体分析影响产品销售数量和销售单价变动的主客观原因。另外，对影响销售数量变动和销售价格变动的因素分析还应结合销售费用的支出情况进行综合考察。

需要注意的是，企业的销售年度总预算在空间上会分解到各部门、项目、产品及人员，在时间上会分解到季度、月份、星期甚至具体到某一天。也就意味着，销售收入预算完成情况的分析不能仅仅停留在全年考察上，全年目标的实现固然重要，但年度中每个阶段的预算进度也不容忽视，因为企业的生产经营是连续的，每个阶段的预算对企业年度预算目标的实现影响很大。

（二）成本预算差异分析

成本预算差异是实际成本与预算成本之间的差距，既包括总成本的差异，也包括各成本项目的差异。总成本差异从影响要素方面考虑，应该从直接材料成本差异分析、直接人工成本差异分析、制造费用成本差异分析等方面进行分析。根据性质不同，成本可以分为变动成本和固定成本，其成本差异分析方法也有一定区别，应当分开进行。

1. 变动成本差异分析

直接材料、直接人工和变动制造费用都属于变动成本，其成本差异分析的基本方法相同。由于它们的实际成本高低取决于实际用量和实际价格，预算成本的高低取决于预算用量和预算价格，所以其成本差异可以归结为价格脱离预算造成的价格差异与用量脱离预算造成的数量差异两类。

价格差异是指实际价格与预算价格之间的差异。价格差异在直接材料成本差异中称为材料价格差异，在直接人工成本差异中称为工资率差异，在变动制造费用成本差异中称为变动制造费用耗费差异。

数量差异是指实际单位耗用量与预算单位耗用量之间的差异。数量差异在直接材料成本差异中称为材料数量差异，在直接人工成本差异中称为人工效率差异，在变动制造费用成本差异中称为变动制造费用效率差异。

成本差异=实际成本-预算成本

　　　　=实际数量×实际价格-预算数量×预算价格

　　　　=（实际数量×实际价格-实际数量×预算价格）

+（实际数量×预算价格-预算数量×预算价格）

=实际数量×（实际价格-预算价格）+（实际数量-预算数量）×预算价格

=价格差异+数量差异

有关变动成本差异分析的数据之间的关系图如图7-3所示。

图7-3　变动成本差异分解图

（1）直接材料成本差异分析

直接材料实际成本与预算成本之间的差额，是直接材料成本差异。该项差异形成的基本原因有两个：一是价格脱离预算；二是用量脱离预算。前者按实际用量计算实际材料价格脱离预算价格而形成的差异，称为价格差异；后者按预算价格计算实际材料用量脱离预算用量而形成的差异，称为数量差异。

材料价格差异=实际数量×（实际价格-预算价格）

材料数量差异=（实际数量-预算数量）×预算价格

计算结果如果是正数表示超支，为不利差异；如果为负数表示节约，为有利差异。以下直接人工成本差异、变动制造费用差异、固定制造费用差异与此相同。

【案例7-2】B公司2015年乙产品生产350件，有关成本预算及执行结果如表7-2所示。

表7-2　B公司乙产品2015年成本数据表　　　　　　　　　金额单位：元

项目	预算			实际		
	用量	单位成本	金额	用量	单位成本	金额
直接材料	2 100千克（350件×6千克）	200	420 000	2 170千克（350件×6.2千克）	210	455 700
直接人工	7 000小时（350件×20小时）	30	210 000	7 350小时（350件×21小时）	31	227 850
变动性制造费用	7 000小时（350件×20小时）	50	35 000	7 350小时（350件×21小时）	52	382 200

材料价格差异=2 170×（210-200）=21 700（元）

材料数量差异=（2 170-2 100）×200=14 000（元）

直接材料成本差异=21 700+14 000=35 700（元）

直接材料价格差异与数量差异之和，应当等于直接材料成本的总差异。

即：直接材料成本差异=455 700-420 000=35 700（元）

材料价格差异是在采购过程中形成的，不应由耗用材料的生产部门负责，而应由采购部门对其做出说明。采购部门未能按预算价格进货的原因有许多，如供应厂家价格变动、未按经济采购批量进货、未能及时订货造成的紧急订货、采购时舍近求远使运费和途耗增加、不必要的快速运输方式、违反合同被罚款、承接紧急订货造成额外采购等，需要进行具体分析和调查，才能明确最终原因和责任归属。

材料数量差异是在材料耗用过程中形成的，反映生产部门的成本控制业绩。材料数量差异形成的具体原因有许多，如操作疏忽造成废品和废料增加、工人用料不精心、操作技术改进而节省材料、新工人上岗造成多用料、机器或工具不适用造成用料增加等。有时多用料并非生产部门的责任，如购入材料质量低劣、规格不符也会使用料超过标准；又如工艺变更、检验过严也会使数量差异加大。因此，要进行具体的调查研究才能明确责任归属。

（2）直接人工成本差异分析

直接人工成本差异，是指直接人工实际成本与预算成本之间的差额，它也被区分为"价差"和"量差"两部分。价差是指实际工资率脱离预算工资率，其差额按实际工时计算确定的金额，又称为工资率差异。量差是指实际工时脱离预算工时，其差额按预算工资率计算确定的金额，又称人工效率差异。

工资率差异=实际工时×（实际工资率－预算工资率）

人工效率差异=（实际工时-预算工时）×预算工资率

【案例 7-3】根据表 7-2，计算出 B 公司直接人工差异。

工资率差异=7 350×（31-30）=7 350（元）

人工效率差异=（7 350-7 000）×30=10 500（元）

直接人工成本差异=7 350+10 500=17 850（元）

直接人工工资率差异和效率差异之和，应当等于直接人工成本的总差异。

即：直接人工成本差异=227 850-210 000=17 850（元）

工资率差异形成的原因，包括直接生产工人升级或降级使用、奖励制度未产生实效、工资率调整、加班或使用临时工、出勤率变化等，原因复杂而且难以控制。一般来说，应归属于人事部门管理，差异的具体原因会涉及生产部门或其他部门。企业在较长时间内的工资率应该是稳定的，频繁的波动不利于企业其他相关经营目标的制定，也不利于员工的稳定。所以，人事部门或者具体生产部门应尽量制定长期内稳定的薪资政策，避免波动过大。

直接人工效率差异的形成原因，包括工作环境不良、工人经验不足、劳动情绪不佳、新工人上岗太多、机器或工具选用不当、设备故障较多、作业计划安排不当、产量太少无法发挥批量节约优势等。它主要是生产部门的责任，但这也不是绝对的，例如，材料质量不好也会影响生产效率，就应该由采购部门或仓储部门负责。

（3）变动制造费用差异分析

变动制造费用的差异，是指实际变动制造费用与预算变动制造费用之间的差额。也可以分解为耗费差异和效率差异两部分。耗费差异反映的是变动制造费用的实际小时分配率与预算分配率之间的差异。效率差异反映的是实际工时和预算工时之间的差异。

耗费差异=实际工时×（变动制造费用实际分配率-变动制造费用预算分配率）

效率差异=（实际工时-预算工时）×变动费用预算分配率

【案例 7-4】根据表 7-2，计算出 B 公司变动制造费用差异。

耗费差异=7 350×（52-50）=14 700（元）

效率差异=（7 350-7 000）×50=17 500（元）

变动制造费用差异=14 700+17 500=32 200（元）

变动制造费用耗费差异和效率差异之和，应当等于变动制造费用的总差异。

即：变动制造费用差异=382 200-350 000=32 200（元）

变动制造费用的耗费差异，是实际支出与按实际工时和预算分配率计算的预算数之间的差额。由于后者承认实际工时是在必要的前提下计算出来的弹性预算数，因此该项差异反映耗费水平即每小时业务量支出的变动制造费用脱离了预算。变动制造费用耗费差异形成的原因主要有以下几个方面：制定预算时考虑不周而使预算数额制定不准确；间接材料价格变化；间接人工人数调整；间接人工工资率调整；间接材料质量不合格而导致用量增加；其他费用发生变化。耗费差异一般是部门经理的责任，他们有责任将变动制造费用控制在弹性预算限额之内。

变动制造费用效率差异，是由于实际工时脱离了预算，多用工时导致费用增加，因此其形成原因与人工效率差异相同，在此不再赘述。

2. 固定制造费用差异分析

固定制造费用差异分析与各项变动成本差异分析不同，其分析方法有"二因素分析法"和"三因素分析法"两种。

（1）二因素分析法

二因素分析法，是将固定制造费用差异分为耗费差异和能量差异。

耗费差异是指固定制造费用的实际金额与固定制造费用预算金额之间的差额。固定费用与变动费用不同，不因业务量而变，故差异分析有别于变动费用。在考核时不考虑业务量的变动，以原来的预算数作为预算，实际数超过预算数即视为耗费过多。

固定制造费用耗费差异=固定制造费用实际数-固定制造费用预算数

能量差异是指实际产量的预算工时脱离设计生产能力而产生的差异。它反映实际产量预算工时未能达到设计生产能力而造成的损失。

固定制造费用能量差异=固定制造费用预算数-固定制造费用预算成本

=固定制造费用预算分配率×生产能力

-固定制造费用预算分配率×实际产量预算工时

=（生产能力-实际产量预算工时）×固定制造费用预算分配率

【案例7-5】B公司2015年度乙产品实际产量350件，发生固定制造成本290 000元，实际工时为7 350小时；企业生产能力为400件，即8 000小时；每件产品固定制造费用预算成本为800元，即每件产品预算工时为20小时，预算分配率为40元/小时。

固定制造费用耗费差异=290 000-8 000×40=-30 000（元）

固定制造费用能量差异=（8 000-350×20）×40=40 000（元）

固定制造费用成本差异=-30 000+40 000=10 000（元）

固定制造费用耗费差异和能量差异之和，应当等于固定制造费用的总差异。

即：固定制造费用成本差异=实际固定制造费用-预算固定制造费用

=290 000-350×800

=10 000（元）

（2）三因素分析法

三因素分析法，是将固定制造费用成本差异分为耗费差异、效率差异和闲置能量差异三部分。耗费差异的计算与二因素分析法相同，不同的是要将二因素分析法中的"能量差异"进一步分为两部分：一部分是实际工时未达到生产能力而形成的闲置能量差异；一部分是实际工时脱离预算工时而形成的效率差异。

固定制造费用闲置能量差异=固定制造费用预算-实际工时×固定制造费用预算分配率

　　　　　　　　　　　=（生产能力-实际工时）×固定制造费用预算分配率

固定制造费用效率差异=实际工时×固定制造费用预算分配率

　　　　　　　　　　-实际产量预算工时×固定制造费用预算分配率

　　　　　　　　　　=（实际工时-实际产量预算工时）×固定制造费用预算分配率

【案例7-6】上述案例中，固定制造费用差异按照三因素分析，则有：

固定制造费用耗费差异=290 000-8 000×40=-30 000（元）

固定制造费用闲置能量差异=（8 000-7 350）×40=26 000（元）

固定制造费用效率差异=（7 350-350×20）×40=14 000（元）

三因素分析法的闲置能量差异（26 000元）与效率差异（14 000元）之和为40 000元，与二因素分析法中的"能量差异"数额相同。

固定制造费用耗费差异形成的原因主要有以下几个方面：租赁费、保险费等费用的调整；管理人员工资的变动；水电费价格的调整；固定资产折旧方法的改变；修理费开支数额的变化；其他有关费用数额发生变化。

固定制造费用能量差异形成的原因主要有以下几个方面：因市场需求不足或产品定价策略问题而影响订货量，造成生产能力不能充分利用；机械设备发生故障，增加了修理时间；原设计生产能力过高，生产不饱和；因原材料供应不及时，导致停工待料；能源短缺，被迫停产；操作工人技术水平有限，未能充分发挥设备能力。

（三）销售费用预算差异分析

销售费用的发生与销售收入数额密切相关，因此，仅以销售费用数额是否超过预算指标是无法判断销售部门工作绩效和费用控制情况的。所以，销售费用预算的分析，应结合销售收入预算完成情况进行综合分析，一般可以通过考察销售费用率（是指销售费用占销售收入的百分比）的变化情况，衡量销售费用预算的执行结果。

根据与销售额的关系特点，销售费用可以分为变动性销售费用和固定性销售费用。

1. 变动性销售费用差异分析

由于变动性销售费用与销售额的变动成本成正比例关系，因此，可以运用差额分析法直接分析销售额及其他因素变动对变动性销售费用的影响结果。按费用差异产生的原因不同，变动性销售费用差异可分为开支差异和销售量差异两部分。开支差异是指由于预算开支标准，即销售费用率变化所引起的差异；销售量差异是指由于销售量变化所引起的差异。

变动性销售费用差异=开支差异+销售量差异

开支差异=实际销售额×（实际销售费用率-预算销售费用率）

销售量差异=（实际销售额-预计销售额）×预算销售费用率

在多品种产品销售的情况下，变动性销售费用预算的开支标准如果是以销售量为基础确定的，其预算差异应按每种产品进行分析，然后加以汇总；如果是以销售额为基础确定的，则不需要按产品品种进行分析。

【案例 7-7】B 公司 2015 年度销售费用预算为 900 000 元，其中变动性销售费用 765 000 元，固定性销售费用 135 000 元；预算执行结果是销售费用总支出 975 000 元，其中变动性销售费用 815 000 元，固定性销售费用 160 000 元。根据变动性销售费用预算和执行情况填制分析表，如表 7-3 所示。

表 7-3　B 公司 2015 年变动性销售费用预算差异分析　　　　　　金额单位：元

项目	销售费用		销售费用率（%）		销售费用差异		
	预算	实际	预算	实际	开支差异	量差	预算
计算关系	①	②	③=①/预算销售额	④=②/实际销售额	⑤=（④-③）×实际销售额	⑥=③×（实际销售额-预算销售额）	⑦=⑤+⑥
销售人员薪酬	300 000	320 000	5.88%	5.96%	4 059	15 941	20 000
广告宣传费	200 000	210 000	3.92%	3.91%	-627	10 627	10 000
差旅费	85 000	100 000	1.67%	1.86%	10 483	4 517	15 000
售后服务费	180 000	185 000	3.53%	3.44%	-4 565	9 565	5 000
合计	765 000	815 000	15.00%	15.17%	9 350	40 650	50 000
销售收入	5 100 000	5 371 000	—	—	—	—	—

通过分析可以得出，变动性销售费用实际比预算多支出 50 000 元。其中，由于销售费用率 15%提高为 15.17%，增加支出 9 350 元；由于销售收入由 5 100 000 元提高到 5 371 000 元，增加销售费用支出 40 650 元。各项变动性销售费用具体增加额在表 7-3 中都已清楚表明，对于造成费用率降低的原因，还需要做进一步深层次剖析。

2. 固定性销售费用差异分析

固定性销售费用的发生与销售额的变动没有直接比例关系，因此，可采用比较分析法直接得到预算执行结果与预算标准之间的差异额，然后分析导致差异的原因。

【案例 7-8】根据上述案例资料，逐项分析各项固定销售费用实际发生额与预算指标的差异额及差异率，如表 7-4 所示。

表 7-4　B 公司 2015 年固定性销售费用预算差异分析　　　　　　金额单位：元

项目	预算数	实际数	实际比预算增减额	实际比预算增减（%）
计算关系	①	②	③=②-①	④=③/①
管理人员薪酬	100 000	123 000	23 000	23.00%
财产保险费	20 000	23 000	3 000	15.00%
办公费	15 000	14 000	-1 000	-6.67%
合计	135 000	160 000	25 000	18.52%

通过表 7-4 的分析可以看出：固定性销售费用实际比预算多支出 25 000 元。对出现差异的费用项目进行定性分析，分析确认造成差异的具体原因。经过分析确认，销售公司管理人员薪酬实际比预算高 23 000 元的原因是支付加班费所致；财产保险费实际比预算增加 3 000 元的原因是保险公司保险费率提高所致；办公费实际比预算减少 1 000 元的原因是办公耗材支出降低所致。

值得注意的是，根据以上销售费用预算的分析结果，我们不能简单地说销售部门费用控制得好与不好，还需要将销售费用与销售收入以及利润情况结合起来进行分析。如果销售费用的提高带来了销售收入和利润的提高，那么，销售费用的提高就是有必要的。

（四）管理费用预算差异分析

管理费用预算差异是指管理费用实际支出与管理费用预算标准之间的差额。管理费用是企业为了组织和管理生产经营活动而发生的各项费用，它与产品制造成本的最大不同是，产品制造成本的发生与产品产量多少密切相关，而管理费用的发生与产品产量多少无直接关系。因此，管理费用的预算差异分析不能像直接材料预算、直接人工预算和变动性制造费用预算那样，通过因素分析法或差额分析法确定数量、价格、成本、产量等因素对预算执行结果的影响。

在实务中，管理费用发生的多少与企业的规模大小、行业特点、企业性质、管理风格、效益高低密切相关。一般而言，管理费用与企业规模和经济效益成正比例关系。垄断性行业、高利润行业管理费用较高，生产制造行业、低利润行业管理费用较低；上市公司、跨国公司、集团公司、股份制公司管理费用较高，其他性质的企业管理费用较低；管理控制严格、规范的公司管理费用较低，管理控制宽松、随意的公司管理费用较高。

因为管理费用的具体项目可根据能否进行人为控制而细分为约束性管理费用和酌量性管理费用两部分，同时，企业的管理费用预算一般采取按明细项目逐一分解落实到各个职能管理部门的控制方法。因此，企业应该从以下两方面进行管理费用预算差异分析：一是按照管理费用项目的不同习性进行差异分析，对约束性管理费用差异要重点分析其发生依据的合理性，对酌量性管理费用差异要重点分析其支出的必要性；二是按职能部门进行差异分析，要在各个职能部门管理费用差异分析的基础上，逐项分析造成管理费用项目差异的原因。

【案例 7-9】B 公司 2015 年管理费用预算指标为 420 000 元，实际支出 428 000 元，超出预算目标 8 000 元。财务部门采用比较分析法对管理费用执行结果与预算标准之间的差异进行了分析，分析结果如表 7-5 所示。

表 7-5　B 公司 2015 年管理费用预算差异分析　　　　金额单位：元

性质	项目	预算数	实际数	差异
	计算关系	①	②	③=②-①
约束性管理费用	管理人员工资	268 000	273 200	5 200
	保险费	5 000	5 500	500
	折旧费	20 000	20 000	0
	应缴税金	9 000	9 000	0
	小计	302 000	307 700	5 700

性质	项目	预算数	实际数	差异
	计算关系	①	②	③=②－①
酌量性管理费用	修理费	18 000	17 000	－1 000
	办公费	30 000	28 800	－1 200
	差旅费	20 000	23 000	3 000
	业务招待费	40 000	41 500	1 500
	其他	10 000	10 000	0
	小计	118 000	120 300	2 300
合计		420 000	428 000	8 000

经分析确认，B 公司 2015 年管理费用预算超支 8 000 元的主要原因：

① 增加一名会计人员，增加管理人员工资 5 200 元；

② 保险公司保险费率上调，增加保险费支出 500 元；

③ 预算中安排的轿车大修理没有实施，减少修理费支出 1 000 元；

④ 开展增收节支活动，降低计算机耗材支出 1 200 元；

⑤ 地方政府组织企业到外地参观考察，增加差旅费支出 3 000 元；

⑥ 兄弟单位到企业学习管理方法和经验，增加业务招待费 1 500 元。

（五）利润预算差异分析

1. 利润预算差异的确定

利润预算差异的确定一般可根据企业利润表中计算利润项目的顺序来进行。

（1）主营业务利润差异确定

主营业务利润差异就是实际主营业务利润与主营业务利润预算之间的差距，确定主营业务利润差异需要根据销售预算、成本预算的完成情况以及税金的缴纳情况来计算。

主营业务利润差异＝实际主营业务利润－主营业务利润预算

　　　　　　　　＝（实际主营业务收入－实际主营业务成本）

　　　　　　　　　－（主营业务收入预算－主营业务成本预算）

　　　　　　　　＝主营业务收入差异－主营业务成本差异

【案例 7-10】C 公司主营业务为销售甲、乙、丙三种产品，除此以外没有其他主营业务，其 2015 年主营业务利润差异如表 7-6 所示（为简化计算，这里没有考虑销售时发生的税金）。

表 7-6　C 公司 2015 年主营业务利润预算差异分析　　　　　　金额单位：万元

项目	主营业务收入		销售量（万件）		单位生产成本		主营业务成本		主营业务利润	
计算关系	①		②		③		④=②×③		⑤=①－④	
	预算	实际	预算	实际	预算	实际	预算	实际	预算	实际
甲产品	3 600	4 200	120	140	20	19	2 400	2 660	1 200	1 540
乙产品	1 800	2 160	100	120	15	15	1 500	1 800	300	360
丙产品	1 800	2 000	90	100	16	17	1 440	1 700	360	300
合计	7 200	8 360	—	—	—	—	5 340	6 160	1 860	2 200

主营业务利润差异＝（8 360-7 200）-（6 160-5 340）=340（万元）

从表 7-6 可以看出，C 公司 2015 年实际的主营业务利润超过了预算目标，产生了 340 万元的正差异。

（2）营业利润差异确定

营业利润差异是指实际营业利润与目标营业利润之间的差距，确定营业利润差异需要在主营业务利润差异的基础上考虑其他业务利润、销售费用、管理费用和财务费用等项目。

营业利润差异＝实际营业利润-营业利润预算

　　　　　　＝（实际主营业务利润-实际销售费用-实际管理费用-实际财务费用

　　　　　　+实际其他业务利润）-（主营业务利润预算-销售费用预算

　　　　　　-管理费用预算-财务费用预算+其他业务利润预算）

　　　　　　=主营业务利润差异-销售费用差异-管理费用差异-财务费用差异

　　　　　　+其他业务利润差异

【案例 7-11】结合表 7-6，C 公司 2015 年度营业利润差异如表 7-7 所示。

表 7-7　C 公司 2015 年营业利润预算差异分析　　　　金额单位：万元

项目	主营业务利润		销售费用		管理费用		财务费用		其他业务利润		营业利润	
计算关系	①		②		③		④		⑤		⑥=①-②-③-④+⑤	
	预算	实际	预算	实际	预算	实际	预算	实际	预算	实际	预算	实际
甲	1 200	1 540										
乙	300	360	95	105	150	175	60	40	100	60	1 655	1 940
丙	360	300										
合计	1 860	2 200	95	105	150	175	60	40	100	60	1 655	1 940

营业利润差异＝（2 200-1 860）-（105-95）-（175-150）-（40-60）+（60-100）

　　　　　　=285（万元）

根据表 7-7，C 公司的销售费用和管理费用都超过了预算，财务费用低于预算，而其他业务利润没有达到目标金额，结合主营业务利润来看，总的营业利润还是超额完成了预算。

（3）利润总额差异确定

利润总额差异是实际利润总额与目标利润总额之间的差异，确定利润总额差异需要在营业利润差异的基础上进一步考虑投资收益和营业外收支项目。

利润总额差异＝实际利润总额-利润总额预算

　　　　　　＝（实际营业利润+实际营业外收入-实际营业外支出+实际投资收益）

　　　　　　-（营业利润预算+营业外收入预算-营业外支出预算+投资收益预算）

　　　　　　=营业利润差异+营业外收入差异-营业外支出差异+投资收益差异

【案例 7-12】C 公司 2015 年度没有投资收益，结合表 7-7，其 2015 年利润总额差异如表 7-8 所示。

表 7-8　C 公司 2015 年利润总额预算差异分析　　　　金额单位：万元

项目	营业利润		营业外收入		营业外支出		利润总额	
计算关系	①		②		③		④=①+②-③	
	预算	实际	预算	实际	预算	实际	预算	实际
	1 655	1 940	80	70	45	50	1 690	1 960

利润总额差异=（1 940-1 655）+（70-80）-（50-45）+（0-0）=270（万元）

根据表 7-8，C 公司 2015 年营业外收入没有达到预算目标，而营业外支出高于预算标准，结合营业利润差异，其利润总额还是超过了预算目标。

（4）净利润差异确定

净利润差异是指预算净利润和实际净利润之间的差距，确定净利润差异需要在利润总额差异的基础上考虑所得税项目。

净利润差异=实际净利润-净利润预算

　　　　=（实际利润总额-实际所得税费用）-（利润总额预算-所得税费用预算）

　　　　=利润总额差异-所得税费用差异

【案例 7-13】C 公司所得税税率为 25%，结合表 7-8，其 2015 年度净利润差异如表 7-9 所示。

表 7-9　C 公司 2015 年净利润预算差异分析　　　　金额单位：万元

项目	利润总额		所得税		净利润	
计算关系	①		②=①×25%		③=①-②	
	预算	实际	预算	实际	预算	实际
	1 690	1 960	422.5	490	1 267.5	1 470

净利润差异=（1 960-1 690）-（490-422.5）=202.5（万元）

根据表 7-9，C 公司 2015 年实际净利润超额完成了预算目标，由于企业的所得税税率一般是固定的，所以影响净利润差异的主要还是利润总额差异。

2. 利润预算差异的分析

明确了利润预算差异后，需要分析各项目产生差异的原因及对净利润指标的影响，以便正确评价企业利润预算的完成情况，寻找未来减少亏损、增加利润的方法，为企业制定更加合理有效的盈利途径，也为以后预算的制定提供可靠依据。

利润预算差异的分解如图 7-4 所示。图中描绘出了利润预算的差异分析脉络。从净利润向下，逐层分解，将各有关部门纳入其中。在主营业务收入和主营业务成本这一层还可以继续向下分解到销售预算和成本预算。这样，企业的预算管理体系就成为一个有机的整体，将生产、销售、服务、采购、财务管理各业务和职能部门都联系到了一起。

【案例 7-14】分析 C 公司 2015 年利润预算的差异。

根据案例 7-10 至 7-13 的各项数据，以及图 7-4 的利润预算差异分解图，可以得出以下结论。

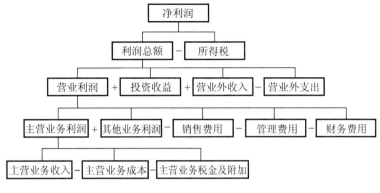

图 7-4　利润预算差异分解图

首先，主营业务利润差异为正。C 公司的实际主营业务成本和实际主营业务收入均超过了当年的预算，但主营业务收入的正差异更大，所以综合起来主营业务利润差异为正。

其次，营业利润差异为正。C 公司的销售费用和管理费用均超出了预算，财务费用少于预算，而其他业务利润未完成预算目标，综合主营业务利润差异，营业利润上还是产生了 285 万元的正差异。

再次，利润总额差异为正。C 公司的营业外收支状况并不理想，营业外收入低于预算，而营业外支出超出了预算，但在营业利润正差异的影响下，利润总额还是实现了 270 万元的正差异。

最后，净利润差异为正。由于 C 公司的所得税税率较为固定，所以净利润差异主要是受利润总额影响，扣除所得税后，C 公司的净利润实现了 202.5 万元正差异。

四、企业全面预算分析报告

预算分析报告，即预算差异分析报告，是企业依据预算差异分析表及经营活动和财务活动所提供的丰富、重要的信息及其内在联系，运用一定的科学分析方法，对企业的预算执行情况，做出客观、全面、系统的分析和评价，并针对这些差异明晰权责，提出科学合理的解决建议，以进一步加强企业预算控制的书面报告。

（一）预算分析报告分类

预算分析报告按照报告对象不同，可以分为面向高层管理者的预算执行情况摘要、面向中高层运营管理人员的预算汇总分析报告，以及面向一般运营管理人员或预算管理人员的预算明细差异分析报告，如表 7-10 所示。

表 7-10　预算分析报告类型

报告类别	报告对象	内容
预算执行情况摘要	公司高层管理人员	预算执行情况总览，主要包含公司的 KPI[①]、关键运营数据和差异分析
预算汇总分析报告	公司中高层运营管理人员	预算执行情况汇总分析报告，主要包含公司的财务和主要运营数据以及差异分析
预算明细差异分析报告	公司一般运营管理人员或预算管理人员	公司业务、投资和财务预算的明细报告，包含了所有预算科目口径的预算执行情况的数据

注：①KPI（Key Performance Indicator）表示企业关键绩效指标。

（二）预算分析报告的内容

预算分析报告通常需要包括进度分析、业绩分析以及分析建议。首先，进度分析是指累计计算并汇总各期完成预算情况，以销售收入预算完成进度为起点分析成本和费用进度，为调整计划和控制提供指导。其次，业绩分析是指根据各部门预算完成情况，通过差异分析的方法，评价部门业绩，为考核提供依据。最后，分析建议部分是为各级领导决策提供支持和建议。实际应用中，预算分析报告可以包括以下五个方面的内容。

第一，上期改进建议执行情况追踪。根据上期预算分析报告确定的差异原因、责任人、改进对策等进行执行情况跟踪分析，确保预算分析结果和建议的落实。

第二，关键指标的完成情况。根据预算考核关键指标体系，分析指标完成情况、差异额和差异幅度等。

第三，影响指标完成情况的内外部因素分析。分析预算执行结果与预算目标之间差异产生的主要原因，导致差异产生的内外部因素及其对差异产生的影响，确定差异产生的责任人。

第四，分析差异的改进建议及相应对策。根据差异产生的原因、内外部因素和责任人，提出调整、修正、改进差异的相关建议，并制定具体的行动方案、明确责任部门和完成期限等。

第五，根据变动情况预测其趋势及规律。在预算差异分析的基础上，对企业关键指标的完成率进行趋势分析、评价和判断变动趋势，确定其变动规律，对市场、行业、企业发展前景等做出预测。

五、企业全面预算分析中常见问题

从目前很多企业的预算分析来看，经常会出现以下几个问题，对这些问题企业应引起重视并加以改进。

（一）侧重大量财务数据

不少财务或预算管理人员错误地认为预算分析就是财务预算数据分析，只需要将财务实际数据与预算数据进行对比分析即可，所以一做预算分析就进行大量的比率和差异分析，然后在报告中罗列大量的财务分析数据，更有甚者，将报表中的数据改用大段的文字来表述，结果不但没达到预期效果，反而会使报告阅读者看了以后有晦涩难懂的感觉。

出现这样问题的原因关键在于财务或预算管理人员把财务数据分析当成了预算分析的全部。财务数据分析固然重要，但呈现给高层管理人员的财务数据应当是经过筛选并有价值的数据，而不应是简单的罗列，分析人员更应当从大量财务数据中看到其背后所反映的经营活动实质。

（二）与业务衔接少

不少企业财务或预算人员在进行预算分析时，没有到业务一线去了解真实情况，往往围绕各种报表数据进行，与企业发生的各种业务衔接较少，分析所得出的结论或提出的建议总是给人纸上谈兵的感觉，就数据论数据。分析人员要真正做好预算分析，应深入企业一线了解和掌握真实情况，应将数据结果与经营业务实质结合起来，不能仅仅停留于报表或数据之上。

（三）参与部门少

全面预算管理应当是企业所有部门参与到与之相关的预算管理工作之中，包括编制、执行、调整、分析和考核等，但有不少企业让各部门参与编制、执行、调整和考核过程比较充分，而分析活动却让其参与较少或不参与，长此以往有的部门就认为预算分析就是财务或预算部门的事，于是财务或预算部门在进行预算分析时就只好单打独斗、闭门造车，分析出来的结论自然是纸上谈兵，与企业实际结合不紧密，当然也起不到什么作用。

要做好预算分析应当先由各预算责任单位进行基础分析，并将分析结果上报财务或预算部门，由财务或预算部门在各责任单位分析的基础上进行汇总分析和提炼。

（四）发现问题少

作为预算分析的一项重要任务就是要发现问题，以便在以后的预算管理工作中加以改进，发现不了问题才是最大的问题。但不少企业在进行预算分析时，发现问题少，有的根本发现不了真正的问题，特别是大问题。预算分析发现问题有两种方式：一是要从财务的角度去分析和查找企业管理中存在的问题；二是要跳出财务看问题，甚至站在企业总经理的高度去分析预算、发现问题和思考问题。

（五）分析原因少

预算分析在查找问题的基础上需要分析原因以便将来对症下药，不少企业预算分析时发现问题后没有深入分析产生问题的原因，有的分析了原因但原因没找对。在分析问题原因时应从主观和客观两个方面进行，多问几个"为什么"，只有这样才能真正找准原因。

（六）提出建议少

有不少企业进行预算分析时很少提建议，有的即使提了建议，但建议针对性不强，无关痛痒。预算分析报告很大篇幅都是就数字论数字，对于管理层的建议很少，或者相关建议过于简单。产生这种情况的原因主要有两个方面：一是分析人员参与企业管理的意识不强、主动性不够，有的甚至把自己放在局外人、旁观者的位置；二是对企业业务了解不够、企业管理经验不够丰富，所以无从下手，也就提不出什么好的建议。

管理层更希望从预算分析报告中获取更多有用的参考信息，而这样的信息需要经过财务分析人员认真地研究整理得出，不能泛泛地谈论几项常规措施作为建议。解决上述问题，一方面需要分析人员转变角色，主动参与企业管理，另一方面需要学习和积累企业管理的知识与经验。

（七）预算分析报告重点不突出

不少企业每期的预算分析报告千篇一律，只是简单的数字更换。有的报告只有简单的数字和文字说明，缺少直观的图表分析；有的报告虽然有 Excel 图表分析，但过于简单，没有形成系统的分析资料。缺乏可读性的报告只会让管理层对预算分析报告的重视程度越来越低，也使预算分析报告失去本身应有的价值。

【案例 7-15】以下为某公司预算管理制度中，预算差异分析与分析报告相关的条款。

第九章　预算报告与差异分析

第四十五条　预算报告

预算报告是通过编制各责任中心预算报告来完成的，其形式主要有报表数据和文字说明等。由于责任中心是逐级设置的，预算报告也应该由下而上逐级编制。

第四十六条　预算的差异分析

预算执行过程中，预算责任单位要及时检查、追踪预算的执行情况，形成预算差异分析报表，最后由财务部形成总预算差异分析报告，交全面预算管理委员会，为全面预算管理委员会对整个预算的执行进行动态控制提供资料依据。

第四十七条　预算差异分析报告应包括以下内容：

1. 本期预算额、本期实际发生额、本期差异额、累计预算额、累计实际发生额、累计差异额；

2. 对差异额进行的分析；

3. 产生不利差异的原因、责任归属、改进措施以及形成有利差异的原因和今后进行巩固、推广的建议。

第二节　企业全面预算的考评

预算考评是预算考核和评价的总称，是对企业内各级责任部门或责任中心预算执行结果进行考核和评价的机制，是管理者对执行者实行的一种有效的激励和约束形式。

一、企业全面预算考评的内容

预算考评应以企业各级预算执行主体为考评对象，以预算目标为考评标准，以预算完成状况为考评核心，通过比较预算实际执行情况与预算目标，确定差异并查明产生差异的原因，进而据以评价各级责任单位和个人的工作业绩，并与其相应的激励制度挂钩，使其利益与工作业绩相匹配，充分调动各级责任单位和个人的工作积极性，促进企业整体效益的提高。

预算考评包括两方面内容：考核评价制度与奖惩制度的建立与实施。预算考评是预算管理的重要环节，它通常以预算的各项指标为依据，对预算的执行情况进行系统的记录和计量，并定期编制预算反馈报告，将实际完成情况与预算相比较，借以评价与考核各个责任中心的工作成果，并根据业绩考评结果进行经济和其他方式的奖惩，以促使各责任中心积极纠正行为偏差，完成自己所负的责任。

具体来说，预算考评包括期中预算考评和期末预算考评两种形式。所谓期中预算考评，是指在预算执行过程中依照企业全面预算内容对预算实际执行情况和预算指标进行考核、比较，发现及分析造成差异的原因，为企业生产经营过程中的纠偏和事中控制提供及时可靠的依据；期末预算考评是在预算期末对各预算执行主体的预算完成情况进行的分析评价。目前企业的预算考评多以期末预算考评为主（期中预算考评更多地体现在预算控制过程中），期末预算考评又多以成本费用、利润及投资报酬率等财务指标的考核为主。

二、企业全面预算考评的程序

（一）建立一套科学合理的考评指标体系

企业在设定考评指标体系时，需要考虑财务指标与非财务指标相结合、绝对指标与相对指标相结合、定量指标与定性指标相结合、长期指标与短期指标相结合。只有建立科学、合理的预算考评指标，并据以进行预算评价和奖惩兑现，才能促使各责任中心积极纠正预算偏差，努力完成预算指标，确保企业总体预算目标的实现。

下面仅针对常用的几种财务指标和非财务指标进行简单介绍。

1. 财务指标

根据企业的资产负债表、利润表和现金流量表中的数据可以计算出多个指标来衡量企业各方面的绩效，这些财务指标一般分为四类：偿债能力指标、盈利能力指标、营运能力指标、发展趋势指标。

（1）偿债能力指标

企业的偿债能力指标是指用于衡量企业偿还债务能力的指标，它可以衡量企业财务风险的大小。

用于衡量企业短期偿债能力的指标一般包括流动比率、速动比率和现金比率。

$$流动比率 = \frac{流动资产}{流动负债}$$

$$速动比率 = \frac{速动资产}{流动负债} = \frac{流动资产 - 存货}{流动负债}$$

$$现金比率 = \frac{可立即动用的资金}{流动负债} = \frac{货币资金 + 交易性金融资产}{流动负债}$$

这三个指标对于企业偿债能力要求依次递增，各个指标的数值越高，企业偿债能力越强。在运用上述三个指标对企业偿债能力进行分析时要注意，每个指标各有侧重，要根据实际需要进行选择；如果企业有近期即将到期的长期负债，也需要考虑进来。

衡量企业长期偿债能力的指标一般包括：资产负债率、产权比率（也称负债权益比率）、权益乘数、利息保障倍数、有息负债比等。

$$资产负债率 = \frac{负债总额}{资产总额} \times 100\%$$

$$产权比率 = \frac{负债总额}{所有者权益总额} \times 100\%$$

$$权益乘数 = \frac{资产总额}{所有者权益总额} \times 100\%$$

$$利息保障倍数 = \frac{息税前利润}{利息费用}$$

$$有息负债比 = \frac{有息负债总额}{负债总额} \times 100\%$$

资产负债率、产权比率、利息保障倍数反映企业长期偿债能力，指标越高，表明企业长期偿债能力越强，反之越弱。而有息负债比反映的是企业未来偿债的压力，这一比率越高，说明企业未来偿还债务的压力越大，反之越小。

（2）盈利能力指标

企业的盈利能力指标衡量的是企业赚取利润的能力。企业的盈利能力无论对于投资者还是债权人来说都是十分重要的，利润是债权人和股东利益的保障，不断提高企业利润是企业财务预算的重要目标之一。用于衡量企业盈利能力的主要指标包括：销售利润率、资产报酬率、净资产收益率等。

$$销售利润率 = \frac{利润总额}{营业收入} \times 100\% = \frac{营业收入 - 营业成本 - 期间费用}{营业收入} \times 100\%$$

$$资产报酬率 = \frac{息税前利润}{平均资产总额} \times 100\% = \frac{净利润 + 利息费用 + 所得税}{(期初资产总额 + 期末资产总额)/2} \times 100\%$$

$$净资产收益率 = \frac{净利润}{平均净资产} \times 100\% = \frac{净利润}{(期初净资产 + 期末净资产)/2} \times 100\%$$

这三个指标反映了企业的盈利能力，指标越高，表明盈利能力越强，反之越低。除此以外，企业盈利能力指标还包括每股盈余、市盈率等指标。企业在运用盈利能力指标时，可以根据具体需要，选择有不同侧重点的指标，比如与销售收入有关的指标、与股票数量或股价有关的指标、与现金流量有关的指标等。

（3）营运能力指标

企业的营运能力是指企业经营运行的能力，具体来说就是企业各项资产周转的能力，反映了企业对各项资源的管理、运用效率的高低。营运能力对企业的偿债能力和盈利能力都有重要影响，一般企业资产周转越快，流动性就越强，企业的偿债能力就越高，资产获取利润的速度就越快。衡量企业营运能力的指标主要包括应收账款周转率、存货周转率、流动资产周转率、固定资产周转率、总资产周转率等。

$$应收账款周转率 = \frac{赊销收入净额}{平均应收账款余额}$$

$$存货周转率 = \frac{销售成本}{平均存货余额}$$

$$流动资产周转率 = \frac{销售收入}{平均流动资产}$$

$$固定资产周转率 = \frac{销售收入}{平均固定资产净值}$$

这几个指标反映企业的营运能力，指标越高，资产利用率越高，资产的获利能力也越强，反之则说明利用程度需要提高。

（4）发展趋势指标

衡量企业发展趋势可以从总资产、利润和销售收入等几个方面入手，具体指标有总资产增长率、利润增长率、销售收入增长率等。

总资产增长率，又称总资产扩张率。这一指标是企业本年总资产增长额与期初资产总额的比率，反映企业本期资产规模的增长情况。该指标值越高说明企业当期资产经营规模扩张速度越快，反之说明越慢。但该指标并不是一味越大越好，除了数量，还需要注重质量和长期发展能力，避免盲目扩张。其计算公式如下：

$$总资产增长率 = \frac{本年总资产增长额}{期初资产总额} \times 100\%$$

利润增长率，是企业当年净利润增长额与上年净利润的比率。净利润是企业衡量当年年经营效益的重要标准，利润增长率越高说明企业当年盈利能力增长快，反之说明盈利能力增长慢。在分析该指标时，要进一步揭示其变化的原因，可以结合盈利能力指标进行分析。其计算公式如下：

$$利润增长率 = \frac{本年净利润增长额}{上年净利润} \times 100\%$$

销售收入增长率是企业当年销售收入增长额同上年销售收入的比率，从企业收入扩张角度衡量了企业的发展能力。其计算公式如下：

$$销售收入增长率 = \frac{本年销售收入增长额}{上年销售收入} \times 100\%$$

2. 非财务指标

非财务指标是一个外延很大的概念，包括企业生产、营销、研发、人力资源等各方面与企业经营相关的信息。要注意的是非财务指标并不等同于定性指标，事实上，非财务指标既有定性指标，又有定量指标。企业在制定非财务指标时，要根据企业自身具体的情况和需求来选择适当的指标。企业可以通过价值相关分析，根据对企业价值贡献的多少，确定对企业战略及具体生产经营有重要影响的各种非财务指标来构建非财务评价体系。

下面介绍几种比较典型的非财务指标。

（1）市场占有率

市场占有率是商品销售收入占该种商品市场总额的比例，反映的是企业在市场上的竞争地位和盈利能力。其计算公式如下：

$$市场占有率 = \frac{本企业某种商品销售额}{该种商品市场总额} \times 100\%$$

市场占有率衡量的主要是企业对市场的控制程度和客户对该企业的满意程度。一般来说，该指标越大，说明企业对市场的控制力越大，竞争能力越强。但要注意的是，市场占有率高并不意味着利润就一定高，因此，在分析市场占有率时，还要考虑市场竞争程度、市场容量、销售利润率等因素的影响。

（2）顾客满意度

顾客满意度衡量的是企业的商品或者服务在多大程度上能够达到顾客的心理预期。大量实证研究表明，顾客满意度与企业绩效正相关。评价顾客满意度的方法主要有问卷调查、访谈、电话访问等形式。除以上方法，还可以通过具体的指标来衡量，比如产品交货及时率、客户保持率、客户获得率、客户盈利率等。这些指标的计算公式如下：

$$产品交货及时率 = \frac{本期产品及时交货的次数}{本期产品交货的总次数} \times 100\%$$

$$客户保持率 = \frac{企业期末客户数 - 企业本期新增客户数}{企业期初客户数} \times 100\%$$

$$客户获得率 = \frac{企业本期新增客户数}{企业期初客户数} \times 100\%$$

$$客户盈利率 = \frac{某客户的净利润}{该客户的服务成本} \times 100\%$$

（3）学习与创新绩效

现代企业要在竞争中立于不败之地，必须不断创新和积累知识，这就要求管理人员和员工不断学习新的知识和技术。企业应该建立起有效的信息系统以及时获取信息，并建立良好的激励机制以激发全体员工的积极性。用于衡量企业学习与创新绩效的具体指标包括员工培训费用比、员工培训率、研发费用率等。这些指标的计算公式如下：

$$员工培训费用比=\frac{员工培训费用}{销售收入}\times100\%$$

$$员工培训率=\frac{培训员工数量}{员工总人数}\times100\%$$

$$研发费用率=\frac{研发费用}{销售收入}\times100\%$$

（二）建立预算考评机构

预算考评机构隶属于企业预算管理委员会直接领导，组成人员应以预算管理部门和人力资源部门的职能人员为主，抽调审计、财务、技术、质保等职能部门的专业人员参与。同时，要针对不同层次的责任中心，建立相应层次的预算考评机构。

预算考评机构的人员分工如下：审计人员考核财务指标完成情况；财务人员考核财务基础管理工作，提供预算执行情况表，组织进行预算差异分析、找出原因、落实责任归属，提出对全面预算执行的相关责任部门的考核意见，也可解释个别指标的调整原因等；人力资源部门人员将全面预算管理体系的考核内容纳入绩效考核内容，根据全面预算管理的考核意见，对相关责任人实施奖惩，考核工资和奖金等报酬性支出兑现情况；业务管理人员考核公司基础管理情况，如业务量指标等。

预算考评机构的主要职责：一是检查、核实预算制定和各业务部门预算执行、调整情况；二是收集、评价有关已执行预算的业务部门的经济运行情况，为下一年制定预算提出建议或意见，以促进预算的持续改进；三是对全面预算方案进行评价，为企业实施奖惩提供依据。

（三）完善考评方法和制度，下发考评通知

预算考评机构要负责制定详细的考评实施办法，使其具有可操作性，以便在预算期间结束后对各预算责任单位、部门或人员进行考核。同时需要不断完善预算编制考评制度、预算执行考评制度、预算控制考评制度、预算核算考评制度、预算分析考评制度、预算考核指标选用制度等相关考评制度。

此外，预算考评机构要以企业的名义下发考核通知，通知中应包括各个单位（部门）的具体考核时间、考核要求、需提供的资料及考核人员的分工。

（四）收集考评所需信息

在一个预算期间结束后，各预算考评主体首先要收集考评相关的各种资料。预算考评所需资料包括内部资料和外部资料两个方面。内部资料主要是有关预算目标及其执行情况的资料，用以确定预算差异；外部资料包括影响预算执行结果的有关外部因素的变动信息和相应外部市场的可比信息，用以进行差异原因分析。对预算的考核与评价，必须建立在充分、准确的资料基础之上。

（五）比较预算与实际执行情况，确定预算差异

根据实际情况与预算的差异性质不同，差异分为有利差异和不利差异。一般来说，有利差异就是指实际情况优于预算目标的差异额，比如实际收入高于预算收入，或者实际成本低于预算成本等；而不利差异则相反，比如实际收入低于预算收入，或者实际成本费用超出预算额度等。

预算考评的目的之一就是消除不利差异，确保预算目标的实现，因此，比较、确定差异是预算考评的首要工作，它可以帮助掌握差异形成的具体原因和追踪责任主体的责任，以便采取相应的措施，消除不利差异，扩大有利差异，提高企业经济效益。

（六）分析差异原因，明确相关经济责任

对预算执行结果的实际差异的分析应侧重于对重点差异的分析，遵循重要性的原则，针对不利差异和有利差异分析原因，明确应负责的责任单位或者责任人。

（七）撰写预算考评报告，发布考评结果

经过预算考评，预算考评组织需要就考评情况和结果撰写考评报告，报告应肯定成绩、指出问题、找出原因，并为企业实行奖惩提供依据。报告内容主要包括以下两方面：一是预算执行、调整、监控、分析考评指标与考评情况说明；二是预算考评评语，内容包括预算执行业绩、实际表现、优缺点、努力方向等。同时，预算考评完成后，预算管理办公室应及时对预算考评结果进行整理、归档，并上报预算管理委员会，由预算管理委员会进行审批，再将考评结果进行通报。

（八）兑现考评结果，做到有奖有罚

考评结果若不加以运用，不与职员利益、领导升迁相结合，好坏都一样，就难以形成激励，再好的制度也会流于形式。因此，企业必须根据考评结果，对绩效突出的员工进行奖励或对领导进行提拔重用，对绩效不佳的单位（部门）采取下年削减经费预算等处罚措施。

三、企业全面预算考评中常见问题

全面预算管理作为一种先进的企业预算管理方法逐渐被引入中国并取得了较大的成效。但是不少企业的全面预算管理大多还停留于预算的编制层面，在预算执行控制、预算考评方面的应用尚不完善，以下是一些企业实施预算考评管理存在的问题。

（一）预算考评体系不健全

预算管理的落实必须要以完善的绩效考评体系作为制度保证，在预算管理考评的实践中，存在着考评对象不明确、考评周期过长而起不到激励效果、指标设置不合理等问题。如重视财务业绩指标的考评而忽视了非财务业绩指标的考评，无形资产、科研创新的能力、顾客满意度、学习能力等无法得到体现；另外，财务指标评价往往只是静态反映短期财务状况的结果，较少体现企业长期战略指标等，这样的考评指标不仅难以全面而真实地反映企业的经营业绩，而且容易使被考评者产生急功近利的短期行为，容易导致企业在未来的发展中失去活力。

（二）预算考评与工作责权脱钩

由于企业的工作权责划分不清，绩效考评指标体系与工作权责不匹配、不科学，预算目标难以细化到具体职能部门，更不用说可以做到"人人头上有指标"。最终预算考评只能流于形式，难以发挥作用，反而损害员工的工作积极性，阻碍了整个预算管理的有效执行，影响了预算的约束作用和激励作用。

（三）预算考评没有与业绩薪酬计算体系很好结合

不少企业缺乏与绩效考评相关的奖励与处罚机制，没有将绩效考评与薪酬管理等有效挂钩，未能真正将预算考评结果与绩效工资或奖金挂钩，使得预算考评与业绩薪酬考评成为"两张皮"。如果企业不能利用企业的薪酬体系以及晋升机制来引导员工积极主动地参与到预算管理绩效考评工作、让员工主动遵守企业财务规章制度、落实企业预算管理方案，这个就严重削弱了预算应有的强制性与严肃性，企业的战略目标也难以得到很好的实现。

【案例 7-16】D 公司的预算考评管理办法。

预算考评管理办法

公司的预算考评由预算管理办公室组织，以正式下达的预算目标责任书为标准，以预算管理委员会审定的预算执行分析报告为依据，坚持公开、公平、公正的原则。

1. 预算考评期及考评次数

预算管理按月度实施监控、按季度进行考评，每季度第一个月的 15 日前完成上季度考评，考评成绩作为专项考评内容纳入部门绩效考评结果。

2. 预算考评的依据

（1）事业部下达的年度预算指标和月度分解指标；

（2）事业部预算管理委员会的预算调整通知书；

（3）财务月度报表、决算报表和统计月报、年报；

（4）预算管理办公室编制的各部门预算执行进度表、预算执行结果分析报告。

3. 预算考评的内容与要求

预算考评实行分级考评。预算管理办公室负责部门一级预算责任主体的考评，部门一级预算责任主体负责内部二级责任单位的考评。

各部门预算考评指标为 KPI 考评以外的各项预算指标，主要为各部门运行费用情况，预算考评指标在部门经营责任书或预算目标责任书中列明。各部门要根据预算管理的需要，参照事业部预算考评指标制定内部考评指标，作为内部考评的标准。

预算的各项费用实行总额控制，分项累计考评，部门运行费用超标或节约，根据确认后的结果进行奖罚，预算执行结果与奖罚分数的对应关系见表 7-11。

表 7-11　预算执行结果与奖罚分数的对应关系

预算执行结果范围与评价标准		奖罚分数
考评项目实际值/考评项目预算数>1.1	结合各部门的工作计划与实际执行进度情况	每超过 10 个百分点扣罚部门绩效分 2 分
0.9≤考评项目实际值/考评项目预算数≤1.1		不予奖罚
考评项目实际值/考评项目预算数＜0.9		每低于 10 个百分点奖励部门绩效分 1 分

4. 预算考评程序（见表 7-12）

表 7-12　预算考评程序及说明

程序	说明	责任人
确认预算执行结果数据	财务管理部每月 8 日前提交各部门的费用台账至该部门指定的费用管理员，费用管理员核对后应在 10 日前将意见反馈至财务管理部，费用管理员对差异进行解释	财务管理部 各部门费用管理员
编制预算执行情况分析报告	财务管理部于每月 15 日前编制当月预算执行情况，并就异常情况与各部门进行沟通确认后，将双方均无异议的预算执行进度表（含差异分析）于 20 日之前提交给预算管理办公室。预算管理办公室在此基础上编制预算执行分析报告	财务管理部 预算管理办公室
预算考核评分	预算管理办公室根据财务管理部提交的预算执行进度表对公司当期整体预算执行情况做出评价，并对各部门进行预算专项考评打分	预算管理办公室
结果运用	预算管理办公室将打分结果纳入绩效考评之内，一同报批	预算管理办公室

总之，预算分析与评价不是单纯分析、评价预算执行数字的正负差，更重要的是深入业务层面分析、评价相关工作情况。唯有如此，预算管理才能完整实现其管理职能。

本章小结

本章分别对企业全面预算的分析和考评进行了整体的阐述。首先，介绍了企业全面预算分析常使用的方法，包括定量分析和定性分析；说明了预算分析的具体程序和预算分析报告应该包括的内容；详细分析了如何分析销售收入预算、成本预算、销售费用预算、管理费用预算和利润预算的差异、具体存在的问题和原因。然后，介绍了企业全面预算考评的内容、具体程序和几种常用的财务指标和非财务指标。最后，还分别说明了企业全面预算分析和预算考评中常见的问题。通过上述学习，说明企业全面预算分析和考评的重要性，让大家认识到在企业预算管理的实践中，为发挥预算的作用、体现预算管理的权威性，必须对预算执行结果进行跟踪、分析和考核，实现责、权、利的统一，才能进一步促进企业整体目标的实现。

练习题

一、单项选择题

1. 狭义的预算分析是指（　　　　　）。

    A. 事前分析　　　　　B. 事中分析　　　　　C. 事后分析　　　　　D. 定量分析

2. 针对（　　　　　），企业的预算管理部门应充分分析产生的原因，并提出相应解决措施或建议。

    A. 预算执行情况分析　　　　　　　　B. 预算执行报告

    C. 预算执行的差异　　　　　　　　　D. 预算指标完成情况

3. 下列属于营运能力指标的是（　　　　　）。

　　A. 总资产周转率　　　　　　　　　　B. 全部资产现金回收率

　　C. 销售毛利率　　　　　　　　　　　D. 销售净利率

4. 下列不属于偿债能力指标的是（　　　　　）。

　　A. 资产负债率　　　　　　　　　　　B. 产权比率

　　C. 净资产收益率　　　　　　　　　　D. 权益乘数

5. 使用三因素分析法分析固定制造费用差异时，固定制造费用的效率差异反映（　　　　　）。

　　A. 实际耗费与预算金额的差异

　　B. 实际工时脱离生产能力形成的差异

　　C. 实际工时脱离实际产量预算工时形成的差异

　　D. 实际产量预算工时脱离生产能力形成的差异

6. 公司生产单一产品，每件产品的预算工时为 3 小时，固定制造费用的预算成本为 6 元，企业生产能力为每月生产产品 400 件。7 月份公司实际生产产品为 350 件，发生固定制造成本 2 250 元，实际工时 1 100 小时。根据上述数据计算，7 月份公司固定制造费用效率差异为（　　　　　）元。

　　A. 100　　　　　　　B. 150　　　　　　　C. 200　　　　　　　D. 300

7. 企业进行固定制造费用差异分析时可以使用三因素分析法。下列关于三因素分析法的说法中，正确的是（　　　　　）。

　　A. 固定制造费用耗费差异＝固定制造费用预算成本-固定制造费用实际成本

　　B. 固定制造费用闲置能量差异＝（生产能力-实际工时）×固定制造费用预算分配率

　　C. 固定制造费用效率差异＝（实际工时-预算产量标准工时）×固定制造费用预算分配率

　　D. 三因素分析法中的闲置能量差异与二因素分析法中的能量差异相同

8. 下列选项中，属于企业预算考评中采用的非财务指标是（　　　　　）。

　　A. 总资产周转率　　　　　　　　　　B. 客户满意度

　　C. 资产负债率　　　　　　　　　　　D. 销售利润率

9. 下列选项中，属于企业预算考评中采用的财务指标是（　　　　　）。

　　A. 员工培训率　　　　　　　　　　　B. 客户满意度

　　C. 资产负债率　　　　　　　　　　　D. 市场占有率

10. 下列变动成本差异中，无法从生产过程的分析中找出产生原因的是（　　　　　）。

　　A. 变动制造费用效率差异　　　　　　B. 变动制造费用耗费差异

　　C. 材料价格差异　　　　　　　　　　D. 直接人工效率差异

二、多项选择题

1. 下列选项中，属于企业全面预算分析的方法是（　　　　　）。

　　A. 因素分析法　　　B. 比率分析法　　　C. 比较分析法　　　D. 定性分析法

2. 产品成本预算差异分析的内容有（　　　　　）。

　　A. 直接材料成本差异分析　　　　　　B. 直接人工成本差异分析

　　C. 制造费用成本差异分析　　　　　　D. 管理费用差异分析

3. 下列选项中，属于企业预算考评中采用的几类财务指标是（　　　　）。

　　A. 偿债能力指标　　　　　　　　B. 盈利能力指标

　　C. 营运能力指标　　　　　　　　D. 发展趋势指标

4. 下列各项原因中，属于材料价格差异形成原因的有（　　　　）。

　　A. 材料运输保险费率提高　　　　B. 运输过程中的损耗增加

　　C. 加工过程中的损耗增加　　　　D. 储存过程中的损耗增加

5. 某公司本月生产产品 400 件，使用材料 2 500 千克，材料单价为 0.55 元/千克；直接材料的单位产品预算成本为 3 元，即每件产品耗用 6 千克直接材料，每千克材料的预算价格为 0.5 元。实际工时为 700 小时，实际工资为 3 000 元，直接人工的预算成本为 10 元/件，即每件产品预算工时为 2 小时，预算工资率为 5 元/小时。则下列说法中正确的是（　　　　）。

　　A. 直接材料数量差异为 50 元　　　　B. 直接材料价格差异为 125 元

　　C. 直接人工工资率差异为-500 元　　　D. 直接人工效率差异为 500 元

6. 某产品的单位产品预算成本为：工时消耗 3 小时，变动制造费用每小时分配率为 5 元，固定制造费用每小时分配率为 2 元，本月生产产品 500 件，实际使用工时 1 400 小时，生产能力为 1 620 小时，实际发生变动制造费用 7 700 元，实际发生固定制造费用 3 500 元。则下列有关制造费用差异的计算中，正确的有（　　　　）。

　　A. 变动制造费用耗费差异为 700 元

　　B. 变动制造费用效率差异为-500 元

　　C. 固定制造费用耗费差异为 260 元

　　D. 固定制造费用闲置能量差异为 240 元

7. 产生直接人工工资率差异的原因主要有（　　　　）。

　　A. 企业工资的调整、工资等级的变更

　　B. 奖金和津贴的变更

　　C. 新工人上岗太多

　　D. 作业计划安排不当

8. 下列选项中，属于企业预算考评中采用的非财务指标是（　　　　）。

　　A. 市场占有率　　　　　　　　　B. 客户满意度

　　C. 资产负债率　　　　　　　　　D. 员工培训率

三、简答题

1. 什么是企业全面预算分析？它包括哪些步骤？

2. 简述企业全面预算分析常见的几种方法。

3. 企业全面预算分析的具体内容包括哪些？

4. 造成销售收入预算差异的因素有哪些？

5. 造成直接材料预算差异的因素有哪些？

6. 造成直接人工预算差异的因素有哪些？

7. 简述利润差异分析包括的内容。

8. 简述企业全面预算考评的程序。

四、计算分析题

蓝天服装厂对各项产品均建立标准成本制度，本年度男式衬衫每件的标准成本及实际成本的资料如下：

项目	预算			实际		
	用量	单位成本	金额	用量	单位成本	金额
直接材料	4 米	2.1 元/米	8.4 元	4.4 米	2 元/米	8.8 元
直接人工	1.6 工时	4.5 元/小时	7.2 元	1.4 工时	4.85 元/小时	6.79 元
变动性制造费用	1.6 工时	1.8 元/小时	2.88 元	1.4 工时	2.15 元/小时	3.01 元
合计			18.48 元			18.6 元

假定该厂在本会计期间共生产衬衫 4 800 件，没有原材料存货及在产品存货，其成本差异总额为 576 元。

要求：分析上述成本差异 576 元的构成情况。

第三篇　个人全面预算管理

第八章　个人收入和融资全面预算管理

对个人收入进行分析和合理规划，能够为个人后续的支出规划和投资规划奠定基础。按照收入来源不同，个人收入主要分为工作收入、理财收入和债务收入三种类型。其中，工作收入主要依靠人力资本创造，相对稳定，但是也存在失业和丧失劳力的风险。理财收入随着金融环境变化而变化，因此风险性较大。债务收入则是以负债为前提获得的，需要以承担债务成本为代价。

在我国，个人主要可以通过银行提供的多种形式的贷款进行融资。个人在购买汽车和住房时可以通过抵押的方式获得贷款。个人如果有短期资金需求时，可以质押自己拥有的票据，如凭证式国债、存单或者具有现金价值的保单获得短期融资。如果没有合格的抵押品或质押品，个人还可以通过信用贷款获得资金，主要有信用卡融资和小额短期信用贷款两种方式。除了从银行获得贷款，个人还可以通过典当融资，或者通过新兴的 P2P（peer-to-peer，个人对个人，又称点对点网络借款）网络平台进行融资，但需要注意的是，这两种方式虽然放贷速度快，程序简单，但融资成本相对较高。个人应该根据自己的资金需求和财务状况进行合理的贷款管理。

住房作为一项大额支出，尤其需要个人进行审慎规划。个人在进行居住规划时，应该根据居住需求和财务能力对比租房和卖房两种方式哪种更适合自己，可以采用的分析工具有年成本法和净现值法两种。一旦选定买房这一方案后，就需要进行合理的买房规划。一方面，应该根据自己的买房目标进行筹资规划，确定买房前后的储蓄率，在规划时，不仅要考虑房款还需要考虑买房涉及的税费、装修等费用。另一方面，在公积金贷款、商业贷款和组合贷款三种方式中选择合适的贷款方式，并且根据自己所处的生命阶段和财务状况选择还款方式是等额本息，还是等额本金。

第一节　个人收入

个人收入是进行个人预算管理的基础，不同类型和数量能够反映个人的融资能力和财务情况。个人资产的形成则是个人收入累积的结果。对个人收入进行记录和规划，最直接的作用就是能够掌握收入的具体情况，既了解总体收入情况，也明确收入的不同类型，为后续的支出规划和投资规划奠定基础。只有了解了个人收入有多少，才能进行合理的消费和购房规划，比如能承受多少房贷需要视个人每月的收入情况而定。通常，个人收入项目相对简单，但内容却十分丰富。按照收入来源不同，个人收入主要分为工作收入、理财收入和债务收入三种类型。

一、工作收入

工作收入反映了个人通过日常工作所获得的现金流。大多数人的工作收入主要来自于如工资、奖金等。这一收入类型构成了个人的日常主要收入，资金流相对稳定，变动不大。此外，赡养费和兼职收入等其他收入从稳定性上看与工作收入类似，也可归入此类。

具体来看，工作收入包括工资（含固定的津贴和补贴）、奖金（含年终加薪和劳动分红）、退休金和其他工薪所得四类。工资和奖金是工作或服务于公司、工厂、行政单位、事业单位的个人所获得的工作收入的主要表现形式。当个人退休之后，工资和奖金就表现为所领取的退休金。

根据工作性质不同，有些个人的工作收入也可能表现为劳务报酬所得和稿酬所得。

二、理财收入

投资是个人资产保值增值的手段。根据个人投资标的类型不同，理财收入包括以下几类。

其一，将资产以存款形式存在，或者直接发放贷款形式存在，所获得的各种存贷款利息，如存款利息、放贷利息及其他利息。

其二，当个人将资产投资于具体的实体项目时，所获得的经营性投资收益，如租赁收入、分红、资本收益及其他投资经营所得。

其三，个人将资产投资于金融产品时获得的投资收益，如购买保险获得的保险金，投资于债券、股票、基金、外汇等金融产品获得的股利、资本利得等收益。

其四，投资房产时获得的收益，如房屋租金、房地产转让所得。此外，个人所拥有的知识产权在转让或者进行特许使用时也可以获得收益。

三、债务收入

个人通过抵押或信用贷款等方式从银行或其他机构借入的资金即为债务收入。其包括借入款、资产变现、债券回收款等。一般而言，筹资得来的资金越多，个人面临的偿债压力也越大。

此外，个人的收入还可能来源于接受资助和馈赠、遗产继承等，也可能存在中奖、礼金等偶然收入。

综上，个人收入的几种类型对比如表8-1所示。

表8-1　个人收入项目

收入类型	具体项目	特点
工作收入	工资、奖金、补贴等	资金流稳定
理财收入	利息、租金、股利、资本利得、经营性收入等	风险性大
债务收入	借入款、资产变现等	对应偿债压力
其他收入	资助与捐赠、遗产继承、中奖等	偶然性大、不稳定

比较个人的上述三种收入来源，分别计算工作收入、理财收入和债务收入占总收入的比重，可以了解个人收入的构成。不同的收入来源结构决定了个人收入的稳定性和成长性。通过表 8-1 对比可以发现。

第一类工作收入主要依靠人力资本创造，相对稳定。一般而言，工作收入占比重较大的话，个人财务状况良好、财务风险较低，收入结构较为合理。但是也存在失业和丧失劳动力的风险。在此，通过计算个人的支出中非工作收入所占的比重，可以判断个人的财务自由度。其公式为：

个人财务自由度＝非工作收入÷年支出×100%

如果个人每年的支出中非工作收入所占比重越大，说明个人依靠租金、红利、投资收益等非工资性收入就能够应付日常的开销，那么个人对工资的依赖程度越小，财务自由度越大。这意味着个人无论退休还是失业，都不会对家庭生活带来太大的负面影响。

第二类理财收入主要是由个人已有的资产或金钱衍生出来，通常随着金融环境变化而变化，因此风险性较大。而第三类债务收入则是以负债为前提获得的，需要以承担债务成本为代价。

个人在进行收入规划时，可以计算各类收入占总收入的比重，了解自身收入的特征，根据自己所处的生命阶段，了解收入方面存在的问题，找到改善的方法。比如，刚刚工作的毕业生只有工作收入，理财收入很少，退休阶段的个人几乎没有工作收入，主要依靠退休金和理财收入。对于工作一段时间的个人而言，应该注重理财收入对工作收入的补充，不同收入类型的比重变化一定程度上可以预示个人未来的财务状况。

第二节　个人贷款管理

在实际生活中，人们在对自己的财富进行管理时，往往十分注重对自己拥有的资产的管理和运用，容易忽略通过贷款进行负债管理。实际上，个人或家庭可能会面临预料之外的大额支出，而自己持有的现金一时间又不足以应付这些支出，紧急变现某些流动性相对较差的资产又会造成较大的损失。此时，个人应该学会利用一些短期的融资工具获得资金。

银行是提供个人贷款的主要机构，为满足日益增多的个人融资需求提供了十分丰富的融资产品，也就是贷款产品。银行针对个人提供的用于消费的贷款主要用于消费者购买耐用消费品、房屋和其他商品或劳务。按照贷款担保条件不同，银行贷款可分为商品抵押贷款、票据质押贷款、信用贷款等。除银行之外，个人还可以通过典当机构获得贷款。随着互联网金融的兴起，个人也可以通过各种 P2P 平台进行融资。概括来看，个人进行贷款管理的方式如图 8-1 所示。下面将对每一种方式的特点以及个人如何根据自身需求采用某一方式进行详细分析。

一、商品抵押贷款

（一）汽车贷款

汽车贷款是指金融机构向个人发放的用于购买汽车的人民币担保贷款。银行是提供汽车贷款的主要金融机构，根据各家银行的规定，汽车贷款需要以质押、抵押或者第三方担保等方式提供贷款担保，是典型的商品抵押贷款。

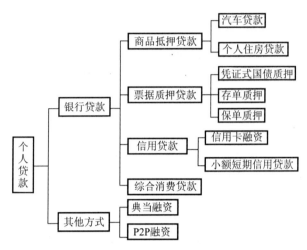

图 8-1　个人贷款管理方式

个人购买汽车时，如果暂时资金不足，可以向商业银行申请个人汽车贷款。不同银行的个人汽车贷款服务虽略有不同，但并无本质差别。具体来看有如下几个方面。

一是贷款额度上，所购车辆为自用车的，贷款金额不超过所购汽车价格的 80%；所购车辆为商用车的，贷款金额不超过所购汽车价格的 70%，其中，商用载货车贷款金额不超过所购汽车价格的 60%；所购车辆为二手车的，贷款金额不超过所购汽车价格的 50%。

二是贷款期限上，所购车辆为自用车，最长贷款期限不超过 5 年；所购车辆为商用车，贷款期限不超过 3 年；二手车的贷款期限最长不得超过 3 年。

三是贷款利率上，按照商业银行的贷款利率规定执行，因此各家银行并不相同，需要进行比较，才能得出最优惠的利率。

四是还款方式上，贷款期限在一年以内的，可以采取按月还息任意还本法、等额本息还款法、等额本金还款法、一次性还本付息还款法等方式。贷款期限在一年以上的，可采取等额本息、等额本金还款法。具体还款方式由经办行与借款人协商并在借款合同中约定。

五是担保方式上，借款人必须提供一定的担保措施，可以选择纯车辆抵押、车辆抵押+担保机构、车辆抵押+自然人担保以及车辆抵押+履约保证保险，购车人也可以提供房地产抵押担保；提供本外币定期存单、国债、人民币理财产品质押；或者银行认可的担保方式（如汽车经销商保证）。

除银行之外，个人还可以通过汽车金融公司和小额贷款公司获得汽车贷款。这两种方式相比银行提供的汽车贷款，贷款利率稍高，但程序简单，审核时间短，需要提交的材料少，十分方便快捷。

通过汽车金融公司贷款买车，除了方便快捷以外，申请门槛还不高，只要个人具有一定的还款能力并且支付了贷款首付，就能够申请到贷款。不过也需要注意，汽车金融公司贷款买车，贷款成本通常比较高，一般除了需要支付贷款利息费外，还有手续费等一系列的费用产生。而通过小贷公司贷款买车，门槛不高，车型选择不受限制，费率相对银行高一些。贷款方式和还款方式较灵活，审批相对银行来说稍快。

（二）个人住房贷款

个人住房贷款是指银行向借款人发放的用于购买自用普通住房的贷款。借款人申请个人住房贷款时必须提供担保，这也是典型的商品抵押贷款。具体内容将在本章的第二节买房融资全面预算中进行介绍，在此并不赘述。

二、票据质押贷款

票据质押贷款是指票据持有人通过将未到期的票据质押给银行，以取得资金的贷款方式。个人在进行融资管理时，也可以通过将自己持有的票据进行票据质押贷款获得贷款。其中，可质押的票据包括凭证式国债、存单、人寿保险单以及个人外汇买卖资金等。这一融资方式手续简便，贷款额度比较高，而且办理时间短，能够快速获得贷款资金，适用于解决个人短期资金短缺问题。根据质押票据不同，票据质押贷款主要存在以下三种形式。

（一）凭证式国债质押贷款

凭证式国债质押贷款是指借款人以未到期的凭证式国债做质押，从商业银行取得人民币贷款，到期归还贷款本息的一种贷款业务。其中的凭证式国债，是指 1999 年后（含 1999年）由财政部发行，各承销银行以"中华人民共和国凭证式国债收款凭证"方式销售的国债，不包括 1999 年以前发行的凭证式国债。

国债质押贷款的金额起点为人民币 5 000 元，每笔贷款金额不超过质押国债面额的90%。贷款期限方面，原则上不超过一年，并且贷款期限不得超过质押国债的到期日，如用不同期限的多张凭证式国债做质押，以距离到期日最近者确定贷款期限。贷款利率方面，按照同期同档次法定贷款利率和有关规定执行：贷款期限不足六个月的，按六个月的法定贷款利率确定，期限在六个月以上一年之内的，按照一年的法定贷款利率确定，贷款期限内，如遇利率调整，贷款利率不变。如果借款人提前还贷，贷款利息按合同利率和实际借款天数计算，另外并按合同规定收取补偿金。凭证式国债质押贷款实行利随本清，贷款逾期一个月以内（含一个月），自逾期之日起，按法定罚息率向借款人计收罚息。

（二）存单质押贷款

个人在银行存入定期存款之后，如果遇到急需用钱的情况时，不一定非要将定期存款取出来，可以将存单质押给银行，贷一笔钱出来周转，这就是存单质押贷款，是银行提供给存款户短期融资的一种方式。存单质押贷款是指借款人以贷款银行签发的未到期的个人本外币定期储蓄存单（也有银行办理与本行签订有保证承诺协议的其他金融机构开具的存单的抵押贷款）做质押，从贷款银行取得一定金额贷款，并按期归还贷款本息的一种信用业务。

存单质押贷款从贷款期限上看，最长不超过一年或存单的到期日。从贷款额度上看，起点一般为 5 000 元，每笔贷款不超过存单质押价值的 90%，最高可达质押价值的 95%。从贷款利率上看，按照中国人民银行规定的同期同档次贷款利率执行，可视借款人情况最多下浮 10%。贷款到期后，可用现金或在银行的存款偿还贷款本息。经银行同意，借款人可提前归还贷款本息，提前还款按原借贷双方的质押贷款合同约定利率和实际借款天数计息。

个人可以通过多家商业银行办理存单质押贷款业务，手续简便，只需要向开户行提交本人名下的定期存单及身份证，就可提出贷款申请。经银行审查后，双方签订合同，借款人需要将存单交由银行保管或由银行冻结存款账户，即可获得贷款。如果手续齐备，当天就可以拿到贷款，不需要任何手续费。因此，存单质押贷款适用于短期、临时性的资金需求。

（三）保单质押贷款

保单质押贷款是保单所有者以保单作为质押物，根据保单现金价值，获得一定比例的短期资金。质押期间，保单仍然继续维持保险合同的效力，按照合同约定保障投保人的权益。这一融资方式存在以下两种模式。

一是投保人将保单直接质押给保险公司，从保险公司获得贷款。如果借款人到期不能偿还债务，当贷款本息达到退保金额时，保险公司有权终止保险合同。

二是投保人将保单质押给银行，由银行贷款给借款人，当借款人无法偿还债务时，银行可以根据保险合同由保险公司偿还贷款本息。

第一种模式下，保险公司提供的贷款期限短，一般不超过六个月，最高贷款额不超过保单现金价值的70%～80%。而在第二种模式下，银行提供的保单质押贷款，在额度、期限和贷款利率方面都比前者更为优惠。借款人最多可以获得质押保单现金价值的90%的贷款额度，期限也相对较长，最长可达5年，并且可以享受贷款额度授信的便利，在授信额度内循环使用贷款。但是一般要求做质押的保单必须是该银行代理的险种。综上，我们可以发现这两种模式各有利弊，保险公司提供的贷款额度有限，期限较短，但手续便捷；银行的贷款额度略高，贷款期限较长，但手续烦琐。

个人在选择这一方式进行融资时，需要注意并非所有的保单都可以质押，能够进行质押的保单本身必须具有现金价值。人身保险中一类为损失补偿性合同，如医疗保险和意外伤害保险，与财产保险合同一样，没有现金价值，因此不能作为质押物。而另一类具有储蓄性质，如人寿保险、分红险以及养老保险、年金险等，只要投保人缴纳保费超过一年，就具有了一定的现金价值，个人就可以根据现金价值进行贷款融资。

三、信用贷款

信用贷款是近年来出现的一种无抵押、无担保的贷款品种。这种贷款是以个人信用记录为贷款依据。个人如果资信良好，拥有稳定的工作和收入，就可以向银行或其他金融机构申请无须提供担保和抵押的贷款。但是需注意的是，个人信用贷款虽然不需要抵押和担保，并不意味着借款人无须承担任何责任。如果个人拖欠信用贷款的话，会给个人的信用记录留下污点，从而影响其他金融服务的获得。信用贷款主要有以下两种形式。

（一）信用卡融资

信用卡是商业银行面向个人发行的，可以用于消费或取现的信用凭证，持卡人可以先消费后还款，享有免息还款期。实质上，信用卡是一种消费贷款，个人向发卡机构申请信用额度之后，可以在该额度内消费或者提取现金（提现金额为信用额度的50%），偿还时可以选择全额偿还还是部分还款。可以发现，信用卡是个人进行短期融资的十分便捷的工具，个人在利用信用卡进行融资时需要注意以下几个方面。

首先，信用额度是信用卡融资的最高限额。发卡银行根据持卡人的信用记录和财务能力等因素进行设定，之后会定期调整。

其次，信用卡提供了预借现金功能。预借现金服务是银行为个人提供的小额现金借款，持卡人可以在自动柜员机自由取现。预借现金额度根据持卡人的用卡情况而定，不同银行规定不同。个人通过信用卡取现的方式融资虽然方便，但费用较高。预借现金与刷卡消费不同，不享受免息还款待遇，而是需要在银行记账日起至清偿日按日利率 0.05%支付利息，按月计复利，同时个人还需要承担手续费，为每笔预借现金的 3%，最低收费额为每笔 30元。可见，个人通过这一方式获取现金的成本较高，仅适用于个人有现金紧急需要的情况。

最后，利用信用卡进行消费是一定期限内的免费融资。个人在利用信用卡购买商品之后，可以在银行规定的免息还款期内享受免息待遇。免息还款期是指针对消费交易，对按期全额还款的持卡人提供的免息待遇，免息时间为银行记账日至还款日期间，最长 50 天，最短 20 天。

【案例 8-1】假设李先生的账单日为每月 7 日，则到期还款日为每月 27 日。若李先生4 月 8 日消费 1 笔且当天入账，到期还款日为账单日（5 月 7 日）后 20 天，该笔消费免息期为 50 天（4/8—5/27）；若李先生 4 月 18 日消费 1 笔且当天入账，到期还款日为账单日（5 月 7 日）后 20 天，该笔消费免息期为 40 天（4/18—5/27）；若李先生 5 月 7 日消费 1 笔且当天入账，到期还款日为账单日后 20 天，该笔消费免息期为 20 天（5/7—5/27）。

需要注意的是，享受免息待遇的前提是个人在免息还款期内全额偿还账单上的欠款。反之，如果个人并未还清账单上的全部欠款，就不能享受免息待遇，需要对所有消费金额支付利息。计算方法是：计息本金为账单内每笔消费金额，计息天数为每笔消费的记账日至该笔账款的清偿日，利率为 0.05%的日利率，这一利息被称为循环利息。而如果个人在到期还款日之前偿还的金额还不足最低还款额，除了支付循环利息外，还需要对低还款额未还部分缴纳 5%的滞纳金。

【案例 8-2】李先生的账单日为每月 7 日，到期还款日为每月 27 日。如果李先生在 4月 7 日至 5 月 7 日的账单期内，只进行了一笔消费——于 5 月 1 日消费了 1 000 元，且在当日计入账单，那么李先生的本期账单中"应还金额"为 1 000 元，"最低还款额"为 100元。分析下面两种情况：如果李先生于 5 月 27 日全额偿还了 1 000 元，他需要支付的利息是多少？如果李先生于 5 月 27 日只偿还了最低还款额 100 元，剩余的 900 元于 5 月 30 日偿还，他需要支付的利息是多少？

按照信用卡免息待遇的规定，在第一种情况下，李先生可以享受免息待遇，无须缴纳利息。而在第二种情况下，李先生不能享受免息待遇，必须按日利率 0.05%支付利息，计息期为账单日 5 月 1 日至偿还日 5 月 30 日，共 30 天，那么李先生需要支付的利息为1 000×0.05%×30＝15 元，这一利息于 5 月 30 日计入 5 月 7 日至 6 月 7 日的账单，需要于 6 月 27 日前还清。

可见，个人利用信用卡进行消费，相当于从银行获得了按日计息的小额、无担保贷款，而一旦个人无法全额还款时，需要对所有消费金额，并非只对未偿还部分收取利息，按年计算，信用卡的循环利率高达 18%，贷款成本相比其他融资方式十分昂贵。作为个人应该尽量避免产生这一利息支出。2014 年中国银行业协会公布了修订之后的《中国银行卡行业自律公约》，于当年 7 月 1 日起正式执行，这一公约为国内的信用卡使用者亮起容差容时的还款绿灯，欠款 3 天以内、金额少于 10 元的即视为按时还款。这虽然降低了个人由于偶然因素少还或拖延还款从而遭受全额罚息的概率，但全额罚息的规定仍被视为银行单方面的霸王条款，而饱受诟病。

（二）个人小额短期信用贷款

个人小额短期信用贷款是指银行为解决借款人临时性的消费需要发放的期限在 1 年以内、金额在 2 万元以下、无须提供担保的人民币信用贷款。从贷款金额上看，个人综合消费贷款额起点为 2 000 元，最高不超过借款人月工资性收入的 6 倍，且存在上限不超过 2 万元。虽然不需要担保或抵押，但仍需要借款人具有稳定的职业和收入，信用良好，具有偿还贷款本息的能力。综合来看，个人小额短期信用贷款程序简单、放贷过程快、手续简便，但同时也存在贷款期限短，金额较低的缺陷。

四、个人综合消费贷款

个人综合消费贷款是指银行向个人发放的、用于借款人本人及其家庭旅游消费、装修及其他制定消费用途的人民币担保贷款。它可以有抵押物，也可以信用作为担保。

具体来看，贷款额度上，由银行根据借款人资信状况及所提供的担保情况确定具体贷款额度，借款金额在 2 000 元至 50 万元。以个人住房抵押的，贷款金额最高不超过抵押物评估价值的 70%；以个人商用房抵押的，贷款金额最高不超过抵押物评估价值的 60%。贷款期限上，最长不超过 5 年，对贷款用途为医疗和留学的，期限最长可为 8 年（含）。贷款利率上，按照中国人民银行规定的同期同档次期限利率执行。

五、银行贷款之外的融资方式

个人想要获得融资服务时，除了通过银行贷款这一间接融资的方式，还可以通过直接融资方式，如典当融资，或者直接通过 P2P 平台向个人投资者借款等方式进行融资。

（一）典当融资

典当是指个人将其动产、财产权利作为当物抵押或者将其房地产作为当物抵押给典当行，交付一定比例费用，取得当金并在约定期限内支付当金利息、偿还当金、赎回典当物的行为。当物的估价金额和当金的数额由双方协商确定。典当的期限也由双方约定，但最长不得超过 6 个月。

个人采用典当方式融资的成本包括利息和综合费用两部分。其中，典当利率按中国人民银行公布的银行机构 6 个月期法定贷款利率及典当期限折算后执行。此外，典当还需要承担各种费用，典当综合费用包括各种服务及管理费用。根据《典当管理办法》的规定，动产抵押典当的月综合费率不得超过当金的 42‰。房地产抵押典当的月综合费率不得超过当金的 27‰。财产权利质押典当的月综合费率不得超过当金的 24‰。当期不足 5 日的，按 5 日收取有关费用。

【案例 8-3】李先生将自己的汽车质押给典当行融资，假设贷款金额为 100 000 元，期限为 1 个月。银行机构 6 个月的法定贷款利率按月折算，为 7.25‰；约定的典当贷款利率为 7‰，动产质押方式的月综合费率上限为 42‰。如果综合费用采取预扣的方式，李先生融资的实际月息费率是多少？

由于综合费用采取全额预扣的方式，李先生实际得到的贷款为 100 000 元－100 000 元×42‰＝95 800 元。1 个月后，李先生需要归还的贷款金额为 100 000 元＋100 000 元×7‰＝100 700 元。假设李先生融资的实际月息费率是 x，我们可以得到如下公式：95 800 元×（1＋x）＝100 700 元。计算可以得到 x＝51.15‰。

李先生典当融资的实际月息费率为 51.15‰，也就是 5.115%，折算为年利率，即 61.38%。

通过上一案例的分析，可以发现个人从典当行融资的成本比较高，主要原因是综合费用的收取。典当融资的成本也远远高于银行等金融机构。但这并不意味着典当是一个暴利行业，因为典当主要服务中小企业和个人，解决个人的短期资金需要。个人通过典当这一渠道获得资金十分快速便捷，虽然融资成本较高，由于贷款额度小、期限短，实际产生的费用并不高。因此，对于个人而言，采取典当获得的资金只能用于解决燃眉之急，不可作为主要的融资渠道。

（二）P2P 融资

P2P 融资是指个人与个人间的小额借贷交易，一般需要借助电子商务专业网络平台帮助借贷双方确立借贷关系并完成相关交易手续。借款者可自行发布借款信息，包括金额、利息、还款方式和时间，实现自助式借款；借出者根据借款人发布的信息，自行决定借出金额，实现自助式借贷。近年来，我国的 P2P 平台发展迅速，目前网络借贷平台已经超过 2 000 家，为个人融资打开了新的渠道。P2P 方式融资多为短期融资，期限多在 2 年之内，利率由借贷双方商定，由于无抵押，风险较大，利率往往高于银行贷款利率。

P2P 是一个正在兴起的借贷融资平台，立法监管等机制尚不成熟，许多 P2P 平台出现坏账、倒闭或跑路等恶性事件，由于监管机制并不健全，立法约束机制尚不完善，个人通过 P2P 融资存在较大的风险，需要慎重使用。

第三节　买房和为买房融资全面预算

对于许多人而言，房子是一生中支出最大的商品，在进行居住规划时，需要充分考虑自己能够承受的资金压力，避免陷入购房低首付陷阱，一生为还房贷而努力，沦为房奴。因此，在居住规划中，个人首先需要进行买房规划，思考自己的居住需求和承受能力，考虑通过租房还是买房实现居住需求。如果个人选择买房，接下来就需要对买房的不同融资方式进行全面预算，在有限的资金下，合理安排现金流，在完成购房目标的同时，实现资金成本最小化的目的。因此，本节将从个人的买房规划和为买房融资进行全面预算等方面对个人的住房支出进行分析。

一、居住规划

随着时间的推移，个人生活水平和人生阶段发生变化，个人对居住的需求也在悄然改变，如何根据自己的财务情况和居住需求情况，进行合理的居住规划十分重要。居住规划首先需要解决的是通过租房还是买房满足自己的居住需求。一旦决定买房之后，我们就需要进行买房规划，包括买房、换房与房贷规划。居住规划的流程如图 8-2 所示。

具体来看，个人进行居住规划时，首先应根据家庭人口的数量，确定所需的住房面积，根据住房的教育、交通、购物等环境因素，确定所需住房的区域。明确了上述居住需求之后，根据自己的负担能力，综合考虑房租、房价、居住年限和利率水平，做出买房还是租房的决策。一旦决定买房之后，我们就需要进行买房规划，根据住房的总价筹集首付款，并制订合理的贷款计划。

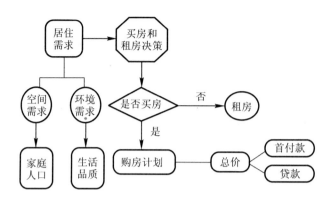

图 8-2 居住规划流程

二、买房与租房决策

尽管大多数人都愿意拥有一套自己的住房，但巨大的购房支出会给人们带来资金压力，实际上，个人想要满足自己的居住需求时，买房和租房两种方式各有利弊，个人需要根据自己的具体情况慎重决策。

（一）买房与租房的优缺点比较

买房的优点主要体现在以下几个方面：首先，从居住功能上看，购买住房之后，获得房屋的所有权，可以自由支配住房，根据喜好装修住房，提高自己的居住质量；其次，从心理上看，人们会从拥有自己的住房中获得归宿感和安全感；再次，从房屋的投资品属性上看，住房具有保值和增值功能，是很好的抵抗通胀的投资资产；最后，从融资功能上看，个人可以在有资金需求时，对住房进行抵押获得资金。

但是相比租房，买房也有许多不利之处：首先，最关键的就是买房的资金压力大，尤其是首付款的筹集，除了购房资金外，还存在各种税款；其次，作为资产住房的流动性较差，并且售房时需要交纳多种税费，还要承担房价下跌的风险；最后，相比租房，买房会失去更换居住地点的灵活性，一旦工作地点变化，就会产生额外的通勤成本。

相比之下，租房的优点主要表现在：资金负担轻，个人资金流动性强；更换居住地点的灵活性；不必承担住房的税收和维修费用；不必承担房价下跌的风险。但租房也有缺点：个人对住房的支配自由度不高，存在非自愿搬离的风险；不太可能根据自己的喜好进行装修，居住品质不高。总结起来，买房和租房的优缺点以及成本收益可以从表 8-2 中得到直观比较。

表 8-2　买房和租房比较

	买房	租房
优点	居住品质高、归属感、保值增值、抵押融资	负担轻、灵活方便、无房价下跌风险
缺点	负担重、缺乏灵活性、流动性差、存在房价下跌风险	不稳定、居住品质差
收益	住房增值、税收优惠	住房占款产生的收益
成本	住房占款、贷款利息、购房税费	房租、押金的机会成本

（二）决策方法

当买房和租房给人们带来的居住效用并没有太大差别时，到底是选择买房还是租房就只需要从成本和收益的角度加以考虑。主要方法有以下两种。

1. 年成本法

这一方法主要通过比较不同方案的年成本大小，以成本最小的方案作为标准，从而做出决策。买房的年成本主要包括住房占款的机会成本、住房贷款的利息成本和买房的年均税费、维修费用等。其中，需要注意的是住房占款并非首付款，而是购房所占用个人的自有资金，不仅包括首付款，还包括偿还住房贷款中的本金部分，随着贷款的偿还，住房占款也逐渐增加。买房也会带来相应的收益，即住房增值的部分，综合考虑，净买房年成本计算公式应为：

买房年成本＝住房占款×存款利率＋贷款余额×贷款利率
＋年均维修及税收费用－房价年涨幅

相比之下，租房的成本较低，主要包括每年的房租和押金的机会成本。因此，租房的年成本计算公式为：

租房年成本＝租房押金×存款利率＋年租金

【案例 8-4】李先生由于工作原因，想要到上海某小区居住，该小区中有一套 80 平方米房子可租可售。选择租住的话，房租为每月 5 000 元，押金为 2 万元。如果购买的话，房子的总价为 200 万，李先生能够支付 100 万的首付款，另外 100 万向建设银行贷款，假设商业贷款利率为 5.15%。另外，该套住房的税费和装修费用按年平摊，每年约为 6 000元。这套房子的价格每年涨幅约为 2%。李先生将资金进行理财的平均收益率为 4%。分析李先生应该如何进行决策。

按照上面的公式，可以得到，李先生选择买房的话：

第一年的年成本＝1 000 000×4%＋1 000 000×5.15%＋6 000－2 000 000×2%＝57 500元

选择租房的话：

年成本＝5 000×12+20 000×4%=60 800 元。

对比年成本，可以发现，选择买房的年成本较低，应该选择买房。

需要注意的是，随着贷款本金的偿还，买房年成本中住房占款逐年上升，而贷款余额逐年下降，且二者的变化大小相同，由于李先生的理财收益率低于贷款利率，那么买房的年成本会逐年下降。因此，居住时间越长，买房的年成本越低，不能仅依据第一年的年成本判断哪种方式成本更低。此外，现实中，合理的买房规划还应考虑未来房租的调整、贷款利率的变动等诸多因素。

2. 净现值法

净现值法是通过将因租房或买房而发生的多期现金流进行折现，而后将多个折现值累加得到现值，现值较高的方案更优。每一期现金流的折现公式如下：

$$NPV=\sum_{t=0}^{n}\frac{CF_t}{(1+i)^t}$$

其中，NPV 是 Net Present Value 的缩写，意为净现值。CF_t 表示第 t 期的现金流，CF

为 Cash Flow 的缩写，意为现金流。i 表示折现率。

【案例 8-5】李先生由于工作原因，想要到上海某小区居住，该小区中有一套 80 平方米房子可租可售。选择租住的话，租期 5 年，房租为每年 60 000 元，年初支付，押金为 20 000 元。如果购买的话，房子的总价为 200 万，李先生能够支付 100 万的首付款，另外 100 万向建设银行贷款，假设商业贷款利率为 5%，贷款年限为 10 年，按照等额本金方式还款。另外，实际中贷款是按月偿还，在此为了简化起见，假设在每年年底偿还本金和利息。假设该套住房的税费和装修费用为 100 000 元，并且 5 年后这套房子的价格会上涨为 230 万。李先生将资金进行理财的平均收益率为 4%。分析李先生应该如何进行决策。

如果李先生选择租房，第一年年初的现金流为 20 000 元押金和 60 000 元房租之和，即-80 000 元。之后每年均为 60 000 元房租，第五年末收回押金 20 000 元。租房与买房的净现金流如表 8-3 所示。

表 8-3　租房与买房的净现金流

	租房现金流	租房净现值	买房现金流	买房净现值
第一年年初	-80 000	-80 000	-1 100 000	-1 100 000
第一年年末	-60 000	-57 692	-150 000	-144 231
第二年年末	-60 000	-55 473	-145 000	-134 061
第三年年末	-60 000	-53 340	-140 000	-124 459
第四年年末	-60 000	-51 288	-135 000	-115 399
第五年年末	20 000	16 439	1 670 000	1 372 618
NPV	—	-281 354	—	-245 532

如果李先生选择买房，第一年年初需支付首付款 1 000 000 元，税费及装修费用为 100 000 元，净现金流为-1 100 000 元；采用等额本金方式还款，每一年年末需要偿还的本金为 100 000 元，而利息则每年随着本金的减少而递减，第一年利息为 1 000 000×5%= 50 000；第二年为（1 000 000-100 000）×5%=45 000；以此类推。因此，第一年末的现金流为-150 000 元；第二年末的现金流为-145 000；第三年末的现金流为-140 000；第四年末为-135 000；第五年末需要偿还剩余的本金 600 000 和利息 30 000，但出售住房可以获得 2 300 000 元的房款，因此，第五年末的现金流为 2 300 000-600 000-30 000= 1 670 000 元。可得，买房的话各年的现金流如表 8-3 所示。

将两种方式下每一年的现金流根据折现公式折算为现值，其中折算率为李先生的理财收益率 4%，可以得到每年的净现值如表 8-3 所示。

李先生如果选择租房，将各年的净现值累加可以得到五年内的净现值为：

$$NPV = \sum_{t=0}^{5} \frac{CF_t}{(1+4\%)^t} = -281\,354$$

李先生如果选择买房，将各年的净现值累加可以得到五年内的净现值为：

$$NPV = \sum_{t=0}^{5} \frac{CF_t}{(1+4\%)^t} = -245\,532$$

对比二者，可以发现买房的净现值更高，因此应该选择买房。

通过这一部分的讨论，结合案例，可以发现，当房价上涨幅度越高，房租上涨率越高，个人居住时间越长，利率水平越低，房屋装修和维修成本越低，租房押金越低时，买房相比租房越划算。

三、买房规划

个人一旦决定通过买房解决居住需求，如何实现买房目标是买房规划的关键。个人进行买房规划时有两种方式，第一种最为常见的方式是先行确定购房目标，如住房的面积和区位，从而得到住房的总价，再考虑要实现这一目标需要如何筹集资金。第二种方式则是根据个人的经济状况估算能够负担的住房总价，而后计算出可负担的住房单价，从而选择住房的区位。这两种方式一种是根据目标住房总价确定筹资方案，另一种是根据筹资能力计算住房总价，本质上看是一致的。在此，以第一种方式为例进行分析。

（一）确定买房目标后的筹资计划

这一规划方式下，个人先确定自己想要购买的住房的面积和区位，根据该地区住房当前价位和房价增长率估算未来自己购买该住房需要的总价，进一步计算所需的首付款和贷款额度。接下来就可规划如何筹集需要的首付款，现在开始自己的储蓄率应该是多大，同时，根据未来需要偿还的贷款确定买房之后应该维持的储蓄率。具体流程如图 8-3 所示。

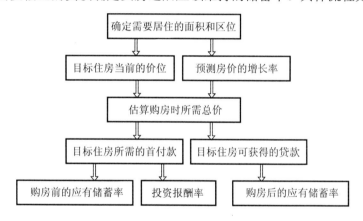

图 8-3　确定购房目标后的筹资计划

【案例 8-6】李先生现年 30 岁，工作稳定。每年税后收入为 10 万元，每年的收入以 5%的速度增加，之前没有任何储蓄。李先生打算在 5 年之后在单位附近购买一套 100 平方米的房子。该区域当前的房价约为 1 万元/平方米，预计未来每年房价会上涨 5%。银行最高贷款额度为房价总额的 7 成，贷款利率约为 5%。李先生打算选择等额本息的方式偿还贷款，并且在 60 岁之前还清贷款。李先生理财的平均年收益率为 4%。李先生从现在开始应该如何进行规划，才能完成这一买房目标？

首先，计算李先生目标住房当前的总价为 $1 \times 100 = 100$（万元）；

5 年后目标住房的总价为 $100 \times (1+5\%)^5 = 127.6$（万元）；

目标住房所需的首付款 $= 127.6 \times 0.3 = 38.28$（万元）；

目标住房所需的贷款额 $= 127.6 \times 0.7 = 89.32$（万元）。

假设李先生购房之前每年的储蓄率相同，都为 S。

第一年的储蓄到第五年末的终值为 $10 \times S \times (1+4\%)^4 = 11.7S$；

第二年的储蓄到第五年末的终值为 $10 \times (1+5\%) \times S \times (1+4\%)^3 = 11.81S$；

第三年的储蓄到第五年末的终值为 $10 \times (1+5\%)^2 \times S \times (1+4\%)^2 = 11.92S$；

第四年的储蓄到第五年末的终值为 $10 \times (1+5\%)^3 \times S \times (1+4\%)^1 = 12.04S$；

第五年末的储蓄为 $10 \times (1+5\%)^4 \times S \times (1+4\%)^0 = 12.16S$。

将这五年的储蓄终值累加可得到至第五年末买房时的储蓄总额为 59.63S，而目标住房所需的首付款为 38.28 万元，因此 59.63S=38.28，得到 S=64.20%。

购房之后，李先生采用等额本息方式还款，还款时长为 30 年，那么利用贷款计算器可以得到李先生每年应偿还的房贷本利之和为 5.75 万元。

而李先生第六年的收入为 $10 \times (1+5\%)^5 = 12.76$ 万元，那么李先生在第六年的储蓄率应为 5.75÷12.76＝45%。

综上可见，李先生在买房之前的储蓄率至少应为 64.20%，买房之后储蓄率保持在 45%，就可以实现自己的购房目标。

实际上，在个人年轻时其他方面的支出较少，随着年龄的增长，还将面临教育、医疗、养老等大额支出，因此，李先生应该在年轻时适当提高储蓄率，用于支付住房的首付款，这样可以减轻后期的还贷压力。

（二）买房的其他费用

个人在进行买房规划时，需要注意的是买房的支出除了房款本身之外，还需要考虑相关税费、装修费用、家具和电器支出，累加后的总额也十分可观，在买房规划中不容小觑。其中买房涉及的税费包括契税、印花税、房屋登记费、营业税及附加和个人所得税。

契税的征税对象为所有权发生转移变动的不动产。一般地，普通住宅按房屋成交价的 1.5% 缴纳契税，普通住宅指小区容积率在 1.0 以上；单套建筑面积在 140 平方米以下；实际成交价低于同级别普通住房平均交易价格的 1.2 倍。不符合上述标准的非普通住宅需要缴纳 3% 的契税。具体标准上各地政府规定不一，可以在各地国土局查询。

印花税是针对经济中的书立、领受特定的经济凭证而征收的税种。买房时，由于个人与开发商签订了《商品房买卖合同》，这一合同属于经济凭证的范畴，因此需要缴纳印花税，一般为购房合同总价的万分之五。

房屋登记费是指房地产主管部门对房屋权属依法进行各类登记时，向申请人收取的费用。房屋登记费按件收取，与住房的面积、单价无关。一般而言，房屋登记费为每件 80 元，非住房房屋登记费为每件 550 元。如果房屋贷款人需要办理住房抵押手续，需要缴纳房屋抵押登记费，收费标准为每平方米 0.3 元。二手房贷款需要公证的，公证费每件 200 元左右。

个人将住房进行转让时需要缴纳营业税及城市维护建设税与教育费附加。对于购房者而言，如果购买的是二手房则会涉及这一税种。营业税的税率为 5.5%，这一税收的免征时限经历多次调整，最近的规定是自 2015 年 3 月起，个人将购买不足 2 年的住房对外销售的，全额征收营业税；个人将购买 2 年以上（含 2 年）的非普通住房对外销售的，按照其销售收入减去购买房屋的价款后的差额征收营业税；个人将购买 2 年以上（含 2 年）的普通住房对外销售的，免征营业税。

个人所得税是针对个人转让住房时获得的收入征收的税收。具体来说，普通住房不满

5年或非家庭唯一住房出售时，按房屋差额的20%缴纳，不能核实原房屋原值的按全额的1%缴纳；值得注意的是：目前除几个一线城市发文规定按差额20%征收外，其余各地继续按全额1%征收。非普通住房出售时，目前除几个一线城市发文规定按差额20%征收外，其余各地继续按全额1%～2%征收。

此外，个人购房时还需要缴纳入住（进户）费用，包括水费、电费、物业管理费、房屋维修基金等，累加数额也不容忽视。买房支出中装修费用往往也是一笔可观的支出，在进行买房规划时，都应计入买房支出中。综合考虑上述税费支出，总额往往能够达到房款的15%左右。

四、为买房融资

对许多人而言，住房也许是支出比重最大的一件商品，因此，很难在买房时一次性付清，在为买房融资时，大多数人都需要借助银行贷款。由于在贷款方式下，个人需要负担一定比例的首付款，在买房之前，个人需要按照前一部分中的买房规划对自己的收入合理安排储蓄率，为支付住房的首付款进行积累。当然个人也可以利用第一节中提到的多种融资方式获得资金，提交首付款。一旦付完首付款，买到住房之后，就需要考虑偿还银行贷款。此时，如何充分利用个人的财务资源，合理设计贷款方案就成了为买房融资应重点考虑的问题。

（一）住房贷款方式

个人能够获得的贷款主要存在以下三种形式。

1. 公积金贷款

按规定缴存住房公积金一定期限以上（各城市的期限不同）的在职职工为购建住房、翻建、大修自有住房资金不足时可申请公积金贷款。由于公积金贷款具有政策补贴性质，公积金贷款的利率往往低于商业银行贷款利率，因此对于个人而言，为买房融资时应首选公积金贷款。

大部分城市都规定了单笔住房公积金贷款的最高额度，比如成都市个人单笔住房公积金贷款最高额度为40万元；天津市住房公积金贷款个人最高额度为40万元，申请人为两个或两个以上的最高额度为60万元。根据住建部的规定，自2015年9月1日起公积金贷款买首套或二套房首付降至2成，住房公积金贷款额度最高不超过房款总额的80%。因此，个人所能申请的最高公积金贷款额度应取按公积金账户计算的可贷额度、贷款最高限额和住房总价中贷款额度三个金额中的最小值。

【案例8-7】李先生和夫人在天津市工作，李先生30岁，李夫人28岁，离退休年龄还有30年和27年，他们想要购买一套总价100万的新房。在申请住房公积金贷款时的前一个月内，两人住房公积金余额分别为22 000元和8 000元，根据天津市现行的住房公积金规定，他们可以申请的公积金贷款为多少？

按照天津市的规定，个人贷款购买首套自有住房的，贷款额度不得高于职工申请公积金贷款时住房公积金账户余额的15倍，住房公积金账户余额不足2万元的按2万元计算。

由此，李先生可贷额度为22 000×15=330 000元

李夫人的账户余额不足2万，按2万计算，可贷额度为20 000×15=300 000

按公积金余额计算该家庭的可贷额度为630 000元

按规定，两人的最高贷款额度为 60 万，同时，购买住房的首付为 20%，剩余的 80%，即 80 万可以选择贷款，此时他们能够申请的公积金贷款应该取这三个金额的最小值，为 60 万。

2. 商业贷款

如果买房的个人不符合公积金贷款的条件，就只能申请商业银行的个人住房担保贷款，也称为按揭贷款。个人在申请商业贷款时，需要交纳银行规定的购房首期付款，大多数银行规定这一比例不得低于 30%，除此之外，还需要以所购住房为抵押，作为偿还贷款的保证。

商业贷款的手续相对简单，对发放对象没有太多限制，但利率相比公积金贷款要高。

3. 组合贷款

组合贷款是指缴存了住房公积金的个人，在申请公积金贷款的同时也可以申请商业贷款。当个人通过公积金贷款不足以支付住房总价时，可以向办理公积金贷款的经办银行申请组合贷款。如【案例 8-7】中李先生，如果能够负担 20 万元的首付款，必须贷款 80 万，而只能用公积金贷款 60 万，剩余的 20 万可以申请商业贷款。

（二）贷款偿还方式

个人无论选择哪种贷款方式，都必须定期向银行偿还本息。最常见的贷款偿还方式为等额本息还款法和等额本金还款法。此外，一些银行还推出了固定利率还款、等额本息递增或递减还款等方式。在此，只介绍两种最常见的偿还方式。

1. 等额本息还款法

等额本息还款法是指借款人每月按相等的金额偿还贷款本息，其中每月贷款利息按月初剩余贷款本金计算并逐月结清。每个月的还款额的计算方法是把按揭贷款的本金总额与利息总额相加，然后平均分摊到还款期限的每个月中，具体公式为：

$$每月还款额 = \frac{贷款本金 \times 月利率 \times (1+月利率)^{还款期数}}{(1+月利率)^{还款期数}-1}$$

个人选择这一方式时，每个月还给银行固定金额，但每月还款额中的本金比重逐月递增、利息比重逐月递减。这一还款方式的优点在于每个月的还款额固定，便于个人有计划地规划家庭支出，也有利于个人确定自身的还款能力。因此这一方式适合收入稳定、整个还款期内资金压力变化不大的个人，如公务员、教师等。缺点就是总的利息支出较多。

2. 等额本金还款法

这一还款方式是指贷款人将本金分摊到每个月内，同时付清上一交易日至本次还款日之间的利息。因此，每月还款额的具体公式为：

$$每月还款额 = \frac{贷款本金}{还款期数} + (贷款本金 - 累计已还本金) \times 月利率$$

通过公式可以看出，这一方式每月的还款额逐渐减少，但前期的还款压力较大，因此，适合已经有一定积蓄但是预期收入会逐渐减少的个人，如中老年人；或者当前经济支出较小，但支出逐渐增多的个人，如未婚的年轻人。

【案例 8-8】李先生向银行申请了 20 年期的 60 万元的商业贷款，贷款利率为 5%。如果选择等额本金的还款方式，他每个月的还款额为多少？如何计算？

首先，计算每个月应偿还的银行本金为 600 000÷240＝2 500 元

根据公式，第 t 个月应偿还的利息=[600 000-（t-1）×2 500]×（5%÷12）

由此可以得到第一个月应偿还利息为[600 000-（1-1）×2 500]×（5%÷12）=2 500 元，加上本金 2 500 元，应该偿还的本息和为 5 000 元。

第二个月应偿还利息为[600 000-（2-1）×2 500]×（5%÷12）=2 490 元，加上本金 2 500 元，应该偿还的本息和为 4 990 元。

以此类推，最后一个月应偿还利息为[600 000-（240-1）×2 500]×（5%÷12）=10 元，加上本金 2 500 元，应该偿还的本息和为 2 510 元。中间月份按照公式套用即可，在此不一一计算。

可见，这一还款方式下，每月偿还的本金不变，随着贷款本金的减少，每个月需偿还的利息不断下降，因此本息和也随之减少，还款压力越来越小。

本章小结

个人收入按照收入来源不同，主要分为工作收入、理财收入和债务收入三种类型。我国的个人除了通过银行提供的多种形式的贷款进行融资之外，还可以通过典当或者 P2P 网络平台进行融资。个人在进行居住规划时需要考虑购房决策和贷款方式。

练习题

一、选择题

1. 下列哪一项收入不属于个人的工作收入（　　）？

  A. 工资   B. 奖金

  C. 退休金   D. 股票股息

2. 个人选择下面哪种融资方式时，不需要抵押（　　）。

  A. 汽车贷款   B. 存单质押贷款

  C. 信用卡融资   D. 典当融资

3. 个人在进行买房决策时，需要考虑的年成本包括（　　）。

  A. 住房占款的机会成本 B. 贷款的利息成本

  C. 维修费用   D. 以上都是

二、简答题

1. 个人收入按来源看，分为哪三种类型，分别具有什么特点？

2. 什么是票据质押贷款，具有哪些特点，存在哪些形式？

3. 个人在进行居住规划时，通过买房与租房满足居住需求各有哪些优缺点？

4. 个人买房时，选择等额本息还款法具有哪些优点和缺点？适合哪类人群？

三、案例分析

李先生现年 35 岁，工作稳定，每年税后收入为 8 万元，每年的收入以 5%的速度增加，之前没有储蓄。李先生打算在 5 年之后在市中心购买一套 80 平方米的房子，该区域当前的房价约为 5 000 元/平方米，预计未来每年房价会上涨 5%。银行最高贷款额度为房价总额的 7 成，贷款利率约为 5%。李先生打算选择等额本息的方式偿还贷款，并且在 60 岁之前还清贷款。李先生理财的平均年收益率为 6%。李先生从现在开始应该如何进行规划，才能完成这一买房目标？

第九章　个人投资全面预算管理

个人投资是在对个人收入、资产、负债等数据进行分析整理的基础上，根据个人对风险的偏好和承受能力，结合预定目标运用诸如储蓄、保险、证券、外汇、收藏、住房投资等多种手段管理资产和负债，合理安排资金，从而在个人风险可以接受范围内实现资产增值的过程。而要实现个人投资的效用最大化，必须在进行投资前做好预算管理。本章在介绍个人投资的有关知识点的基础上，分析如何做好个人投资的预算管理。

第一节　个人投资基础

一、个人投资的主要内容

个人通过投资实现财富增加以及资产增值是个人投资的基本内容。广义的投资是指为了获得未来的收益而投入时间、精力或金钱去购买或占有某项资产的行为。从个人角度上看，个人投资是指购买某项金融产品以期获得未来的增值收益，简单来讲就是以钱生钱。

投资中对某项产品的购买不是为了消费而是为了实现预期的增值，而增值的实现还需要对此项产品的卖出交易来完成。就是说，消费通常只是单向交易就可以完成，而投资需要双向交易才能实现预期的收益。比如，租房和买房，显然租房是消费，买房是投资；再比如，买衣食和买国库券，显然买衣食是消费，而买国库券是投资。

有些情况并不容易界定投资还是消费，有时不仅需要判断拥有产品或购买产品的动机还需要判断该产品的最终用途。比如：同是买车，也有两种情况，如果用车上下班自用就应该是消费；若用所购车辆加入"滴滴快车"等赚取收益则属于投资，因为在此情况下有出与入两个方向的现金流。

（一）投资和储蓄以及投机的区别

储蓄是指居民将暂时不用的现金货币或消费剩余存入银行或其他金融机构的一种存款行为。投机是指根据对市场的判断，对某种金融产品进行快进快出的买卖操作以期获得超额利润的行为。

储蓄和投机是两个比较极端的投资概念，一定意义上讲，储蓄是一种很保守、风险极低的投资；而相反，投机是一种非常激进、风险很高的投资行为。

储蓄，稳健、风险小，预期的收益也低；而投机，激进、风险高，预期的收益也高。在投资学中，收益其实就是风险的补偿，没有风险就不会有收益。

用于投资的资金大部分来自于储蓄积累，而用于投机的大部分资金则来自于杠杆融资。

定期存单以及活期存款属于储蓄；股票、债券、基金等属于常见的金融投资产品；而融资融券、衍生品通常被认为是投机性产品。

（二）个人投资的相关概念

投资通常会涉及投资收益、投资风险、投资的安全性、产品的流动性和期限等概念。

1. 投资收益

投资收益是指投入的资本所带来的现金流收益以及资本利得收益，前者包括利润、股利和债券利息等，后者是指产品买卖价格差。投资收益的基础是货币的时间价值，也就是货币随着时间的推移而发生的增值。从经济学的角度而言，现在的一单位货币与未来的一单位货币的购买力不同，是因为要节省现在的一单位货币以备未来的消费，就应有相应的增值作为延迟消费的贴水。

在比较投资收益时，我们经常使用投资实际收益、持有期收益率、必要收益率以及预期收益率等概念。

实际收益率是指一段时间内实际产生的收益率。持有期收益率就是反映投资者在一定的持有期内的现金流收入和资本利得占投资本金的比率。必要收益率是指表示投资者对某资产要求的最低收益率，是无风险收益率和该项资产的风险收益率之和。预期收益率是指根据市场的总体收益率以及某项资产相对市场的风险状况来判断收益的预期，实际上并不一定会实现。

【案例 9-1】年初时，A 股票的市场价格为 100 元，小明买入并持有该股票，到了年底股票价格上涨至 200 元，而且年底分红或股利派发 5 元/股，但在第二年年末 A 股价格又跌回到了 100 元，此时，小明卖出并清仓。计算小明第一年年末的收益率和持有期收益率。

第一年年末的收益率为：（200+5-100）/100=105%

持有期收益率为：（100+5-100）/100=5%

此时，持有期收益率就是小明的实际收益率，第一年年末的收益率只是名义收益率，并没有实际实现。由这个简单的小例子可以看到，投资收益的变化具有随机性和不可预知性等特点。

2. 投资风险

投资风险是指投资收益的不确定性，投资收益和投资风险是正相关关系，风险越大的产品的预期收益率也越高。短期国库券和定期存单通常被认为是无风险产品，因为它们的收益率确定且收益的违约风险几乎为零。相反，投机性产品的风险通常非常高，比如垃圾债券、次级抵押债以及期权交易等。

3. 投资的安全性

投资的安全性是指投资损失的可控性，或者投资损失的最小化。一般而言，杠杆率很高的资产，比如臭名昭著的导致 2008 年金融危机的次贷产品，被认为是不安全的投资产品或有毒资产。有时，投资的安全性也指产品的收益对经济政策等经济因素的敏感性，若敏感性过高也会被认为不具有投资的安全性。

4. 产品的流动性

产品的流动性是指产品以合理的价格迅速变现的能力或者变现的容易度。产品的流动性是个人理财过程中非常值得关注的一个因素，如果产品的预期收益率不错，风险可承受，而产品的流动性很差，很难变现，那么产品的持有期就会很长，无法满足投资者的短期现金流需求，这样的产品需要投资者仔细考量，比如实物黄金、古董、名人字画等。

5. 产品的期限

产品的期限是指金融产品合约到期的期限，比如衍生品期限、债券期限等。产品期限在个人投资中也是非常重要的因素：一是产品价格和产品期限存在的相关关系，二是金融产品需要注意其期限要求，否则可能会导致超过期限的产品的无效，从而收益也无法实现的状况出现。

二、个人投资的分析方法

我们掌握了个人投资的基本概念后，需要进一步了解如何进行个人投资，即个人投资方法问题。投资分析是根据已知的信息和数据进行综合分析，选择投资产品，判断投资收益的一个过程。投资分析有基本面分析、技术分析等。

基本面分析是指从宏观经济发展、政治稳定、人口增长、行业发展、公司管理等方面分析判断投资或投资产品的适宜性。基本面分析通常比较难以精确量化。技术分析是指根据投资产品的市场行为或历史数据，从"价（价格的高低和变化）""量（成交量的变化）""时（完成这些变化所经过的时间）"等方面的分析来判断市场行为，预测投资的预期收益或产品的市场价格变化。

（一）基本面分析

基本面分析的理论基础是：产品的价格是由其内在价值决定的，同时价格受政治、经济、心理等因素的影响而围绕价值上下波动。基本面分析的目的是揭示宏观经济运行包括总体市场发展阶段和行业发展阶段或经济政策的变化对金融产品投资价值的影响。经济政策主要是指货币政策、财政政策和产业政策，通常宽松的货币政策和财政政策会推动金融产品的价格上涨。

行业发展阶段和市场发展阶段有时并不同步，因此，投资于正确的行业，也可提高投资者的成功概率。从行业变动与经济发展周期是否正相关的角度来看，行业可以分为周期性行业和防御性行业两大类。

周期性行业是指和宏观经济周期同向发展，即同增长或同衰退。比如，珠宝行业、耐用品制造业等，这些行业的特征是需求的收入弹性较大。

防御性行业产品的需求相对稳定，经济周期的影响较小。特别是，在经济衰退时，某些防御性行业还可能出现上升状态。例如，食品业和公用事业是典型的防御型行业，它们共同的特点是产品的收入弹性较小。

当经济周期处于上升阶段时，投资者可投资于周期性行业，分享行业高速扩张的收益；当经济处于下降阶段时，投资者应投资防御性行业，以规避风险，同时获得一定的收益。

和经济发展周期一样，行业发展也有生命周期的存在。一个完整的行业生命周期可划分为初创期、成长期、成熟期和衰退期四大阶段，如图9-1所示。

图9-1中，纵轴表示利润，横轴为时期。

A—B 为初创期，该阶段也是行业大规模投资的时期，适宜风险投资基金的进入。

B—C 为行业的成长期，这一时期行业的盈利能力和市场估值趋于上升，因此，是风险规避型投资者的最佳介入期。

C—D 是行业成熟期，行业发展平稳，利润处于历史最好水平，是风险中性投资者的最佳选择期。

D 以后进入行业的衰退期，行业利润下降，行业内的企业处于产业转型阶段，这一阶段是风险偏好投资者的选择，因为一旦行业内的企业转型成功，投资者因其所承担的较高风险可能获得更高的回报。

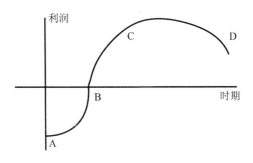

图 9-1　行业生命周期

（二）技术分析

技术分析是微观的，针对具体投资产品的分析。技术分析主要有图形分析法和指标分析法两类。图形分析法包括道氏理论，波浪理论，移动平均线理论，趋势线理论以及 K 线理论；指标类分析法则通常指价格指标，人气指标，超买超卖指标等。道氏理论、波浪理论和量价理论，共同构成了技术分析的理论基础。

技术分析是建立在如下三个假设的基础之上的。

①市场是有效的，即影响金融产品的所有信息都已反映在现行价格之中，具体而言，就是产品的量、价、时等信息综合反映在价格之中。

②长期而言，价格是沿着趋势波动的，具有惯性。但短期而言，金融产品价格的变化是不规则的，这也是用技术分析中长期指标较短期指标更准确的原因。

③历史会重复，即相似的宏观经济或市场背景会产生相似的价格走势。

不同的理论对市场及其波动的解释有一定的差异。道氏理论以市场平均价格指数解释市场行为，认为市场运行可划分为主要趋势、次要趋势和短暂趋势，并认为成交量在市场趋势中起重要作用。道氏理论的核心内容就是提出了任何时候都可以用长期趋势、中期趋势和短期趋势这三种趋势来概括股市的运行。

波浪理论认为，股票或者商品价格的波动与波浪一样，一浪跟一浪，周而复始，展现出周期循环的特点。投资者可以根据这些规律性的波动预测价格未来的走势，并进行投资决策。

K 线是对股票价格历史走势的一种精确描述，在一定程度上，可以帮助预测未来的股票价格走势。K 线由影线和实体组成。影线在实体上方的部分叫上影线，在实体下方的部分叫下影线；实体分阴线和阳线，在技术分析软件中一般分别表现为绿色的柱状线和红色的柱状线。一条 K 线描述了四种价格：开盘价、最高价、最低价和收盘价。

量价理论认为成交量代表着市场的人气，成交量的变动体现了股市交易是否活跃、人气是否旺盛，也体现了市场的供给与需求的状况。量价理论的主要观点是认为成交量和股价有很强的正相关关系。如果成交量不足，市场趋势即将反转；如果成交量与市场价格变化背离，则市场趋势也将反转；存在"量比价先"的现象，即成交量的变动先于市场价格的变动，成为市场价格的先行指标。

第二节　产品投资全面预算管理

市场上的投资产品有很多，包括债权、股票、基金、期货与期权、房地产、黄金、文物古董等。本节我们主要分析流动性强，二级市场成熟，进入门槛低，适合个人投资的股票、债权以及基金等投资产品，而对金融衍生品则做相对简单的介绍。

一、主要投资产品

（一）股票

股票是一种有价证券，是股份公司公开发行的、用以证明投资者的股东身份和权益并具以获得股息和红利的凭证。它代表了股东对股份有限公司的部分所有权。

股东对公司的所有权是一种剩余权益，是公司债权人的权益得到满足后的剩余权益。股票可以分为普通股和优先股两类。

1. 普通股

普通股指的是在公司的经营管理和盈利及财产的分配上享有普通权利的股份，代表满足所有债权偿付要求及优先股的收益权与求偿权之后对企业盈利和剩余财产的索取权。普通股有发行量最大、风险最大、投票权最完备等特点。普通股持有者的收益依赖于二级市场的差价——能否低买高卖，以及公司分红。前者受市场走势的影响，后者则取决于公司业绩和分红政策。也就是说，普通股持有者的收益具有很大的不确定性。

普通股可分为成长股、收益股、蓝筹股、投机股和周期股。

（1）成长股

成长股是指规模较小或处于成长期的公司所发行的股票，这类公司一般不发或较少发放现金股利，以便把盈利用于再投资发展。

（2）收益股

收益股是历史悠久或比较成熟的公司发行的股票，这类公司一般派发的红利较多，但成长性（增长幅度）不是很大。收益股一般为低风险行业发行的股票，如易获政府补贴的公用业。

（3）蓝筹股

蓝筹股是指实力雄厚、股利优厚且赢利稳定增长的大公司所发行的股票。该类股票股利稳定增长，而且其潜在的资本利得比较大。

（4）投机股

投机股与蓝筹股相反，一方面其分红的波动性大，另一方面其市场价格在短期内变化也较大。这两方面的情况导致了投机股的风险很高。

（5）周期股

周期股是随着经济周期而变动的股票，当经济复苏或高涨时，股票形势也逐步好转；当经济萧条时，股票收益也较差。一般而言，汽车制造行业所发行的股票属于较典型的周期性股票。

2. 优先股

优先股的特点有：①风险低，一般来说，优先股的股息率是事前确定的，而且，当公司清算时优先股股东先于普通股股东得到清偿；②优先股股东的投票权受限，一般情况下，优先股股东没有参与公司治理的投票权；③优先股一般不能在二级市场流通转让，但可按照公司的有关规定由公司赎回。

【案例 9-2】某公司 1995 年每股支付股利 0.95 元，2005 年每股支付股利 1.52 元，则其 10 年中的股利增长率为：

$g=(1.52/0.95)^{1/10}-1=0.048$

即该公司的股息增长率为 4.8%。

（二）债券

债券是经济主体为筹集资金而向投资者出具的，且承诺按一定利率定期付息和到期偿还本金的一种有价证券。债券持有人不拥有公司的所有权。

债券既是筹资工具（对发行者而言），又是投资工具（对持有者而言），同时，它还是债权（对持有者而言）和债务（对发行者而言）凭证。

债券具有流动性、收益性、偿还性和安全性四大特征。债券的后两个特征，即偿还性和安全性，在与股票的对比中体现得更为明显。股票的特性之一是没有偿还期，而债券要求发行者（筹资者）到期偿还。与股票相比，债券的安全性至少体现在两个方面，即收益的相对安全性和相对较低的清算风险。相对于股票收益的不确定而言，一般情况下债券的持有者可按照其发行者所承诺的利率获得确定的收益。

债券还具有两个缺点：一是潜在收益有限，这源于其收益的相对安全性；二是对利率的变化非常敏感，债券价格与利率负相关，利率变化越大，债券价格的反向变化越大，导致其波动性大，风险大。

【案例 9-3】假设一企业债券，年利率为 5%，每年复利一次，如果对该债券投资 1 000 元，求 3 年后该投资的价值。

解：根据复利的计算公式 $V=A(1+r)^n$，有：

$V=1\,000(1+0.05)^3=1\,157.625$ 元

即该债券投资 3 年后的价值是 1 157.625 元。

（三）基金

证券投资基金简称基金，是指通过发售基金份额，将众多投资者的资金集中起来，形成独立财产，由基金托管人托管，基金管理人管理，以投资组合的方法进行证券投资的一种利益共享、风险共担的集合投资方式。基金不仅是一种投资制度，也是一种投资工具，本身也属于有价证券。

证券投资基金分为封闭式基金与开放式基金两大类，ETF 是一种特殊的开放式基金。

1. 封闭式基金

封闭式基金指发行期满后基金份额封闭，一般不再追加新的发行单位。封闭式基金的特点是基金规模不变，不可赎回，但可以上市交易，交易价格由市场供求决定。封闭式基金有时期的限制，一般为 5～15 年，期满后按照基金份额分配剩余资产。

2. 开放式基金

开放式基金的基金规模可变，而且没有到期期限，投资者可以进行赎回，除交易型开

放基金之外，单纯的开放式基金是不能上市交易的。

3. 交易所交易基金（Exchange Traded Fund，ETF）

交易所交易基金也称"交易型开放式基金"，是可以在交易所买卖的有价证券，代表了一揽子股票的所有权。虽然从名称本身看，交易所交易基金和一般传统的开放式共同基金差不多，但是实际上在交易成本、基金管理与交易方式等方面有较大的差异。

（1）在交易成本方面，交易型开放式基金的交易成本相对便宜。传统开放式基金每年需支付 1.0%～1.5%的管理费，较 ETF 的管理费（0.3%～0.5%）高出很多；另外，传统开放式基金申购时需要支付 1%左右的手续费，赎回时需要支付 0.5%左右的手续费，而 ETF 则仅于交易时支付证券商最多 0.2%的佣金。

（2）在基金管理方面，ETF 管理的方式属于"被动式管理"，即 ETF 管理人不会主动选股，指数的成份股就是 ETF 这只基金的选股，ETF 操作的重点不是打败指数，而是追踪指数。而传统股票型基金的管理方式则多属于"主动式管理"，即基金经理主要通过积极选股达到基金报酬率超越大盘指数的目的。

（3）在交易方式方面，ETF 交易方式和股票一样，价格会随时变动，投资人随时下单买卖，十分方便；而传统开放式基金则是根据每日收盘后的基金份额净值作为当日的交易价格。

（四）衍生品

衍生证券是指其价值由其他资产的价值衍生而来。也就是说，衍生证券的价值由其原生资产的价值决定。

衍生证券可用来改变证券组合的收益和风险结构，但衍生品的杠杆率很高，本身是一种高风险的投资产品。衍生品通常有远期、期货和期权三大类。

1. 远期合约

远期合约是买卖双方约定在未来的某一确定时间，按确定的价格交割一定数量资产的合约。远期合约是没有标准化的合约，是根据买卖双方的特殊需求由买卖双方自行签订的合约。远期合约的流动性较差，通常是在两家金融机构之间或金融机构与某一大客户之间进行。

2. 期货合约

期货合约是一种在未来某一确定日期（或时期内）按照某确定的价格交割特定数量资产的协议。期货合约的标的资产可以是各种商品，也可以是各种金融资产。

期货合约是由期货交易所统一制订的标准化合约。如表 9-1 所示，其标准化条款一般包括：交易数量和单位、质量和等级、交割地点、交割期限、最小变动价位、每日价格最大波动幅度限制、最后交易日条款等。

表 9-1 大连商品交易所黄大豆 2 号期货合约

项目	内容
交易品种	黄大豆 2 号
交易单位	10 吨/手
报价单位	元（人民币）/吨
最小变动价位	1 元/吨

续表

项目	内容
涨跌停板幅度	上一交易日结算价的4%
合约月份	1月，3月，5月，7月，9月，11月
交易时间	每周一至周五9:00—11:30，13:30—15:00
最后交易日	合约月份第十个交易日
最后交割日	最后交易日后第三个交易日
交割等级	符合大连商品交易所黄大豆2号交割质量标准（FB/DCED001—2005）
交割地点	大连商品交易所指定交割仓库
最低交易保证金	合约价值的5%
交易手续费	不超过4元/手
交割方式	实物交割
交易代码	B
上市交易所	大连商品交易所

资料来源：大连商品交易所。

3. 期权合约

期权是一种法律合约，它给予其持有者在一定时期内以一定的价格买入或卖出一定数量的相关资产的权利。期权分为买入期权和卖出期权，前者又称看涨期权，它给予其持有者在将来一定时期内以预定的价格买入一定数量的相关资产的权利；后者又称看跌期权，它给予其持有者在将来一定时期内以预定的价格卖出一定数量的相关资产的权利。

尽管期货合约和期权合约的价值都依赖于相关原生资产的价值，期货合约与期权合约有着明显的区别。期权合约给予投资者在将来买入某资产的权利，而期货合约赋予投资者在将来买入某资产的义务，期货合约具有强制性。

一份期权合约的主要内容包括期权到期日、期权金、建立交易和撤销交易、履约方式等内容。

按照履约方式的不同，期权分为欧式期权和美式期权两种。欧式期权只允许在某具体日期履约；美式期权则允许在合约到期日或到期日之前履约，即美式期权的持有者有权决定什么时候履约。

期权的买方是期权市场中的多头，无论买入的是买入期权还是卖出期权。期权卖方也称期权销售者，可以销售买入期权也可以销售卖出期权，是期权市场中的空头。如果期权的买方决定履约，则期权的卖方有责任遵守期权合约条款。

【案例9-4】假设某普通股买入期权为美式期权，该期权的履约价格为10元/股，其对应的股票当前市价为12元/股。请问该股票期权是实值期权还是虚值期权？投资者应否于目前履约？

解：根据期权实值和虚值的条件，对于买入期权来说，当股票市价 S_0 大于履约价格 X 时，为实值期权；反之，则为虚值期权。据此，本题中买入期权的履约价格为10元/股，小于股票的当前市价12元/股，因此为实值期权。由于实值期权通过履约投资者可以获得正的现金流，因此投资者可以履约。

二、投资产品特点比较

根据投资收益、投资周期、投资收益、变现周期等，对各主要金融投资产品有如下比较，如表9-2所示。

表 9-2　各主要金融投资产品的比较

产品	储蓄	股票	国债	基金	保险	衍生品
变现周期	活期随时，定期难以变现	T+1	定期1，3，5年等	T+1	难以变现，以赔付形式出现	T+0
风险	受通胀，以及利率影响，风险很低	受政策以及投机影响，风险高	受利率影响，风险低	受通胀影响以及基金及产品类型影响，风险较低	无风险，以备不时之需	杠杆产品，风险极高
回报	收益率固定，活期0.5%左右，定期3.35%～4.85%不等	收益率不固定，牛市回报高，熊市回报可能为负	收益率基本固定	牛熊市回报有差别，通常回报较股票稳健	用于保障，出险赔付时产生回报，否则无收益	正向，负向收益率很高
投资策略	保守	中长期	定期	中长期	长期防御	短期

除表9-2中列出的金融产品之外，还有外汇、黄金、房地产等投资产品。外汇和黄金都有很活跃的二级市场，而且外汇和黄金都是全球24小时市场。

（一）外汇

外汇，就是外国货币，外汇交易是投资者利用手中的货币兑换成外币，然后根据汇率的变化赚取利润。外汇的投资优势有以下几点。

1. 外汇是双向交易，盈利机会多

股票投资只有涨才能赚钱，而外汇可以买涨，也可以买跌，只要选对交易方向就能赚钱。

2. 外汇全天候交易模式，适合中国投资者

外汇交易从每周一早上8点（北京时间）开始，一直到周六早上4点才结束，随时可以买卖。外汇交易的黄金时间在北京时间的晚上8点至晚上12点，这期间是欧美市场交易最活跃的时候，这个时间段有利于中国投资者投入到外汇交易中。

3. 外汇市场透明，公开

外汇市场每天成交量以兆亿美元计，平台规范，行情和数据都是公开的。

4. 外汇交易采取保证金形式，能以小博大

外汇保证金交易是利用财务杠杆的原理，将资金以扩大信用额度的方式在外汇市场上进行操作。

5. 外汇交易操作灵活，费用低廉

外汇交易策略可以根据市场情况灵活下达，有现价、订价、止损、止赢等多种定单可选择。外汇市场是高效率的电子化交易平台缩减了大部分的成交和结算费用，降低了交易支出。外汇市场是流动的，采用的是 T+0 交易，无论何时都可以进行交易并兑现。

（二）黄金

黄金的价格波动不仅与黄金供需、财政政策、世界经济等相关，而且其即时的价格变动和美元走势具有强烈的负相关关系。黄金和股票价格的变化不同，黄金的价格变化区间比较明显，更加适合波段操作。

黄金具有商品和货币的双重属性，作为一种投资品种从长期看，黄金具有保值功能，能够对抗通货膨胀，黄金投资的最大好处在于避险。黄金的投资渠道主要有实物金、纸黄金、黄金衍生品以及黄金基金等形式。

实物金投资的优点是不需要佣金和相关费用，其缺点是流通性差，不易兑现，而且在保证黄金实物安全方面有一定风险。

纸黄金交易没有实金介入，是一种由银行或其他金融机构提供的黄金单位户头，由于不涉及实金的交收，可以节省实金交易中的保管费、储存费、保险费、鉴定费及运输等费用的支出，交易成本可以更低。而且，纸黄金交易可以加快黄金的流通，提高黄金市场交易的速度。

黄金衍生品具有较大的杠杆性，即用少量资金推动大额交易；较大的流动性；较大的灵活性，投资者可以在任何时间以满意的价位入市。而且是标准合约的买卖，投资者不必为储存和黄金成色担心；具有降低风险的功能等。黄金衍生品投资的缺点是投资风险较大；需要较强的专业知识和对市场走势的准确判断；市场投机气氛较浓等。

黄金基金是投资黄金共同基金的简称，由基金发起人组织成立，专门以黄金或黄金类衍生交易品种作为投资媒体的一种共同基金。黄金基金投资的特点是风险较小、收益比较稳定，与我们熟知的证券基金有相同特点。

（三）房地产

近十几年来，房地产投资尤其是大中城市的房地产投资广受追捧，很多中产阶级的资本原始积累是地产投资赚到的，这一点在一线城市尤其明显。地产投资包括商用地产和住宅地产，它们的主要区别如表 9-3 所示。

表 9-3　住宅和商用地产主要区别

性质	住宅	商用
产权	70 年	40 或 50 年
按揭年限	最长 30 年	最长 10 年
首付	最低 30%	最低 50%
贷款利率	基准利率或以下	基准利率上浮 10%
契税	1.5%	3%

从个人投资者角度而言，地产投资的特点有以下几个方面。

1. 房地产投资对象具有不可移动性

房地产投资又叫不动产投资，土地及其地上建筑物都具有不可移动性。

2. 房地产投资具有高成本性

与股票或其他金融产品不同，房地产投资，少则几十万，多则几百万，甚至上亿元的资金，这样的高成本使得地产投资的进入门槛很高。

3. 房地产投资具有长周期性

地产买卖涉及贷款申请以及清偿等很多环节，很多还是期房购买合同，买卖周期就更长了。而且，短期买卖所耗费的交易相关税费很高，很多投资者也会权衡。

4. 房地产投资具有高风险性

尽管中国大部分城市的地产价格一直保持着稳定增长（除了在 2008 年前后出现的下滑以外），但这种增长主要是因为地产市场化的时间较晚。由于房地产投资占用资金多、周期长、不易变现等因素的存在，房地产投资实际上是一种高风险的投资。

5. 房地产投资具有低流动性

房地产投资成本高、周期长等条件决定了这种投资的资金很难在短期内变现。

6. 房地产投资的核心在于地产的地段

地段是房地产投资成功的最关键因素，其他还有开发商、物业配套等。

此外，应当注意的是，近年来，我国长期的房地产价格走势和股票市场的价格走势呈现相反的趋势，明显体现了资本的流动方向。

三、金融投资以及资产分配全面预算管理

所谓投资预算是对投资目标的安排、规划和计算等一系列的管理活动，包括编制预算、预算分析、预算执行、预算考评等多方面。投资预算首先需要界定的就是投资目标，通常个人理财的投资目标是兼顾流动性，投资风险和投资收益率等的多元目标。这些目标中，容易量化的是产品的收益率指标，而流动性和风险性只能进行级别的大致区分，无法精确量化。投资目标确定好之后，是对各金融投资产品的选择和组合，并对投资组合的预期收益进行计算，对产品的风险进行预估，而后进入预算的执行，执行后根据投资绩效进行预算的考评和根据考评结果调整投资组合等。

传统的投资组合的主要观点是分散化投资，认为组合中资产种类越多，风险越分散，主张不要把所有的鸡蛋都放在同一个篮子里面；而现代的投资组合的主要观点是优化投资比例使得投资组合的风险和收益达到最佳边界，认为在一定条件下，存在一组使得组合风险最小的投资比例。

从个人投资或个人理财的角度，具体来讲，投资资产预算管理有以下几个步骤。

第一步，首先确定并拓展现阶段的现金流入。在这一阶段，首先需要确定自己的现金流入，同时积极拓展现金流入的新途径，并且确定有多少现金节余可以进入投资账户。

第二步，确定目前以及可预见的未来现金流出。通常而言，人们在现金流入方面的可控性不强，但在现金流出方面却可以做到主动，也就是可以适度掌控现金的流出方向和数额。

第三步，确定个人可承受的金融风险程度。通常现金流入越稳健，数额越大，可承受的风险程度越高；意外收入的投资风险承受程度通常也很高；除此之外，个人性格特质也影响投资的风险偏好程度。

第四步，设立资本累积和预期的收益目标。预期收益是和可承受风险程度成正相关关系的，也与市场的平均收益成正相关关系。因为资本的时间价值和复利，长期而言，越早投资对终值的影响越显著。资本增值目标可以是长期目标，可以是短期目标，也可以是阶段性目标，比如大学四年目标、人生十年目标、财务自由目标、退休前目标等。在设立资本累积目标时既需要具有可实现性，也需要具有适度的挑战性。根据阶段资本累积目标，可以计算投资的预期收益率，这将为下一步选择投资产品提供判断基础。

第五步，选择投资产品。既包括选择合适的金融产品类型，也包括选择具体的目标产品。通常能够选择的金融产品类型主要有银行活期存款，类活期存款如余额宝等安全有保障而且变现能力强的货币基金，定期存款，股票，债券以及基金等。活期存款以及类活期存款产品的流动性强，但收益率很低；定期存款的安全性高，流动性差，收益率也不高；股票的流动性强，市场波动大，风险高，预期收益率也较高，但需要跟踪市场走向并需要专业知识分析，选择以及判断交易时机和产品；债券，特指交易市场内债券，通常流动性较好，到期收益率稳定通常高于存款利率，价格有波动，风险较低，但需要很强的专业知识背景以及分析能力；基金，由于是由专业人士管理，风险较低，收益通常比较稳定，不需要个人投资者时刻关注市场，但基金价格也具有波动性，而且基金的投资绩效与市场的变动有强相关关系，所以，还是需要个人投资者决定进入和退出的时机以及选择基金的产品类型。

第六步，在各金融产品间配置合适的资金比例，即产品组合比例。产品间投资组合比例要综合考虑流动性、变现性、风险性以及收益性等要求。这个比例需要根据投资目标计算投资组合的预期收益，再据此分配资金。比如，流动性强的低风险产品30%比例，其他稳健性的中风险投资产品40%，较高风险产品比如创业板市场产品30%，这是一个进退从容的产品组合比例。

在此应当注意，即便是同类产品也需要选择具体行业与具体产品，包括股票、债券、基金在内都面临着同样的问题。所以，在高、中、低风险类型中，需要进一步细化具体产品的配置比例。在投资计量阶段，要尽量细化，否则模糊的资金配比和产品类型难以完成投资目标，也难以跟踪投资绩效。

第七步，也是最后一步，定期考核投资绩效，并适时调整资金配置。在市场不稳定时期，紧密跟踪，随时调整风险系数和产品间的投资比例；即使在市场比较稳定的时期，也需要定期调整产品间投资比例，因为各个产品的收益率不同，会引起资本比例的变化，从而可能改变了原先设定的投资资金配置要求。定期可以是一个月，也可以是一个季度或半年、一年，或更长的时期。在市场稳定阶段，考核时期可以较长；而在市场波动较大，尤其是市场做空气氛浓郁阶段，需要更频繁地跟踪投资表现，设立止损下限，及时止损离场。一个重要的投资原则是，必须设立止损离场时机。

投资预算管理的步骤流程如图9-2所示。

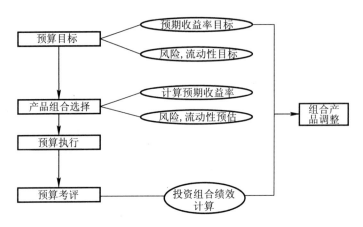

图 9-2　投资预算管理流程图

【案例 9-5】金聪是一名大学生，性格活泼，喜欢参与社团、社会活动，现金流入和流出渠道都稍繁杂。金聪的阶段预算目标是希望四年内有资本积累 10 万以上，为此，大概每月的净现金流需要达到 1 500 元以上，投资收益风险要求中等，投资收益率目标为年收益率约 6%以上，对净现金流的投资流动性要求一般。

1. 金聪的现金流入

（1）2011 年 9 月—2014 年 7 月

父母给予生活费每月 2 000 元，网店每月平均收入 800 元，每年 12 月获得奖学金 5 000 元，每月校内平均工作收入 1 000 元，月总计平均现金流入为 4 216.67 元。

（2）2014 年 8 月—2015 年 7 月

校外公司实习，月收入 3 000 元，因有较多时间可以经营网店，网店的收入增加至月平均 1 600 元，奖学金仍然有 5 000 元，专业比赛获三等奖，奖金 1 500 元，月总计平均现金流入为 5 141.67 元。

2. 金聪的现金流出

（1）2011 年 9 月—2014 年 7 月

生活费支出平均每月 1 200 元，通信费 60 元，考试及考证以及社团活动费用每年平均 1 500 元，寒暑假交通以及旅游费用每年平均 6 000 元，月总计平均现金流出为 1 885 元。

（2）2014 年 8 月—2015 年 7 月

生活各项支出平均每月 1 600 元，通信费以及网络费 80 元，节假日交通以及其他相关费用每年 1 800 元，月总计平均现金流出为 1 830 元。

3. 金聪的现金流量表

金聪的现金流量情况如表 9-4 所示。

表 9-4　金聪的现金流量表

时间	月现金流入	月现金流出	月净现金流
2011.9—2014.7	4 216.67	1 885	2 331.67
2014.8—2015.7	5 141.67	1 830	3 311.67

4. 金聪的投资产品组合

每月基金定投 600 元，平均年收益率 10%；每月 1 000 元投入纸黄金，进行波段操作，投资年化收益率 8%；其他现金流结余放在余额宝账户，年化收益率 3.5%，用表格总结如表 9-5 所示。

表 9-5　金聪投资产品组合表

产品名称	收益率	月投资数额	年收益
基金	10%	600	7 920
纸黄金	8%	1 000	12 960
余额宝	3.5%	731.67；1 711.67	757.28；1 771.58

5. 金聪投资绩效预算考评

2011 年 9 月—2014 年 7 月，金聪现金流年结余：

（2 000+800+1 000-1 200-60）×12 +5 000-1 500-6 000=27 980（元）

2014 年 7 月-2015 年 7 月，金聪现金流年结余：

（3 000+1 600-1 600-80）×12+5 000+1 500-1 800=3 9740（元）

2011 年 9 月—2015 年 7 月，金聪理财收益在 2015 年 7 月的终值：

基金终值：$600×12×（1+10\%）^3+600×12×（1+10\%）^2+600×12×（1+10\%）+600×12=33$ 415.2（元）

纸黄金终值：$1 000×12×（1+8\%）^3+1 000×12×（1+8\%）^2+1 000×12×（1+8\%）+1 000×12=$ 54 073.3（元）

余额宝终值：$（27 980-600×12-1 000×12）（1+3.5\%）^3+（27 980-600×12-1 000×12）$ $（1+3.5\%）^2+（27 980-600×12-1 000×12）（1+3.5\%）+（39 740-600×12-1 000×12）=48 766.9$（元）

总资本：136 255.4 元

可以看出，四年投资绩效 136 255.4 元，超出当初的资本积累的投资目标。这是以四年为一个投资周期计算和考评的结果。如果按投资周期为一年计算，每年年终考评并重新配置资产投资组合的比例，结果会有不同。

【案例 9-6】王先生 33 岁，是某外企的工程师，年薪 17 万元。太太 34 岁，是医生，年薪 10 万元，另有 2 万元/年的公积金。按国家政策，夫妇俩生了两个宝宝，一个 2 岁半，一个近 1 岁，雇了保姆，家中还有父母同住。每月花费在 1 万元左右。家庭现有存款 5 万元，股票现值 7 万元。

请问，家庭怎样才能实现 100 万元的流动资产梦？

王先生和太太的收入都不算低，且相对稳定。而且王先生没有负债，资产负债状况较为安全。问题主要集中于两个孩子的教育、个人的养老、充分的保障、资产的稳定升值等方面。

规划如下：

（1）子女教育规划

孩子的教育支出主要集中在高等教育阶段，这部分资金具有刚性，因此一定要提前准备。这部分资金可以采取基金定投和教育保险相结合的方式来筹备。按照孩子 18 岁上大学计算，每月向基金账户定投 400 元，按 8%的收益率计算，16 年后可以赎回 15 多万元。除此之外，可以每年投入 3 000 元购买教育保险，按 2%的收益率，16 年后可以拿回 5 万多元，这样 20 多万元的资金基本可以满足两个孩子国内读大学的费用支出。

（2）养老规划

为了保证有充足的养老储备，建议王先生从现在开始建立专项养老基金，每个月向基金账户投入 4200 元，按 8%的回报率计算到退休时完全可以准备充足的养老金。当然，王先生也可以在 55 岁以后没有后顾之忧的情况下继续工作。

（3）保险规划

首先需要考虑的是重大疾险，除此之外可以配置住院医疗保险和津贴型保险，每年花几百元就能在住院的时候得到补偿；其次是购买意外险和寿险。注意在保费的支出上要切合实际，保持在 1.7 万元左右比较合适，不要因为保费过高而影响正常生活。

（4）投资规划

一般来讲，在投资之前一定要对自己的风险承受能力等做充分的了解，建议可以采取组合投资的方式来分散风险。王先生现在有 7 万元的股票套牢，在条件允许的情况下可以考虑低价补仓来平衡损失。在基金的选择上最好也能够做到分散风险，比如可以购买 30%的指数型基金以获取收益为主；45%的债券型基金，风险较小；出于对流动性的考虑可购买 25%的货币市场基金。

本章小结

个人投资预算首先需要了解各种投资产品的交易方式、风险特点、流动性特点以及相应的收益特点，根据个人或家庭的收入和支出预算进行投资选择并进行预算管理。个人投资还与个人所处人生阶段相关，不同的人生阶段对投资风险的承受能力和风险倾向不同，以及对资金的流动性要求也不一样，比如对固定资产投资具有显著的中青年阶段特点。个人投资预算和个人或家庭的收入和支出预算也紧密相关，个人投资全面预算是一项系统工程，需要全面、详尽考量可能的现金流的收入和支出以及风险。

本章介绍了个人投资基础包括个人投资的基本相关概念。投资是将暂时不用的现金货币或消费剩余存入银行或其他金融机构的一种存款行为。储蓄是一种很保守、风险极低的投资方式；投机是一种非常激进、风险很高的投资行为。投资分析方法包括基本面分析和技术分析。基本面分析揭示宏观经济运行对金融产品投资价值的影响；技术分析是微观的、针对具体投资产品的趋势分析，主要包括图形分析和指标分析，主要的投资产品有股票、债券、基金、衍生品、外汇、黄金以及房地产等。投资预算是对投资目标的安排、规划以及计算等一系列的管理活动，包括编制预算，预算分析，预算执行、预算考评。

练习题

一、单项选择题

1. 通常我们把持有大量单边头寸、承担高风险、追逐高额收益、快进快出的投资行为称为（　　　）。

　　A. 储蓄　　　　　　B. 衍生品交易　　　　C. 稳健投资　　　D. 投机

2. 金融产品投资的技术分析方法不包括（　　　）。

　　A. 指标分析法　　　　B. 趋势线理论　　　　C. 量价理论　　　　D. 行业周期理论

3. 下列实行保证金交易制度的金融产品是（　　　）。

　　A. 股票　　　　　　　B. 基金　　　　　　　C. 衍生品　　　　　D. 外汇

4. 股票投资不具有以下哪个特征（　　　）。

　　A. 流动性　　　　　　B. 收益性　　　　　　C. 偿还性　　　　　D. 安全性

5. 股票体现的是（　　　）。

　　A. 所有权关系　　　　B. 债权债务关系　　　C. 信托关系　　　　D. 代理关系

二、计算题

1. 一个假设的股票投资其在不同经济状态下的价格如表 9-6 所示，求其预期收益率。

表 9-6　某股票投资在不同经济状态下的价格表

经济状态	繁荣	正常运行	萧条
概率	0.25	0.50	0.25
期末价（元）	14	11	8

2. 假设某投资者准备对一只股票进行投资。预计该股票第一年末分红 0.4 元，第二年末分红 0.5 元，并预计第二年末享受分红后该股票可以 10 元的市价出售。假设贴现率为 5%，请计算该股票投资所得现金流的现值。

三、案例分析题

家庭投资预算：高级白领三口之家的理财投资预算

　　沈先生在大型跨国企业任部门经理，每月 1.2 万元的收入相当可观，但工作异常繁忙，且经常需要出差。妻子也是同类企业的职员，月收入 8 000 元，平时也很忙碌。沈先生当年的婚房是现成的，婚后又和妻子一起在市区周边贷款购买了一套 200 平方米的复式商品房作为投资，当时售价为 70 万，首付 25 万，月供 5 000 元。此外，目前沈先生家尚有定期存款 10 万元，货币基金 20 万元，自备车一辆，每月支出 2 000 元。

　　沈先生有一个四岁的女儿，由于他和太太工作压力大，上班时间长，无法全心照顾女儿，因此只得选择了市区的一家名牌全托幼儿园，每月托费为 2 000 元。女儿回家的日子里，沈先生和妻子无论如何都要抽出时间陪她逛公园、买玩具、添新衣、吃快餐，不计花费，共享三口之家难得的快乐时光。粗略估计，沈先生花在养育女儿身上的钱每年要达到 3 万元左右。

　　沈先生几年前投资的复式房产如今已增值到 120 万左右，房贷 3 年内也可以还清。但妻子正考虑等女儿上小学后就换一份轻松些的工作，抽出时间来关心孩子的学业，因此估计家庭收入在近几年内也会适当有所减少。

　　家庭年收入 24 万元，家庭存款 10 万元，不动产自住房产一套，投资房产一套，其他资产为货币基金 20 万元，自备车一辆，负债房贷月供 5 000 元，家庭年总支出 18 万元，子女教育年支出 3 万元。

　　1. 分析该家庭的财务状况。

　　2. 请写出该家庭的理财建议。

第十章　个人消费全面预算管理

消费是社会生产的最终环节，有生产性消费和个人或家庭消耗性消费两种，我们此处讨论的是后者即个人或家庭的消耗性消费。从消费模式来看，个人消费有计划性消费和随意性消费两种，显然计划性消费在明晰个人及家庭收入、控制消费支出、减少盲目冲动消费、实现家庭理财目标等方面更有优势。计划性消费需要尽可能详细的个人消费预算，主要包括生活必需品消费、医疗消费、教育消费以及娱乐和旅游消费等。在个人消费预算方面，首先需要界定收入范围以及生活目标，而后通过购买决策，包括商品品牌决策、支付方式决策、购买时机决策等个人消费预算管理等行为实现有计划的个人消费。本章从个人日常消费、结婚与生育、子女教育三个方面分别阐述个人消费全面预算管理。

第一节　个人日常消费预算管理

人的消费是一个多方面、多层次、多功能的消费体系，可以从不同角度对个人消费进行分类，包括马克思在相关著作中对消费的分类方法，以及按照消费的原因、消费的实质物品或内容、消费的目的等进行分类。我们要进行个人消费预算还应考虑到不同消费的发展趋势，消费结构的合理组成，以及消费信贷的使用等方面。

一、个人消费类型

个人消费的分类有很多种不同的分类方法，常用的且较为简单的分类是下列两种。

（一）按照马克思的消费需要理论划分的消费类型

1. 生存需求的消费

生存需求的消费是指满足个人基本生存所需要的饮食，衣着以及居住等需求消费。

2. 生活需求的消费

生活需求的消费是指满足个人基本生存之后的生活需求消费，包括社会交往、生活娱乐等方面的消费。

3. 发展需求的消费

发展需求的消费是指满足基本的生存条件和一定的生活保障之后，实现自我社会价值方面的需求消费。

（二）按照消费需要的实质内容分类

1. 物质消费

物质消费又称实物消费是指对有形物品的消费，包括满足生存需求以及较高级的生活需求用品的消费，比如：食物、耐用消费品、服装、汽车、住房等。物质消费是人类社会存在和发展的基础。

2. 精神消费

精神消费是指满足个人精神或心理需求的消费，比如教育消费、社会交往消费、艺术欣赏等方面的消费。精神消费是人类社会进步和发展的动力和标志。

3. 绿色消费

绿色消费又叫生态消费，是指环境友好型消费，和生态需求相吻合的消费。生态消费是人类发展过度城市化、工业化之后的一种新的消费趋势，反映了社会文明程度的提高。

二、个人消费的发展趋势

著名心理学家马洛斯在其著作《动机与人格》中，把人的需求分为五个层次，分别是生理需求、安全需求、归属和爱的需求、尊重的需求和自我实现的需求。基于这些需求而产生不同层次的消费类型。随着社会物质和文明的发展，个人消费趋势向满足个人较高层次需求的消费方向发展。具体来说，个人消费发展的趋势包括以下几个方面。

（一）知识消费趋势

现代社会是知识经济的社会，科技的发展也使得个人获得知识的需求和能力都有大幅提高。具体来说，知识消费包括信息消费、教育消费、文化消费以及科技消费等。

信息消费不仅包含信息资料的消费，也包含通信产品以及媒介产品的消费，更快捷、方便，全面获得信息或传达信息成为信息消费的动力。教育消费满足个人知识的获取和精神文化的提升的需求，不仅包括传统的校园教育，还有在线教育、培训、自我学习和自我教育等。文化消费是对艺术文化类产品和服务需求的消费，比如艺术品、文艺演出、娱乐消费等。科技消费是指个人对产品的消费不仅是满足实用功能的需要，还包括附加的科技含量，比如更美观、更有设计感等。

（二）生态消费趋势

生态消费是经济可持续发展性的消费，是个人身体健康和精神净化的需要，用于对抗城市化发展带来的水污染、空气污染以及热岛效应的环境恶化，以及工业化发展带来的噪音、焦虑等。生态消费包括生态食品、生态用品、生态环境以及生态融入服务的消费。

生态食品又叫绿色、无污染食品，或者有机食品等，近年来成为食品消费的一个不可忽视的趋势。生态用品是指环境友好型用品，包括能够降解的、无毒的用品，比如布袋取代塑料袋、无甲醛建材的使用等。生态环境通常是指为保护或拓展生态环境而做出的消费，比如栽种树木、治理沙漠等的消费。生态融入服务是指满足个人希望回归自然的一种消费需求，比如森林公园、湿地旅游等。

（三）保健消费趋势

保健消费主要是指用于满足延长寿命，提高生活质量的消费需求，主要是医疗保健消费，包括疾病防治、心理保健以及环境安全等。

（四）便利消费趋势

便利消费不禁止对方便食品和商品的需求，还指快速、便利获得商品的消费途径，比如网络购物的来势汹汹其实就是便利消费趋势的体现。人们对时间的重视和拥有闲暇的渴求，促进这一消费趋势迅速发展。

（五）休闲和娱乐消费趋势

我们处在一个不断更新的知识经济时代，社会生产力得到极大提高，压缩了部分劳动力的工作时间；另外，高强度、高效率的工作之后，人们更加喜欢自我放松和享受休闲。休闲和娱乐消费趋势体现在旅游，娱乐服务业的迅猛发展。

（六）个性化消费趋势

随着庞大中产阶层的兴起，人们更加注重个性化需要，更加追求个性化的体验和感受，以及个性化的表达，个性化消费趋势得以发展，比如"定制"化服务。

三、个人消费结构的影响因素

影响个人消费结构的因素有微观层面的因素，主要体现在个人或家庭的需求特点，以及宏观层面的因素，主要体现在社会的发展特点。

（一）微观层面的影响因素

1. 个人或家庭的收入水平

收入水平决定个人或家庭的购买力水平的高低，决定消费的需求层次。通常，收入水平越高，消费结构更加倾向于满足更高水平的消费需求。

2. 个人或家庭的生活目标和消费习惯

以财富积累为目标的个人和家庭，更加注重成本的核算，通常属于节约型消费；以人文、事业为目标的家庭，更加注重对教育的投资包括自我教育投资以及下一代的教育投入消费；以物质享受为目标的个人或家庭，更加倾向于过量的、品牌化的实物购买以及休闲娱乐的消费支出。

3. 个人或家庭所处的生命阶段或生命周期

在不同的人生或家庭的发展阶段，会产生鲜明的阶段性消费结构的特点，比如高等教育消费、结婚消费、购房消费、生子消费、养老消费等。

4. 个人或家庭的投资或财富积累目标

人们在做收支预算时，首先是具有明晰的个人或家庭的财富积累目标的，尤其是中产阶层的消费预算更是如此。那么，这个财富积累目标既是投资需求也显著影响消费需求、消费结构和消费模式。有财富积累目标的个人会更加注重保值甚至增值品的消费，而减少消耗品的消费。

（二）宏观层面的影响因素

1. 社会发展阶段因素

社会发展阶段主要指社会经济发展阶段以及由此决定的社会文明发展阶段，农业社会时代、工业 1.0 即机械制造时代、工业 2.0 即电气自动化时代、工业 3.0 即电子信息化时代以及现在的工业 4.0 即智能制造时代等各个社会发展阶段具有鲜明的时代消费特点包括消费产品、结构、趋势，以及消费模式等各方面。

2. 社会制度包括社会保障制度因素

社会制度包括生育制度、产权制度、收入分配制度、消费信贷融资制度以及社会保障制度等也会深刻影响人们的消费需求。社会保障制度完善的国家的居民倾向较低甚至为负的储蓄率和提前消费，而社会保障制度不完善国家的居民则倾向高储蓄率，其消费模式也相对保守。

3. 社会市场环境因素

社会市场环境包括社会金融市场状况、消费品生产状况、社会舆论以及示范效应状况等方面，都会影响人们的消费倾向、消费结构和消费模式。

4. 社会总体消费水平因素

因为社会总体经济水平的提高，社会消费水平也在提高，体现在生存消费比重的下降，劳务或服务消费比重的上升等。

四、消费信贷

消费信贷是相对于商务信贷而言，指个人或家庭用于消费需求的信贷，具体而言，为了购买耐用消费品，比如汽车、住房等，或其他消费型大额支出如教育、医疗等向金融机构的借款或贷款。

消费信贷的优点能够分期付款购买需要的商品，方便应付经济上的紧急需求和短缺，提供消费便利，帮助建立信用体系和信用级别。但也有缺点，会促进过多消费、提前消费、负债消费等无计划性消费行为，并会减少未来的现金流，过度消费本身以及消费信贷利息的支出都会恶化个人或家庭的财务状况，影响消费预算。尤其注意，看起来低廉便利的消费信贷来源有很大可能会变成很高成本的贷款，这是在消费预算中需要注意的。比如信用卡延迟付款的信用成本以及利息成本会飙升至很高，同时注意回避最小支付额陷阱。

个人消费信贷近年在中国发展很快，特别是互联网金融的兴起，使得个人消费信贷的门槛大大降低，促进了耐用品的消费和大额消费支出。个人消费信贷的发展阶段如下。

（一）银行卡和信用卡的产生和发展

银行卡和信用卡在中国始于 20 世纪 80 年代。2000 年，工商银行首次推出牡丹 VISA 贷记卡。此后，中国银行卡与信用卡的发行迅猛增加，仅 2014 年全国累计发行信用卡 4.55 亿张，同比增长达 16.45%。

（二）个人住房贷款的产生和发展

个人住房贷款在 20 世纪 90 年代我国住房分配体制改革之后迅速发展，中国建设银行是我国第一家发放个人住房消费贷款的商业银行。数据显示，2015 年 1—6 月个人购房贷款增加 1.12 万亿元，同比（比上年同期）多增 1 767 亿元，个人住房贷款规模庞大。

（三）其他个人消费信贷的产生和发展

其他个人消费信贷包括大额耐用消费品分期付款信贷、助学贷款、个人消费信贷额度、旅游贷款、汽车贷款、个人存单质押贷款等各种形式在 20 世纪末和 21 世纪初得到了极大的发展。

（四）新兴网络金融平台

自支付宝诞生以来，传统的个人消费信贷平台发生了很大的改变，各种互联网融资平台、P2P 平台、普惠金融等发展，从根本上改变了人们的消费模式。2014 财年支付宝的总支付金额达到 38 720 亿元，日均支付量已超过百亿，相当于中国日均零售总额的六分之一。

五、个人消费预算管理

所谓消费预算是指在收入既定，商品价格既定的情况下，消费品以及消费数量的组合，满足如下条件：

$$p_1x_1+p_2x_2+\cdots+p_nx_n\leqslant I$$

其中，p 为各种商品价格，I 为个人或家庭可支配收入。

个人消费预算的步骤和环节并不相同，取决于可支配收入、生活目标、消费习惯等因素。通常感性消费者的个人消费预算步骤是先确定明晰的个人生活目标，以及与此目标相适用的消费需求层次，再根据个人的消费需求、消费习惯和消费偏好选择消费产品的种类和数量。理性或追求现金流结余的消费者通常是先确定收入状况以及现金流结余目标，在此基础上选择和控制生活必需品以及其他消费的种类和数量，也可以先确定消费品种类，再根据收入状况和结余要求，界定具体消费品的选择包括品牌、价格等方面。

【案例 10-1】孙军，刚入职场，可支配收入月 3 000 元，经常处于入不敷出的状态，信用卡经常透支，为避免这种状态持续，他决定对个人的消费进行预算，并严格坚持预算内容，以摆脱经常性负债状态。首先他对个人的消费进行分类，在每一消费类别中，细化消费产品和价格，计算汇总如下：

1. 基本的生活消费，包括衣食住行等方面

孙军生活消费情况如表 10-1 所示。

表 10-1　孙军每月生活消费情况表

项目	衣物	饮食	房租，物业，暖气等	水、电、气	家居卫生用品	交通	总计
金额（元）	100	500	600	40	40	50	1 330

2. 教育和自我教育的消费

这部分消费包括学费以及与教学相关的书籍、课程、培训、考试等费用。孙军已经完成系统教育，主要教育开支在职业相关书籍的购买消费，平均每月大约 30 元。

3. 旅游消费

这部分消费主要是假期短途旅游以及探亲旅行，每年预算 4 200 元，平均每月 350 元。

4. 情感和社交娱乐消费

这部分消费包括电话、电视、网络、手机等通信费开支以及外出就餐、聚会等，每月预算平均 650 元。

5. 健身和疾病消费

这部分消费的总体预算月平均为 300 元。

北方地区空气质量欠佳，会频繁使用室内体育场馆、健身房等，大的疾病开支很少发生，主要会在药店购买少量非处方药。

6. 其他消费

这部分消费的总体预算月平均为 200 元。

其他消费包括年末给父母的礼物开支，比如过错被罚款开支，还有意外丢失或被骗支出等。一些突发的或者非常规的开支也有一定概率会发生，从预算的精确性以及全面性角度也应该有所考量。

孙军的个人消费预算总计：1 330+30+350+650+300+200=2 860 元，在每月可支配收入3 000 元以内，此预算可以达到孙军的无负债要求。

在这个案例中，到此为止，个人的消费预算过程并没有结束，孙军还需要对某一项消费根据预算额度进行精确的定位产品，比如对健身消费的场地和次数的选择、旅游消费明细支出等。

第二节　购车、结婚、子女生育全面预算

结婚和子女生育是人生的重要阶段，也是一个新的家庭的生命周期的开始。在中国很多年轻人结婚之前和父母生活在一起，结婚意味着买自己的房、买自己的车，也就是从结婚开始有了自己名下的资产。买房、买车和结婚往往同步进行，结婚消费成为继大学教育消费之后一个最重要、最显著的消费时点和事件。

结婚之后，面临的是子女生育、子女教育等大额消费。购房消费有单独章节，本节主要介绍购车消费、结婚消费和子女生育消费预算。

一、购车消费预算

在有形资产消费方面，买车是除买房之外的最大额的投资了。购车消费预算步骤如下。

（一）决定租车，购买二手车，还是购买新车

很多年轻人买车之前并没有思考过是需要买车还是只是想要买车，和买房不同，至少在可预见的未来，车是消耗品，没有升值预期，相反贬值速度很快。所以，买车之前需要思考到底需要不需要，其次需要预算并比较一下其他可替代方法的成本，比如租车或购买二手次新车而不是新车。

尤其是现在租车市场如此宽松，除了传统的出租车，还有滴滴打车、快车等平台，也有短期租车平台，基本还是可以便捷迅速地满足人们的出行需要。除了租车之外，次新车、二手车都可以进行类似的考量，尤其是次新车有着很高的性价比。

（二）购车准备

决定购买新车之后，需要决定购买什么品牌的车，车的内饰要求，以及考量首付款和月供数额等以确保购车行为不会让自己陷入财务危机。车的品牌和内饰要在购车预算之内，并且可以通过朋友、同事、周围人以及网络平台进行多方面比较，确定最佳方案。在选择汽车品牌之前，还要考虑后续汽车的运行费用、保险费用以及维修、保养费用，这些都需要预算到。

确定首付款规模，最好不要动用子女生育、子女教育以及个人的养老基金。然后预算月供款数额，几乎所有汽车销售商都有低息甚至零息汽车贷款金融服务，也有很多金融机构或互联网金融平台提供汽车消费信贷以供选择。

（三）购买车

买车前的准备包括预算、报价搜索等做完之后，大部分人还是会去汽车经销商现场购买并提车。这一步骤需要确定现场价格、折扣、优惠信息、经销商提供的融资计划以及提车时间等诸多细节。

原则是确定其是否和购车准备阶段的搜索信息相符，以及是否满足个人的预期，以及经销商信用和现场感觉，还有现场还是可以讨价还价的，或者争取进一步的保险费优惠或内饰的赠送。如果需要经销商的购车融资计划，需要详细确定月供额度和付款时间等条款。

（四）购车之后车的保险，保养预算

车买回之后，很多人认为会开就可以，而忽略了汽车其他知识的积累。我们建议要把

随车的说明书、必备工具等看一遍，不仅可以更安全驾驶，还可以知道如何解决一些小的问题，以保证汽车在最佳服务状态。

买车之后，除了保险事项以外，最重要的事情是安排车保养计划。通常来说，保险是在经销商现场购买的，而且，虽然有一些保险公司和产品可以选择，但汽车保险基本没有议价空间，所以，保险预算是被动接受市场价格。车保养和保险不同，有很多弹性，包括保养时段或里程的选择、保养地点的选择、保养项目的选择等。

通常，新车正常的保养里程为5 000公里、10 000公里，在保养前，需要对要保养的项目做到心中有数。同时，最好选择一个口碑、技术好的修理中心定点保养，这样方便建立个人汽车的保养档案。

购车消费预算流程如图10-1所示。

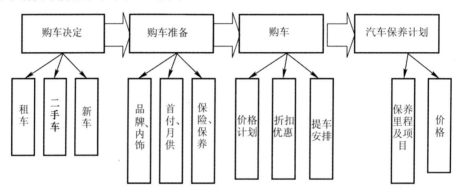

图10-1 购车消费预算流程图

二、结婚消费预算

结婚消费或者结婚成本随着通货膨胀率的提高，城市房价的增长以及攀比或社会风气的影响，结婚消费数额越来越庞大，结婚消费的产品和服务的种类也越来越多。很多城市，动辄几十甚至上百万的结婚消费使得结婚成为人生中数额最大也是最重要的消费支出。

在现实中，在我国，结婚不仅仅是结婚消费问题，而且是家庭财富的代际转移点，很多或者是绝大多数父母会为子女的结婚购买婚房、筹备婚礼、准备彩礼等，从而实现财富从原生家庭向新家庭，从父母向子女的转移。但是也有子女依靠自己的财力、能力支付结婚消费，通常有两类人，一类是来自偏远贫困农村，父母没有支付能力；另一类人是高收入群体，个人支付能力超出父母的支付能力，比如演艺界人员等。在很多西方国家，通常结婚消费或者结婚成本是由个人负担的，财富的代际转移发生在父母的遗产清理阶段。

结婚预算和其他消费预算一样，与个人生活目标、婚姻观念、消费观念等都直接相关。结婚预算有两种方式，一种是按结婚需求计算或者预算结婚消费总额度；另一种是结婚消费总额度预先设定，计算或预算结婚的各项花费明细。通常，前一种结婚预算适合个人或家庭高收入群体；而后一种预算方式则适合中低收入家庭或个人。

尽管结婚预算的方向可以有先分后总和先总后分之分，但结婚消费的结构却基本相同，都包括婚房的购买以及装修、家具家电、购车、彩礼、婚纱照、婚礼筹备相关环节、置装及首饰以及蜜月旅行等。

下面是结婚预算的两个案例：

【案例 10-2】某男方结婚预算。

房子：首付 20 万元，月还款 3 100 元左右，两房两厅 80 平方米，均价 8 500 元/平方米计，借贷 50 万元左右，30 年。

房子精装及家具家电：11 万元；

购车：女方陪嫁；

男方支付彩礼钱：10 001 元；

婚纱照：5 000 元；

婚礼：中档酒店 15 桌左右，自带酒烟、糖果等，约 4.5 万元，婚庆公司 5 000 元，租婚车 3 500 元，租婚纱、衣服等费用，约 4 000 元；

三金、钻戒等首饰：约 2 万元；

蜜月游：约 2 万元；

备用金：约 1 万元；

总计：43.2 万元左右，30 年月供款 3 100 元。

【案例 10-3】某新人结婚婚礼总体预算。

婚纱照：3 800 元；

家具家纺：7 200 元；

家用电器：8 800 元；

双方服饰 14 000 元：男方雅戈尔西服一套为 2 388 元，加棉衬衣 130 元，红领带 50 元，酒红色羽绒服 850 元，鲨鱼羊毛衫 1 200 元；女方红色敬酒服一套 2 450 元，鞋子四双 1 300 元，皮草 2 880 元，披肩两件 900 元，毛衣三件 1 000 元，租借婚纱 800 元等。

双方首饰 29 000 元：女方钻戒 5 800 元，铂金手镯 9 200 元，黄金实心手镯 11 000 元，男方戒指 3 000 元；

婚庆及车队 7 800 元：婚庆公司 3 800 元、接亲车队 3 400 元、接客人来回大巴 600 元；

礼品烟花 3 500 元：礼品 1 500 元，喜糖瓜子花生 800 元，鞭炮烟花 1 200 元；

烟酒 4 100 元：香烟 1 600 元，白酒 2 000 元，红酒 500 元；

婚宴 19 000 元：选用的 800 元包桌，共计 24 桌，加上试菜 500 元等；

亲朋住宿及其他 5 400 元：住宿 1 200 元，餐饮 1 500 元，小朋友红包大约 1 500 元，烟酒大约 1 000 元等；

预计婚礼礼金收入：45 000 元；

净支出　：57 600 元。

结婚消费预算额度中最大笔的支出应该是新房和装修费用，其次是购车费用，再次是婚礼酒席等费用，其后是置装首饰费用，最后是蜜月旅游等。

不同城市的结婚消费差别很大，最大差别在房价的差异上，其他方面的差异并不显著。结婚所涉及的每一项消费都需要独立预算和事前大量的搜索比较以取得最经济的途径。

三、子女生育预算

结婚之后，年轻夫妻首先面临的人生规划就是什么时候生养孩子，自 2016 年 1 月 1

日起，中国取消单孩的计划生育政策，那么，很多夫妻还需要探讨生一个还是两个孩子，间隔多久。由于，中国城镇化的发展迅速，而城市生活压力以及生活成本巨大，很多夫妻在生养孩子方面非常谨慎，不仅是支出的大幅增加通常还有女方的事业发展的暂时停滞。

现代微观经济学家庭生育理论认为孩子就是一种特殊种类的消费品（在贫穷家庭可能是一种投资品），和汽车、食品等消费品一样，满足人们的消费需要。生育消费的影响要素有以下几个方面。

（一）家庭收入

按照以需求为基础的生育理论，家庭从所有可能得到的孩子和各种商品的组合中选择一种以其主观偏好为基础的，能使家庭满足最大化的商品和孩子的组合。也就是说，消费者（家庭）只能在家庭收入和消费品（孩子）价格既定约束条件下，选择最大数量组合以满足效用最大化，即家庭收入提高，就会使得家庭希望获得更多的商品和孩子，从而得到较高程度的满足。这样的结论确切地说更符合农村地区的一般家庭，收入增加对孩子的需求相应会增加。

但是越来越多的城市家庭随着收入的增加却选择了较低的生育率，即使国家在一定程度上放开了生育政策的限制，也宁愿选择低生育率，原因在于，用消费者需求理论来分析家庭对孩子的需求时，从满足父母的欲望，使父母获得效用这一角度说，孩子的数量和质量是可以相互替代的。而之所以发生由重数量向重质量的转变，主要由于父母对孩子数量需求的收入弹性要小于对孩子质量需求的收入弹性，这与对一般消费品的需求规律是一样的。收入的增加，将导致家庭在用于孩子的支出上，要在孩子数量和质量上进行合理配置，以求达到养育子女效用最大化。

（二）生育或养育孩子的净价格

净价格即孩子预期成本与可能收益的差。家庭的规模由父母对生育孩子的数量选择确定，而是否需要生育某边际孩子由预计该孩子的支出成本与可能提供的效益比较决定。

首先生养子女的成本分为两部分：一部分是直接成本，即从母亲怀孕到将孩子抚养到自立所花费的衣、食、住、行、医疗、教育、婚姻等的费用；另一部分为间接成本（实际上等同于机会成本），即父母，主要是母亲，因哺育照料孩子耗去时间而损失的机会成本，因照料孩子失去受教育、工作流动的机会，从而失去获得更好职业和更高收入的机会，因减少闲暇时间、减少对其他商品消费的"牺牲"等。因此，生育一个孩子的效用与成本的比值，在一定程度影响着家庭生育的决策，进而影响生育率。

家庭付出一定的直接成本和间接成本的目的是从孩子那里取得效益，这种孩子的效益大体上体现在劳动经济效益、养老保险效益、消费享乐效益、继承家业效益、维系家庭地位效益和承担家业兴衰风险效益等几个方面。而孩子的效益中除消费享乐效益变动不明显外，其他效益的总趋势是随着社会经济发展而逐步下降的。越是相对贫穷地区的家庭对于劳动经济效益和养老保险效益越是重视，子女对父母来说，除了能带来精神愉悦，更是劳动力，是收入，是养老的依靠和保障，所谓"穷人的孩子早当家""养儿防老"，实际上都是微观经济学视角下家庭生育选择行为的外化。

生育与养育孩子的净价格越高，家庭对孩子需求的数量越低。一方面让女性接受更多的教育，给女性提供更多的就业和升迁机会，接受过高等教育、职业收入较好的女性生产孩子的直接和间接成本都较高，社会制约她们的机制也较强，女性的教育程度、职业、行业结构同生育率存在相当高的负相关关系；另一方面社会养老保险体系更完善，覆盖面更广泛，打消低收入家庭老无所养的顾虑，减弱养老保险效益，来降低预期收益。这样，孩子净价格上升，需求量下降。

子女生育预算步骤有以下几个方面。

1. 什么时候生育孩子

很多夫妻存在负债结婚现象，不仅是有房屋贷款的月供，可能还会有汽车消费贷款，有的夫妻还是借款筹备婚礼的等。刚结婚，新的家庭刚刚成立就面临一系列借贷款问题，除此之外，还有夫妻双方参加工作不久，也有在职场努力提升的意愿等原因，所以，很多家庭会谨慎规划生育孩子的时机。这一阶段，预算集中在因生育孩子而可能产生的机会成本。

2. 孕期、生产期医院的选择

为安全、方便起见，通常孕期检查、档案建立的医院和生产医院是同一家医院。很多人选择离住所近的医院；也有的选择大医院或者生产环境更加舒适的外资医院、私立医院等；有条件的家庭甚至会选择国外生产。这一阶段的预算项目有生育保险的购买，孕期检查费用，孕妇营养和药物费用，医院生产费用等。这一阶段主要的预算差别在于不同的医院，费用差别很大，需要根据家庭收入现金流情况做出适当选择。

3. 产后褥期母子或母女的照顾

生产之后，首先面临的是谁来照顾母子或母女，越来越多的家庭为了减少家庭摩擦以及更加专业的服务而选择"月嫂"居家照顾，"月嫂"的薪酬出现节节攀升的态势，这是一笔很大的财务支出。"月嫂"的薪酬的议价空间不大，可以选择的是"月嫂"的服务时间，通常家庭选择半年，甚至一年。也有一些家庭采用传统的方法，由双方的父母照顾，这样的财务负担会减少很多。

其次，新生儿的疫苗等可能产生的医务费用以及尿布、奶粉、衣物、玩具等费用。其中最大的支出可能是尿布和奶粉项目。提倡母乳喂养，不仅是财务的节约更重要的是更有利于婴儿的身心健康。

最后，产妇的营养和身体恢复费用。在产褥期，因为要哺乳，通常产妇会有营养餐计划，甚至一些保健补充剂的服用等这些费用的产生。很多产妇的产假不到半年，所以，还面临健身、身材恢复问题，可能涉及健身会所、健身教练等费用支出。

4. 产褥期后，幼儿园之前阶段婴儿的照顾

产褥期后，需要决定由谁来照顾婴儿，是母亲放弃工作来照顾，还是双方老人照顾，或者请居家保姆。尽管社会发展的趋势，是很多年轻母亲辞职照顾婴儿，但是这样母亲会面临巨大的机会成本，以及职场的未来发展潜力，还需要仔细考量家庭收入等因素。更多的家庭模式是把婴儿交给长辈照顾，如果生活在同一城市还相对便利；如果不在同一个地方生活，可能面临家庭两地分离，造成很多精神、亲情的遗憾。此外，请居家保姆也是很多家庭的选择，但通常都是不得不做的选择，因为社会的信用和保姆市场的低门槛、非专

业等特点造成这一职业人群的复杂化，使得很多人心有芥蒂。而且，居家保姆的费用也趋于攀升。当然这一阶段，家庭的日常生活成本也会居高不下，婴儿的奶粉、玩具、衣物、饮食等支出也很显著。

5. 幼儿园时期

很多家庭，从幼儿园开始，孩子步入了系统教育以及才艺培训阶段，这阶段最大的开支在于幼儿园费用以及才艺培训费用。望子成龙的强烈愿望使得大部分家庭的生活节奏以及生活支出是围绕孩子的生活、教育和保健等，孩子相关的费用占据了家庭的大部分支出。

【案例 10-4】王女士今年 28 岁，已婚三年，打算要孩子，她计算了一下生养孩子的直接和间接成本如下。

时间成本：提前半年准备——十月怀胎——生产——休养——养育。

经济成本：曾有机构调查，普通城市市民家庭的孩子，要想完成从幼儿园到大学的全部教育费用，即使不交赞助费、择校费，至少也要花 50 万至 60 万元，相当于一位月薪 3 000 元的收入者，不吃不喝"奋斗"16 年。

工作成本：一旦生小孩，就必须休产假，还要照顾家庭和小孩，这样就有可能丧失原有的工作岗位，至少升职无望，甚至还可能导致失业或不得不辞职。

准备阶段：准备生育是个复杂的过程：领准生证——体检，身体是否健康——补充维生素或其他营养剂——选择医院——购买防辐射服、奶瓶等。

领准生证（体检建档 100～1 500 元不等）——孕妇培训课（2 个月 1 000 元）——怀孕建卡（检查费用 100 元，验血费用 800 元）——营养品（综合维生素等，9 个月 3 000 元）——产前诊断检查（10～15 次约 1000 元左右）——特别项目检查及诊疗（排畸形检查 100～500 元一次，羊膜穿刺 1 000～3 000 元一次）——交通费（100～1 000 元不等）——购置孕妇装备（防辐射服 500 元、孕妇装 100～500 元不等）——购置待产装备（包括妈妈用品、宝宝用品、入院重要物品；奶瓶、毛巾、湿纸巾、洗衣液、奶瓶刷、消毒锅、小型洗衣机、粉扑、尿不湿……3 000 元以上）。

在哪里生，去美国、扎堆香港、挤进三甲医院、留守大城市还是回老家生？去公立医院还是私立医院？

孩子出生后、上幼儿园到上小学、中学、考大学，再到就业、结婚等环环相扣，如何闯过激烈竞争，让孩子不输在人生的每个关键点，是父母纠结一辈子的问题。

零岁工程：衣服+纸尿裤+医疗费+图书+额外消费：10 000～50 000 元左右。

奶粉工程：辅食每月 400 元左右，奶粉每月 700～1 000 元左右。

幼儿园工程：入园费+课本费+兴趣班费+订奶费+班费等，一学期 5 000～10 000 元左右。

还有：健康工程、应试教育工程、素质教育工程、谈恋爱工程、结婚工程……

子女生育预算的流程如图 10-2 所示。

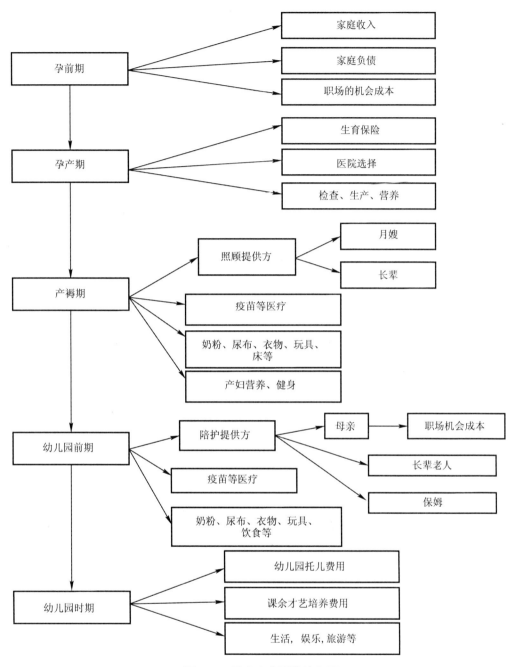

图 10-2 子女生育预算流程图

第三节 教育消费全面预算

教育从现金流的方向看是一种消费，教育阶段主要消费有学费消费、生活消费及旅游消费等。从子女幼儿园开始，子女的教育成为家庭的重要消费内容，同时这一时期，通常家庭收入稳步增长，家庭债务状况得到很大缓解，家庭的消费趋于宽松，家庭投资活动活跃，防御性储蓄也逐步积累。围绕子女教育的相关直接或间接消费占据家庭消费支出的大部分比重，如图10-3所示。

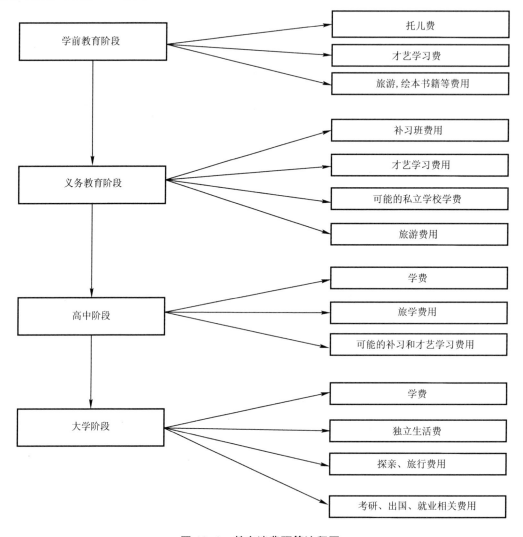

图10-3 教育消费预算流程图

一、子女幼儿园时期教育消费

通常，子女幼儿园时期的家庭消费事项多，数额大，家庭经济较为紧张。这时，有的家庭因为照顾婴幼儿，一方不得不辞职在家，使得家庭收入受损；或者请保姆照顾，也会有一笔款项支出等。孩子上了幼儿园，基本上就是进入学前教育阶段，不仅仅有幼儿园的托儿费产生，而且大部分家庭，会有特意安排的才艺教育培训。

托儿费预算主要是对幼儿园的选择，可以选择离家近的、也可以选择双语教学的，或者其他教育理念的幼儿园，还有选择单位福利性质的幼儿园或者其他公立幼儿园。不同的幼儿园，托儿费的差异很大，需要结合家庭教育理念以及家庭收入情况仔细考量。

幼儿才艺教育费用也是一笔很大的支出，这个时期，孩子太小，可能无法明确表达对某种才艺的兴趣和爱好，很多家长也不知道该如何培养孩子在某方面的兴趣。所以，幼儿时期的才艺教育通常比较杂乱，家长的从众心理很强，可能会报很多才艺班，来确定孩子到底喜欢什么或者更适合什么。阅读习惯也是从这一时期开始培养，幼儿时期的书籍主要集中在绘本，绘本的价格很贵，这方面的消费是不容忽视的。

很多家庭是从幼儿园时期开始定期带孩子旅游，增长见闻，从某种角度上来说，对孩童来说旅游和阅读一样，不仅是一种娱乐，更是一种教育。有些家庭，会从孩子的幼儿园时期开始规划带孩子旅行的长期安排，包括幼儿园时期旅行线路、小学时期旅行线路，中学时期旅行线路等。

二、义务教育阶段教育消费

中国实行九年义务教育制度，这一阶段的公立学校教育是不收学费的，私立教育是收学费的，还有一些公立学校的特殊班级教育也是收学费的，比如国际班、天才班等。和幼儿园的托儿费相比，这一阶段的学校教育费是很低的。

但是，这一阶段一个突出的、新的教育支出是补习班支出。所谓补习班，是孩子在学校之外的课堂同步或者提前或者拔高再接受学校所学的课程、教程的学习班。这种补习班，尤其是英语、奥数等非常普遍而且突出，不仅费用不菲，而且劳民伤财，需要家长大量的时间和精力陪读、陪学。其实，中国教育官方并不支持校外学校教育，很多专家也认为没有必要，但是，这种校外补习班还是很有市场。

这阶段的才艺教育项目比较固定，孩子们通常也能够明确表达自己的喜好，家长们对孩子的培养方向也会更清晰明确，不会报很多很杂的才艺班，会相对固定一至三个才艺，然后坚持学习、练习。

这阶段的旅游线路会兼顾孩子的学习需要，比如，到北京看故宫、参观名山大川等，尤其是课堂上学到的、提到的一些地方会成为旅游目的地。

三、高中阶段教育消费

高中阶段普遍都是要收学费的，但很多学校有鼓励优秀学生的奖学金制度或者学费减免制度。而且，大部分公立学校收的学费也不高。

这一阶段的补习班费用也会大幅减少，一是因为学校学时延长，学生没有时间到校外补习；二是因为学生自我选择意识增强，可能不会接受被安排的补习班学习。同时，此阶段的才艺教育费用也倾向于减少，一是因为孩子没有更多的时间；二是更多的孩子这个时期选择自我学习、自我练习、自我提高的才艺学习方式。

近年来，这阶段一个新的、明显的支出是游学费用在增长。无论是家长还是学校、社会以及孩子自己都希望孩子能够体验不同的教育环境和教育方式。有条件的家庭，会送孩子出国短期游学；有些学校或社会机构也会推出暑期游学计划等。这个费用不菲，需要家庭有此预算。

四、大学阶段教育消费

目前，中国绝大多数孩子的大学教育费用是由家长全额支付的，而大学的学费通常不菲。各个高校也都有品类繁多的各种奖学金、助学金，对家庭经济能力不好的学生会提供困难补助，这些途径可以相对减少家长的经济压力。

而且，仅从消费角度，大学阶段的特殊性体现在大学是绝大多数孩子独立生活的一个转折点。很多孩子到别的城市求学，或者即便在同一个城市，也不会再像以前一样吃住在家。所以，孩子从这个阶段开始会有自己独立掌控的生活费。这种生活费应该计算在孩子的大学阶段的教育消费之中。

除学费、生活费之外，还有假期的探亲、旅行费用，以及大学后期的考研、出国、就业等后续费用，每一事项的费用都不低。

这个时期的特殊性还体现在，很多孩子可能在这一阶段实现经济自立，即通过校内外打工或者创业实现自我供养。近年来，这种趋势也逐步明显起来。所以，此阶段可能是子女教育支出最多的阶段，也可能是子女教育支出最少的阶段。

在目前中央以及地方政府、教育部门、学校都近乎无条件支持学生创业，提供机会甚至资金、场地、平台等资源的背景下，有很多大学生步入创业行列，实现经济独立。也有一些家庭从孩子出生就购买相关的教育保险或教育理财产品，通常这个时候可以支取使用。

教育消费预算流程如下。

对教育消费的调研，反映出了以下一些新的情况和特点。

第一，教育在我国居民家庭支出中所占的比例是非常大的。目前，我国居民家庭消费支出中，子女教育支出将达到 31.6%，而且根据趋势比例还会持续上升。当今社会日益发展的同时，带来的竞争也日趋激烈，而知识无疑是竞争的一大因素。所以现在不管是农村还是城市的家庭都非常关注子女的受教育程度，加大了对子女的教育投资。

第二，教育方面的消费支出是多方面的支出，包括学杂费、补习费、住宿费、生活费、家教支出等。学杂费随教育层次的提高有所降低，大学生学杂费的比重最低，小学生学杂费的比重最高。高中以下的学生用在补习班上或家教支出的费用较大，中专以上的学生教育消费则大多数用于住校生活费这方面。

第三，收入的差距影响家庭对子女教育的投入，收入较好一点的家庭对子女教育消费支出要大。好的收入来源是为子女提供好的教育环境的重要因素，会给孩子提供更多的学习机会，让他们发挥自己的兴趣爱好，上更多的兴趣班。然而低收入家庭的孩子也有很多的兴趣爱好，但缺少经济条件会让他们失去培养和发展兴趣爱好的机会。在农村，很多家庭经济环境较差的学龄子女在初中毕业后就出去打工，而家庭经济较好的学龄子女多在继续学业。

第四，不同的地区家庭教育消费差异明显。东部是我国开发的最早的地区，经济相对发达，生活水平和教育环境相对较好，在子女教育上面的消费也是较高的。中部地区则次之，经济水平相对东部较差，在子女教育消费上的支出相比东部而言较少。而西部是我国经济相对落后的地区，在子女教育上的支出也是相对最低的。

第五，城市居民教育消费潜力要比农村居民教育消费潜力要大得多，城市居民有更好的经济来源，并且教育环境较好，让子女接受教育的意识也更强，所以城市的教育事业发展的市场也会越来越大。

第六，家庭对孩子的教育投资是非常巨大的，不仅需要财力，更需要时间。

本章小结

个人消费是一个多方面、多层次、多功能的体系。对社会而言，个人或家庭消费是经济发展的动力之一，理性消费和健康消费能够促进经济结构的改善和经济发展；对个人或家庭而言，个人消费有时也是激励个人实现自我的一个动机，通过有品质的消费带来有质量的生活，甚至有的消费有时是一种投资，比如教育消费等。近年来，随着国人的收入水平和经济能力的提高，个人消费也出现了很多新的趋势。规划好个人或家庭消费对个人或家庭的生活质量以及家庭资本积累都非常重要。

个人消费预算有生存需求消费、生活需求消费以及发展需求消费；也可分为物质消费、精神消费以及绿色消费。现在的个人消费呈现知识消费、生态消费、保健消费、便利消费、休闲娱乐消费以及个性化消费等趋势。个人消费预算不仅包含个人生活方面消费还包括固定资产购买比如购车和购房，也包括结婚、生育消费预算以及教育消费。因为教育兼具消费和投资的双重属性，所以在本章有单独列一节分析。

练习题

一、单选题

1. 教育消费属于以下哪一种消费类型（　　）。
 A．生存需求消费　　B．生活需求消费　　C．发展需求消费　　D．绿色消费

2. 不是影响个人消费结构的微观因素有（　　）。
 A．个人收入水平　　　　　　　　　B．个人消费习惯
 C．社会总体消费水平　　　　　　　D．个人所处的生命阶段

3. 下列哪一项支出不属于消费内容（　　）。
 A．旅游支出　　B．娱乐支出　　C．股票支出　　D．教育支出

4. 参加在线培训的消费属于下列哪一种消费（　　）。
 A．生态消费　　B．知识消费　　C．绿色消费　　D．便利消费

5. 女性的生育预算大部分情况下不需要考量（　　）。
 A．时间成本　　B．经济成本　　C．工作机会成本　　D．养老成本

二、计算题

1. 若甲同学放弃年收入 8 万元的工作，而选择某学校攻读研究生学位，需要缴纳每年 1 万元的学费，其他相关支出每年大概需要 6 000 元，学制为两年，计算一下该同学的研究生学位的机会成本？

2. 请计算一下你到目前为止的教育消费数额？

三、案例分析题

张先生月收入 7 000 元，张太太月收入 4 000 元，家庭目前正常生活开支月 5 000 元。房子刚装修完，手头只有约 10 000 元现金结余。打算今年怀孕生子，坐月子打算请月嫂半年，预计每月 6 000 元；其后，请保姆照顾孩子，预计费用每月 3 500 元。张太太产假期间月收入减半，打算休息 9 个月。请帮助张先生夫妻预算与规划一下生育直接成本以及怀孕时机以保证家庭财务收支有余。

第十一章　大学生全面预算管理

本章从大学生全面预算管理的内涵着手，分析了大学生全面预算管理的概念和主要内容，从学业规划的全面预算管理和资金的全面预算管理两方面探讨了大学生全面预算管理能力的培养，并以露米记账法、随手记和 FIT 便签为工具，演示了大学生如何通过全面预算管理科学、合理地进行学业规划和资金管理。

第一节　大学生全面预算管理的内涵

全面预算管理是一种整体规划和动态控制的管理方法，是对企业整体经营活动的一系列量化的计划安排，以便实现企业的战略规划目标。对个人全面预算管理而言，包含了买房、资产、子女生育、退休、遗产等全面预算管理，对于大学生这一群体而言，全面预算管理往往被认为没有经济来源，无法进行预算管理而忽略。随着社会的快速进步，科技的高度发达，在大学学业生涯中能够合理规划以便顺利乃至以优异的成绩完成学业，学习资金管理方法，养成良好的消费习惯，具备一定的统筹谋划能力，逐渐成为企业录用人才的关注点，因此，大学生以主人翁的姿态进行全面预算管理势在必行。

一、大学生全面预算管理的概念

大学生全面预算管理是基于大学学习生涯，运用现代财务管理方法对学业和资金进行管理的过程，也是大学生学习知识和增长才干的过程。

近年来，随着高考扩招，毕业生人数急速增加。如图 11-1 所示，2016 年毕业生人数为 756 万，相较于 2001 年的 114 万，增加了 642 万，大学生就业形势严峻。而就企业而言，用人标准也在不断提高，面试人才的方法从单纯的笔试、面试，增加了无领导小组讨论、结构化、半结构化面试等，甚至面试从一面一直持续到四面、五面，才能最终确定录取名单。企业规模的扩张带来的岗位需求与大学生毕业人数的差距很大，面对这种形势，大学生更要首先明白"打铁还需自身硬"的道理，在大学期间认真地对学业和资金进行全面预算管理，合理规避潜在风险，从为争取一个工作岗位，逐渐成长为为实现梦想而拼搏进取在各行各业的弄潮儿。

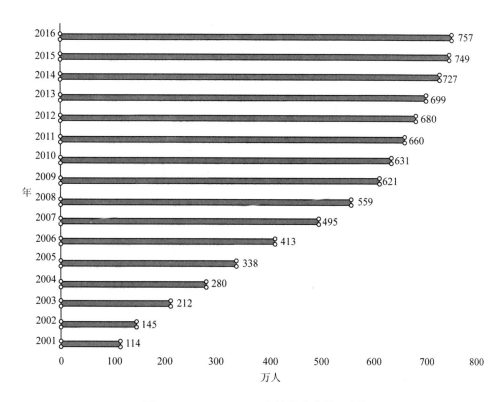

图 11-1 2001—2016 年毕业生人数示意图

二、大学生全面预算管理的内容

依据大学生的特点，其全面预算管理分为两部分内容：学业规划的全面预算管理和资金的全面预算管理。学业规划的全面预算管理一定意义上是时间和学习任务的全面预算管理，资金主要是可支配的生活费和奖助学金等的管理。

（一）资金管理方面

大学生的资金管理同样分为支出和收入两部分。支出主要指的是学费、住宿费、生活费及其他培训费用。收入指的是奖学金、助学金、勤工助学工资等。

目前各高校基本都有的奖学金或助学金的种类有以下几个方面。

① 综合奖学金：校方出资，按专业成绩、在校表现两方面评选。

② 专业奖学金：校方出资，按某专科成绩评选。

③ 专业补贴或者区域补贴：有些艰苦专业或偏远地区国家会给补贴。

④ 国家奖学金：国家出资，名额少，竞争大，每年评一次，有证书。

⑤ 国家励志奖学金：国家出资，原则上奖给家庭困难、学业优秀的同学，每年评一次。

⑥ 国家助学金：国家出资，有名额限制，每年评一次，无证书。

⑦ 各校的贫困补助：减免学费补助、助学贷款补助等。

⑧ 各校不同的基金或名人建立的奖学金等。

支出的归类有很多方法，通常按照消费品的性质来分类，如图 11-2 所示，有以下几种。

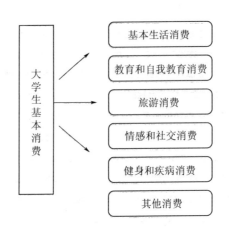

图 11-2　大学生基本消费类型

1. 基本生活消费

基本生活消费，包括衣食住行等方面的基本消费，这方面的数额差异很大，一千元可以过，不会冻着、饿着；大几千也没有明显的物质过剩的感觉。所以，这方面的预算很重要，消费有度的观念和坚持也很重要，因此我们在提倡满足基本生活需求的基础上，以简单大方为美。花哨繁杂的需求不仅会耗尽现金流入，更重要的是会消耗时间和追求人生的动力。

2. 教育和自我教育消费

教育和自我教育消费，包括学费，以及与教学相关的书籍、课程、培训、考试等费用。这部分的费用在大学期间的支出不少，需要详细规划。大部分这方面的支出应该被鼓励，因为这些支出其实是投资，是走入职场或铺垫人生轨迹的基础的长期的投资。但是，不可否认，这类消费也存在一些功利性的、短期性的、消费性的教育相关开支，比如盲目跟风考一些与自己专业和学业规划无关的证书。

3. 旅游消费

旅游消费，之所以把旅游消费单列，一是因为这项开支很普遍，几乎人人都会发生；二是这项消费很重要也很必要，它是除读书之外能够开阔个人心灵眼界之门的一种重要途径和方法。读万卷书、行万里路是人生不可或缺的需要，人的成长需要身或心至少一个在路上，至少一个在成长。旅游开支需要预先规划，否则，率性而为可能导致挤占生活费而出现生活窘迫的状况。

4. 情感和社交消费

情感和社交消费包括手机费等开支，这部分消费也必不可少，所占比例较大。大学阶段是人生一个特殊时期，从年龄上来看是成年人；但从自我供养的经济能力来看绝大部分学生尚需要父母亲人资助；从情感成熟和发展来看，可以说大学阶段的爱情是大部分人一生爱情轨迹的起点，这部分的花销要做到理性消费。

除此之外，大学时期通常也有较多的其他交际或人情往来支出，比如社团活动支出、老乡会联谊支出、生日聚会等。所以，这部分的支出项目繁杂，但是可以预见，而且数额可控，所以，我们可以有明晰的预算规划。

5. 健身和疾病消费

健身和疾病消费，通常大学的室内体育场馆是收费的，尤其北方地区空气质量欠佳，可能会频繁使用室内体育场馆、健身房等，所以这部分的开支同样不可忽视。疾病开支通常也会发生，虽然不可预见，但是可以有适度预算以备不时之需。

6. 其他消费

比如年末给父母的礼物开支，比如过错被罚款开支，还有丢失或被骗支出等。一些偶然的突发的或者非常规的开支也有一定概率会发生，从预算的精确性以及全面性角度也应该有所考量。

以上消费是按照消费品性质或消费方向分类，也有按照消费动机分类，分为必要消费，即生活或学习必需品消费；随群从众消费，即盲目跟风从众消费；体验消费，即用在体验不一样的或者新鲜事物上的消费；炫耀消费，即满足攀比，突出自我的消费；宣泄消费，即用于宣泄不良情绪或过度兴奋情绪的消费；连带消费，即带动家人朋友间接产生的消费比如家人探望的旅游餐饮支出等。

（二）学业生涯规划

"大学生就业难"已经成为令所有毕业生与家长头疼的社会问题，毕业即失业的大学生屡见不鲜，毕业后迫于生计选择了与专业无关的职业的大学生不在少数。但是同时也有很多大学生找到了理想的工作，究其根源，学业生涯规划对于职业目标的确定起着至关重要的作用。大学生的学业规划指的是学生在完成高中阶段的学习后，结合对学生自身的性格特点和能力特点的正确认识，准确定位学业目标，制订学业发展计划，以确定用最小的求学成本，实现阶段性的目标所必需的素质和能力的过程。学业规划主体是指求学者本身，即最终的选择权与决策权一定是求学者掌握。规划客体是规划内容，即通过怎样的方式实现学业目标，即学业路线。

一般而言，学业规划的内容如图 11-3 所示。

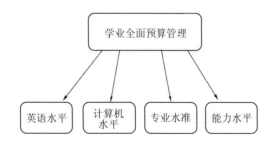

图 11-3　大学生学业规划全面预算管理能力的培养

1. 英语水平

虽然教育部文件中已经不再要求将学生的英语水平与学位挂钩，但是企事业单位在招录人才时，一般都会明确要求应聘者的英语水平达到一定的层次。因此，英语的听说读写能力是学业规划的重要内容，一般最低要求是四级，涉外企业要求一般是英语六级乃至专业八级。

2. 计算机水平

计算机水平一般要求能够熟练操作 Word、Excel、PPT 等软件，个别企业要求通过国家计算机二级。

3. 专业水准

专业水准是衡量毕业生质量的重要指标，也是学业规划的重中之重。

4. 能力水平

能力水平一般包括沟通表达能力、团队协作能力、自主学习与终身学习能力、创新与实践操作能力、独立思考与理性批判能力、耐受挫折能力。

【案例 11-1】有这样一个案例，讲的是天津财经大学的一位毕业生在经过精确的规划与不懈的努力后最终在 28 岁的时候就实现了年薪 30 万的薪资待遇。当她的大学老师问她是如何做到的时候，她只是回答了一句话"我早有准备"。该毕业生的求职简历如表 11-1 所示。

表 11-1　天津财经大学学生的求职简历

个人简历			
姓名	张　蕾	性别	女
教育背景	起止年月	学历层次	所学专业
	2003—2007	研究生	金融学
	1998—2002	本科	金融学
学习成果	1998—2002	校学生会主席、校级优秀毕业论文、优秀英语学习奖	
	1999—2002	校级优秀学生干部称号	
	1998—1999	校级一等奖学金，优干奖学金	
	2000—2001	校级二等奖学金	
	2002—2003	天津财经大学统计学系、团总支书记	
社会实践	中央电视台《挑战主持人》冠军		
	天津电视台《非常主持》年度大赛十佳主持人		
	带领团队赢得天津市大学生辩论赛冠军，并获全场最佳辩手称号		
	天津市大学生现代经济与社会发展季谈会执行主席		
	2000 年 10 月—2001 年 11 月　　AVON（雅芳化妆品）中国销售代表		
	2005 年 9—12 月　北京长信数码信息文化发展有限公司人事行政主管（实习）		
	2002 年至今　微观经济研究所（为企业提供战略咨询）研究助理（兼职，近期参与完成项目略）		
企业培训工作	2003 年 8 月　天津市领航者拓展培训基地讲师，带领 200 余名 LG 电子员工完成户外体验式培训项目，提高员工团队协作与沟通能力		
	2004 年 5 月　国家市场总监认证培训讲师，帮助学员进行综合复习		
	2004 年 6 月　为天津三林电器有限公司培育 100 名员工		
	2005 年 4 月　天津人力资源中心"销售人员整体技能提升"系列讲座培训师，培训 80 余名来自天津中小企业的 CEO，主讲专题"卓越营销"		
相关技能	擅长使用：Microsoft Office，特别是 Word，Excel 与 PowerPoint		
	口语流利：英语六级；剑桥商务英语二级		

"我早有准备"讲的是学业规划在她的成功中起到了至关重要的作用。在她实现学业规划的过程中，作为规划主体，她能够很清晰地确定个人发展目标，并为了实现这一目标不断储蓄能量，在 28 岁的时候达到了年薪 30 万这样的目标而能够轻松地说一句，我早有准备。准备的过程即是个人素质、能力和知识层次不断提升的过程。

第二节　大学生全面预算管理能力的培养

一、资金的全面预算管理

大学时期养成的消费习惯对于大学生价值观、人生观的形成具有重要影响，由于独生子女因素的影响，大部分家庭即便家长省吃俭用，也要保证学生在校期间的各项花费充盈。同时由于大学生正处于价值观和人生观的形成时期，难免在穿着打扮和电子产品消费上产生虚荣心，进而养成不良的消费习惯，因此，大学生要特别注意资金的全面预算管理。如图 11-4 所示，大学生进行资金全面预算管理主要注意如下能力的培养。

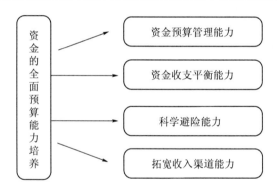

图 11-4　大学生资金的全面预算能力的培养

（一）资金预算管理能力的培养

大学生的资金管理主要涉及自我教育经费、生活费、奖助学金等几方面。具体而言，大学生的情感和社交费用、旅游费用、健康和疾病消费也都包含在生活费之中。随着社会经济的发展，家长支付给大学生的生活费也在不断增长，但是与这种增长不相适应的是部分大学生恶意透支信用卡，网络"裸贷"等行为经常见诸报端。大学生进行资金管理，首先要具备一定的统筹能力，在确定收入水平和收入来源的基础上，确定消费目标以及消费层次，在此基础上依据个人喜好，确定消费品牌、价格等。

【案例 11-2】王勇（男）今年读大二，每月父母给他 1 800 元作为生活费，但是王勇依旧是月光族，到了月底也说不上来这些钱都花到哪里去了，于是王勇决定对自己的资金进行预算管理。

（1）王勇的基本生活消费预算表（见表 11-2）

表 11-2　基本生活消费预算表

项　目	金　额
饮　食	早餐 5 元，午餐 15 元，晚餐 10 元，共计 900 元
衣　物	200 元
通信费	电话费 100 元，网费 50 元，共计 150 元。
家居卫生用品	牙膏 10 元，洗头膏 20 元，卫生纸 10 元，香皂、肥皂 10 元，共计 50 元
学习用品	笔 10 元，笔记本 30 元，打印复印费 10 元，共计 50 元。
交通费	100 元
社交聚会费	200 元
合　计	1 650 元

（2）教育和自我教育消费

王勇需要支付的学费、住宿费、书费等在开学时由父母一并支付，不再考虑，除此之外还包括资料费、购买学习相关的书费等，约每月 30 元。

（3）健康和疾病消费

一般用来治疗头疼感冒等小病，偶尔到学校医务室购买药物，约 20 元。

（4）其他消费

不可预见的支出，能在王勇可支配范围内的还剩余 100 元。

按照此预算进行资金管理，王勇不会成为月光族，反而每月还有不到 100 元的可支配收入，但是王勇需要严格按照预算表格进行消费，还需要在消费品牌和聚会场地等方面进行精确定位。

（二）资金管理收支平衡能力的培养

我们在这里讲的收支平衡原则，不是指资金上的收支平衡，而是讲的投入一定的资金后，学生个体要在健康的体魄、较宽的视野、较高综合能力上有回报，这才是真正的收支平衡。

【案例 11-3】柳雪每年需要交纳 5 000 元学费，第一学期开设了 6 门课，周课时为 18，共计教学周 16 周，那么每节课柳雪要花费的费用为 17.36 元一课时。假设柳雪逃课 1 次，或者即使来上课了，但是不带课本、不听讲课，不做笔记、玩手机，那么就意味着损失了 35 块钱，这 35 块钱用财务管理角度就叫作"坏账"。以此类推，到学期末的时候，某一课程挂科，假设该课程 2 学分，每周 2 课时，那么就不仅意味着个人档案中永远记录这一科考试成绩不及格，还意味着损失了 560 元。因此，从个人财务管理做到收支平衡的原则出发，我们应该将学费的价值发挥到最大。

（三）科学规避风险能力的培养

大学生涉世不深，第一次掌握相对大额的资金，要时刻保持理智的心态，进行科学合理的消费，谨防不良消费和电信诈骗。

1. 谨防电信诈骗

近年来随着网络的飞速发展，不法分子的行骗手段不计其数。大学生要保障个人财务安全就必须避免"天上会掉馅饼"这样的想法，在网络购物时不要轻信以退款、返现等为借口的套取个人银行卡账号密码的行为。

2. 理智购买个人理财产品

风险与收益并存，想要取得较大的收益就必须承担相应的风险，因此大学生要谨慎购买股票、基金等理财产品，可以选择一些保本付息的投资方式。

3. 科学合理消费

大学生进行消费，要时刻关注自己的预算管理计划和家庭实际收支情况，不攀比，不虚荣，避免冲动消费，将更多的精力用于自身知识储备和个人修养上来。

（四）拓宽收入渠道能力的培养

拓宽收入渠道对于大学生而言，主要分为如下几方面。

1. 积极参加勤工助学活动

一定意义上来讲，大学生参加勤工助学活动，在能够获得一定的资金收入外，更多的是在勤工助学岗位上能够得到更多的锻炼，体验生活，从而达到能够更加珍惜学习机会，拓宽视野，提升综合能力这样的目的。如表 11-3 所示，勤工助学岗位一般情况下是协助教师从事教学管理和教学辅助工作，在工作中，学生接触到的都是学校的教学管理人员和教学管理辅助人员，大学生要从指导老师身上汲取能量，武装自己，努力提升个人素质和修养。

表 11-3　勤工助学岗位一览表

岗位名称	岗位说明
图书馆管理员	协助指导老师对图书进行分类，上架，对损坏图书进行修补
财务部助管	协助指导老师对部分账目进行汇总，校对，对各类票据进行分类
辅导员助理	协助辅导员将学院通知上传下达，收集和整理各班资料，为辅导员管理提供基础素材
户籍科助管	学习户籍管理条例，协助老师进行户籍的管理，户籍页的借还等
宿舍管理助管	协助老师进行数据统计，核查学生宿舍基本设施及维修情况，协助老师进行数据统计和整理
任课教师助教	协助任课老师进行课前准备，课上考勤检查及课后作业审核
就业指导中心助管	协助老师进行招聘企业信息的统计、审核、发放和简历的审核工作
家　教	对学生进行课业辅导（注意交通等安全问题）

2. 奖学金

奖学金是学校为奖励学习成绩优异的学生而设立的一种奖励机制，其奖金从几百元到几千元不等，一般情况下学习成绩排在班级前 20%的学生都可以得到。奖学金是大学期间与学业成绩直接挂钩，对日后发展又具有重要意义的一项奖励性收入，大学生应致力于学业成绩的提高而争取能够获得奖学金。

3. 创新创业

李克强总理在 2014 年夏季达沃斯论坛中，指出要在 960 万平方公里的土地上形成大众创新，万众创业的浪潮，并为大学生创业提供一定的资金支持，要求各大学校要设立大学生创业基地，大学生创业孵化园，为大学生创业提供便利条件。因此，大学生要在保证学业成绩的前提下，充分考核和调研创业项目，稳步推进，大胆尝试。

【案例 11-4】一提到王兴，很多人脑海里面第一个想到的词汇就是连环创业者，因为他是校内网、饭否网、美团网这三个中国大名鼎鼎的网站的联合创始人，除此之外，他还有另外一层身份，大学生创业者，在毕业之后，没有丰富的职业履历就开始创业的人。他是人们口中的天才少年，没有参加高考就被保送到中国名牌学府——清华大学，毕业后拿到全额奖学金去了美国特拉华大学师从第一位获得 MIT 计算机科学博士学位的大陆学者高光荣，随后归国创业，在前一两次不算成功的创业项目之后，王兴创立了中国版 Facebook 校内网，并很快风靡于大学校园圈之中。校内网于 2006 年 10 月被千橡以 200 万美元收购。2007 年 5 月 12 日，王兴创办饭否。这也是中国第一个类 Twitter 项目饭否网，但就在饭否发展势头一片良好之际被关闭，让王兴事业受到挫折。之后连环创业客王兴于 2010 年 3 月上线新项目美团网，并在千团大战之中脱颖而出，稳居行业前三，并先后获得红杉和阿里的两轮数千万美金的融资，这个连环创业客的事业正逐渐走上正轨。

二、学业生涯的全面预算管理

学业生涯的全面预算管理能力分为三个方面，如图 11-5 所示，分别是学业生涯统筹能力、学业规划的过程控制能力、学业生涯规划的绩效考核能力。

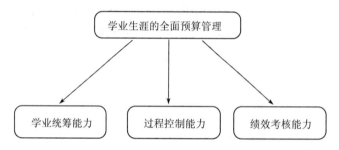

图 11-5　学业生涯的全面预算管理能力培养

（一）学业生涯统筹规划能力的培养

大学生进行全面预算管理，需要具备一定的统筹能力。站在大学的起点上，要努力遥望四年后的人生，要依据现在的视角，科学地谋划四年的发展。根据大学生的个人特点和兴趣爱好，以及大学各个阶段的特点，学业目标有一定的变动性。依据不同阶段的特点，谋划不同的方案，对于实现人生规划具有重要意义。

人一生所从事的职业按先后顺序可分为早期生涯、中期生涯和晚期生涯三个发展阶段。在这三个时期中，我们依据休普的划分，将一个人的职业生涯分为四个阶段：探索阶段、创立阶段、维持阶段和衰退阶段。这两种阶段模型可以用图 11-6 加以描述。

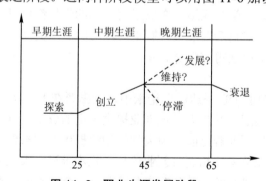

图 11-6　职业生涯发展阶段

从职业生涯阶段模型中可以知道，大学时代正处在职业生涯的探索阶段。萨帕对职业发展研究认为探索阶段又可以分为三个时期：尝试期（15～17岁）；过渡期（18～21岁）；初步试验承诺期（22～24岁）。

依据这一理论，大学生已经度过了尝试期和过渡期，正处于初步试验承诺期，那么大学生进行职业生涯规划的主要目的是为未来的职业生涯做出关键性决策。如表11-4所示，大学阶段，大学生就要致力于了解和尝试社会中的各种职业，结合自身特点、专业特长和兴趣爱好进行初步的职业选择，并依据此目标进行有针对性的努力。

表11-4 大学各阶段全面预算管理目标

时　间	阶段性全面预算管理目标
大一	顺利实现从高中到大学的角色转变，熟悉环境，了解专业前沿与就业前景，掌握个人家庭、社会、学校人力资本配置，养成良好的学习、生活习惯和较好的人际关系
大二	开始学习专业知识，明确专业发展目标，寻找个人兴趣点，积极参加学生活动，锻炼自己的自主学习与终身学习能力、组织协调能力和团队协作能力
大三	夯实专业基础，积极与专业课老师沟通联系，确定学习重点，主动参加专业类知识竞赛，积极通过寒暑假实习和社会实践锻炼沟通表达能力、理性批判与独立思考能力、耐受挫折能力
大四	1. 参加研究生入学考试，做进一步出国深造等准备 2. 全面了解就业单位人事需求，把握招聘标准，制作简历，进行一系列的准备和尝试，最终获得就业岗位，实现角色转变

【案例 11-5】王丽是一名大四毕业生，在小时候她想当一名科学家，可是什么是科学家？哪方面的科学家，都一概不知，总之觉得科学家就是梦想。上了高中，因为痴迷于历史老师讲课的仪态和人格魅力，她对教师这一行业又产生了浓厚的兴趣，于是，她也想成为一名老师，在课堂上仪态端庄，侃侃而谈将是一种美的享受。上了大学，在家人的建议下，她学习了国际会计专业，于是她就想那么她就成为一名在大学里教授国际会计专业的老师也挺好的。大一下学期，出于看热闹的心理，参加了三期校园招聘会，看到同专业的师兄师姐大都去了银行、会计师事务所或者一些企业做会计。想想要是能在银行里上班也挺让人羡慕的，如果在企业里上班做一名会计，能够将专业知识运用到实践中去，再把注册会计师的证书考下来，也是一个好的发展。如果要想做一名大学老师，最起码要硕士学历，现在很多学校都要求是博士学历了，到她毕业的时候硕士学历肯定是不要了，还需要做大量的科研工作才有可能被好一点的学校招录，到底是走科研还是将专业知识运用到实践中去，她开始迷茫，不知道何去何从。

（二）学业生涯规划的过程控制能力培养

全面预算管理的全面是全人员、全方位、全过程。于个人全面预算管理而言，过程控制理念就显得更加重要。学业规划要求大学生在自我认识、了解社会的基础上，确定职业发展的方向，制定大学学习的总体目标和阶段目标、步骤、实施，为将来顺利地走上社会打好基础。

进入大学之后，相当多的大学生在经历了高考的胜利后难以及时转换角色，容易在思想上和行为上放松自己，从而陷入无聊和盲目之中。具体表现有：学习目标不明确、学习态度不端正、心态浮躁、行为懒散等。如当前大学里普遍出现的上课不认真听讲，上课玩手机，不带课本，随意出入教室等行为，方方面面都透露出了学业生涯规划的过程控制问题。目前多数大学生在进行学业生涯规划时过于注重个人的自我设计，很少考虑社会的实际需求和人生发展的规律。比如有些大学生根据个人喜好一味地发展自己某一方面的能力，或是在知识结构的构建上不注意整体性和协调性，以及现在出现的不考虑个人兴趣爱好和专业特点而出现的"考研热""考证热""出国热"等，努力失败后最终可能陷入职业生涯规划的歧途。

随着生活节奏的加快，学生的生活、学习节奏迅速提高，正是这种快节奏的学习生活对学生专注于个人学业规划目标的注意力减弱，经常会出现忙了一天但是不知道忙了些什么的情况。因此在学业生涯规划的过程控制中，大学生要付出实实在在的努力，切实通过体育锻炼等提高自己的意志力和耐力，锻炼对某一项学业小目标的专注度。这种过程控制能力的锻炼需要从一个相对科学、合理的个人计划开始。这种计划是大计划也要包含小计划。如计划要在一年级第二学期通过英语四级，这种通过便是大计划，而如何通过，要靠小计划来实现，小计划要精确到每天能够背诵多少单词、每天做多少阅读理解、每天读多少页英文故事等，累积一段时间后，就会发现有新的进步。在此过程中，大学生逐渐形成了学业规划的过程控制能力。

【案例 11-6】李磊初入大学时想毕业后能够做一名教师，希望能够像自己的高中老师那样在课堂上侃侃而谈。一年级看着大家都在考导游证，李磊也花了一学期的时间，考取了导游证。二年级的时候，考取了计算机二级，甚至与自己的好友一起考了人力资源师、营养师，钱花了不少，证件也考下来了，但是好像与自己的教师梦还有点南辕北辙的意思。转眼进入四年级，由于教师资格证的考试需要考心理学，对于李磊来说难度较大，迟迟未能通过，逐渐放弃。抱着其他证件起码能够证明我在大学期间很努力学习的想法，李磊拿着在大学期间考取的一系列证件去应聘教师，屡屡失败。

（三）学业生涯规划的绩效考核能力培养

学业生涯规划的绩效考核指的是，在学生既定的学业目标下，按照时间划分为不同的标准和指标，对该时间段内学生的学业成绩进行评估，并且运用评估结果对学生后续的学习行为和素质、能力的提升进行正面引导的过程和方法。

大学生涯是大学生灵魂洗礼、精神涅槃的四年，一个人的人生高度、生命价值以及今后生活幸福指数的高低，都与这四年息息相关。一般而言，每个人都只读一次大学，正是因为只读一次大学，学业生涯规划的绩效考核就显得更为重要。

面对招手可望的毕业时间，为了心中念念不忘的梦想，大学生要把学业规划目标拆分成一个个小目标，不断进行绩效考核，实时纠正问题，发现问题，解决问题，为下一个绩效考核目标不断积蓄力量。与学业规划的过程控制理念不同，绩效考核更重要的是对上一阶段的努力程度和完成程度进行考核，依据考核结果，适当地进行奖惩评估，为下一阶段的目标制定提供参考数据。

【案例 11-7】王婷的学业规划中，希望能够在大二期间获得学院的一等奖学金，以便为三年级能够有机会参选学院的十佳大学生，进而可以获得国家奖学金。这些奖项之间是一环扣一环的关系，如果当中的任何一环出现问题，最终都不会实现目标。因此，王婷将能够获得学院的一等奖学金作为最重要的任务来看待。为了实现这一目标，她制订了如下计划（见表 11-5）：

表 11-5　王婷的作息时间安排表

作息时间安排	
6:00—7:30	晨读英语新概念 3，每天一篇，能够熟练背诵才是完成任务
8:00—17:00	在课上认真听讲之余，利用背单词的软件，每天疯狂背 200 个单词，以便刷高四六级成绩
18:00—21:00	1. 复习白天所学课程，能够按照自己的理解在上课之外的第二本笔记本上重新誊写笔记，加深理解 2. 每天读书 50 页，本学期读《平凡的世界》 3. 每天至少在中国知网上阅读一篇与自己专业相关的论文
21:10—21:40	操场跑步 5 圈

此外，每周三定期参加学院组织的学生活动，以便锻炼组织与协调能力，扩大朋友圈，拓宽视野。周末下午为休闲时间，用来购物，休息，逛街，聚会。

在计划的实施过程中，王婷每天晚上都要对当天的完成情况进行总结，有部分不能完成的都会在第二天完成，日子过得充实忙碌，并如愿获得学院一等奖学金。

我们分析王婷在学业规划中的每一个环节，最基础也是最重要的便是每天的总结。这个总结是第二天努力的基础，第一天的任务顺利完成，第二天就会相对轻松些，相反，第一天没有完成，第二天的压力就会很大，日积月累，自然离自己的学业目标越来越远。因此，如果想进会计师事务所，那么就尽最大努力把专业课成绩刷高，把注册会计师考下来；如果想当一名大学老师，那就潜心科研，把博士学位拿下来；如果想进银行，那就先把银行从业资格证和会计从业资格证考下来，同时去争取更多的实习机会。在阶段性绩效考核中发现问题，不断地调整学习方法，从而最终实现学业规划目标。

【案例 11-8】王涛的学业目标是毕业后能够与重点本科大学的学生同台竞争，进入一家知名企业工作。为了实现这一目标，王涛的阶段性目标分别为：大一认真学习专业课，努力通过英语四六级，熟练操作计算机。大二能够进入学生会，组织一系列学生活动，拓宽视野，锻炼组织协调、沟通表达能力，同时学习成绩不能落下，能够获得二等以上奖学金。大三深入学习专业课，能够取得相关的职业资格证书，能够参与老师的课题，拓宽视野。大四能够进入该企业实习，积累工作经验。在执行学业规划的过程中，王涛出现过两次失败。第一次失败是英语四级未能在第一次通过，影响了整体的学业规划步骤。为了不对后续的规划产生更大的影响，王涛坚持每天晨读，坚持每天能够背诵一篇英文故事，终于在大一下学期通过了英语四级，进而通过了英语六级，避免了对学业规划产生更大的影响。第二次失败出现在大二，由于频繁的组织学生活动，加之一项学生活动能够在相对较短的时间内实现较大成功，带来的成就感远远比学习一门课程、一门技能带来的成就感要强，王涛由原来不得已的逃课，逐渐发展到了光明正大的逃课，在大二结束时，不但没有拿到奖学金，还有一门专业课不及格。痛定思痛，王涛沉淀下来认真学习，将落下的课程一一补回来，最终在大三这一年拿到了奖学金。有了两次失败的经历，王涛更加沉稳，更加懂得学业规划的每一个目标都是环环相扣的道理，从而经过数次面试，顺利进入这家企业。

第三节　大学生全面预算管理工具

结合大学生频繁使用手机的特点，在这里介绍三种手机 APP 作为与大学生全面预算管理相关的工具，以便切实提高大学生的全面预算管理能力。

一、露米记账法

露米记账法是一款适用于大学生的手机 APP 记账软件，其创建者是上海财经大学公共经济管理学院的学生周昇。源起于一次周昇手头上比较缺钱，于是就利用了 Excel 表格进行记账，然后依据公式做出图表，但是因其必须使用电脑记录的不便利性及记账的烦琐，只坚持了一个月。源于此，周昇决定创建一个适合于大学生的记账 APP，在短短两个月的时间里，周昇的露米记账 APP 在界面与功能上就有了明显的提高。周昇及其团队在上海市大学生创业计划中获得银奖。

与其他记账软件不同，露米记账法以其特有的与校园卡绑定的功能而受到大学生的青睐。

（一）校园卡绑定

露米记账法能够与校园卡绑定，每天的饮食开销不需要刻意地记下来，只要简单的注册，校园卡消费明细就会出现在账单中。

（二）语音记账

语音记账使得记账更加随时随地，方便快捷。

（三）预算管理

月初设定目标，在个人花费接近预算目标时会予以提醒。

（四）统计分析

在界面右上角提醒收支情况，并用旋转饼图的形式分析得出每个月花费的基本项目和比例，使得学生轻松得知钱款去向，并适时调整个人财务管理方案。

但是因为露米记账法尚在推广阶段，目前仅适用于安卓系统，苹果手机还不能安装。其最具特色的校园卡绑定功能也仅仅在上海的部分高校实现，其余学校还尚未实现校园卡绑定。

【案例 11-9】李楠（男）使用露米记账法进行了一次为期 19 天的记录。预算目标为 800 元，这些钱大致是这么分配的：饭费 600 元左右，购物 100 元左右，电话费 50 元左右，零食 50 元左右。下面以图片的形式展示他的账务日记（见图 11-7 和图 11-8）。

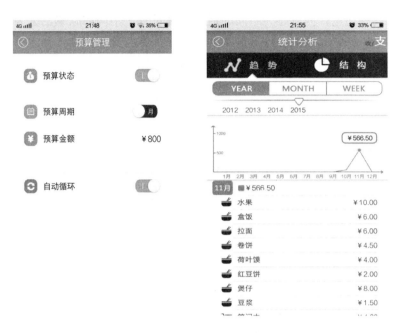

图 11-7　露米记账法的预算管理与统计分析图

注：左图为预算管理，右图为统计分析图。

图 11-8　露米记账法的统计饼图

注：左图统计饼图中的滑动表针，显示购物娱乐在总消费中所占用的比例与金额。
　　右图统计饼图中的滑动表针，显示饮食在总消费中所占用的比例与金额。

二、随手记

与露米记账法相比，随手记 APP 就比较完善和成熟。随手记不仅适用于安卓系统，苹果手机及网页同样适用，同时还为不同的适用群体设置了不同的版本，分为生意账本、旅游账本、宝宝账本、家庭账本、懒人账本和大学生账本。我们这里选择大学生账本进行介绍。主界面在布局上清晰地划分成四个区块：顶部展现了当月的收支与预算状况，中间的"记一笔"是整个应用的核心功能——记录消费与支出；接下来是按今天、本周以及本月底流水记录查看，非常详细；最下面是菜单栏，整个应用分为：流水、账户、图表、理财和一些附加功能。

（一）预算功能

预算界面预置了多个常用分类，可以根据个人的情况录入相应的预算，当该分类预算较充足时，会显示黄色的水晶进度条，如果超支或者预算余额很低的时候就会显示红色的进度条，很醒目。分类的图标设计清楚显示这个分类的用途。

（二）记一笔

随手记的核心功能是记账，依据不同的生活场景，学生可以选择手动记账，也可以选择拍照记账，方便记录花费的项目和内容。

（三）报表功能

报表界面是比较酷炫的圆盘，圆盘中间显示的是本月的消费总额，圆盘被分成不同颜色的小块，每种颜色代表不同类别的消费情况，可以通过拨动圆盘指针查看指向区块的详细数据，点击下面的箭头还能查看该分类下的流水。轻轻往上或者往下拨动一下，圆盘就会像抽奖转盘一样转起来，停止的时候就能够看到该分类下的具体花销。

随手记还提供预设支出与收入的分类功能，只要在"设置"中点击"支出类别"和"收入类别"就能选取最常用的分类，减少重复操作。

【案例11-10】大学生王志每月的生活费是 1 800 元，他通过随手记记账，以便培养自己进行科学合理的消费（见图11-9 和图11-10）。

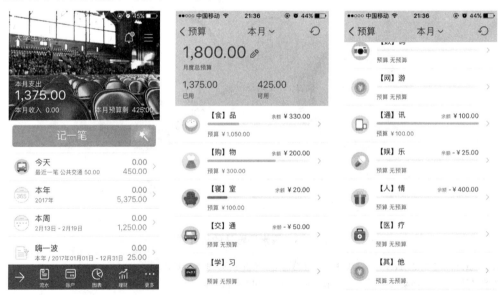

图11-9　随手记的主界面和预算页面

注：左图为主界面，可以显示当月当年和当天的消费情况。

中图和右图为预算界面，可以清晰地显示各项目的收支情况。

图 11-9 左图显示王志本月消费 1 375 元，结余 425 元；本年消费 5 375 元，本周消费 1 250 元；中图和右图为预算界面，可以清晰地显示各项目的收支情况。图 11-9 中图显示王志的月度总预算为 1 800 元，尚余 425 元。其中食品预算剩余 330 元，购物预算剩余 200 元，寝室预算剩余 20 元，交通支出 50 元；但是在右图中显示本月未列在内的娱乐和人情预算，却产生了 425 元的预算外消费。

图 11-10　随手记的账户基本情况和分类统计表

注：左图为账户的基本情况，可以绑定支付宝、银行卡等，并适时导入消费情况。

中图为账户的年度流水情况，显示王志 2017 年支出 5 375 元。

右图为分类支出情况的分类统计表，旋转饼图可以得知该项目的支出情况，显示王志本月的食品支出占总预算的 52.36%。

三、FIT 便签

FIT 的产品定位为"使复杂的生活简单得让人沉迷，让眼前的事情都能及时完成"。便签是一种能够及时监督和提醒学生完成当日任务的一个较好的工具，便签的未读消息功能，迫使学生在打开手机的时候就会看到便签的提醒，保证能够及时完成相应的任务。

FIT 便签的设计类似于笔记本，整体设计简单大方，重点突出。在设置功能里按照紧急程度设置不同的颜色，在记录的时候摇一摇手机就能够使便签按照事情的紧急程度进行排序。不同颜色的便签依次排列，很直观。左边三个小按钮，依次是建立文字便签、语音便签、相关信息（展开后是设置和推荐给朋友）。

其主要功能有以下几方面。

（一）添加便签

FIT 便签的优势在于除了常规的文字便签之外，还具有语音便签，而且操作方便。只需要点击左边的语音按钮，就自动开始录音了，这样的设计让我们避免错过一些重要的信息，比如老师在课堂上布置的一些任务就可以及时录入备忘以便及时完成。添加完文字或者语音后，向左滑就可以选择便签颜色、发送给朋友。

（二）设置提醒时间

便签生成时随机选择一个颜色，并可根据需求调整便签的颜色。设置时间提醒方面，除了设置特定的时间之外，还增加了循环提醒的功能，可以是每周几、每天、每两天、每周、每月、每年，这样便可以重复提醒学生在完成当日当时的学习任务。

（三）删除便签

FIT 便签的删除功能设置得很便捷，手指右滑，删除便签，但并不是彻底删除，而是以透明颜色的形式落在了界面最下方。这样经过一段时间的累积，其实就是一种日记，能够清晰地知道在相应的时间里完成的事情，让人更具充实感。

（四）排序

FIT 便签支持使用手机摇一摇自动排序，可以根据使用者的喜好，按照事情的紧急程度和重要性进行排序（见图 11-11）。

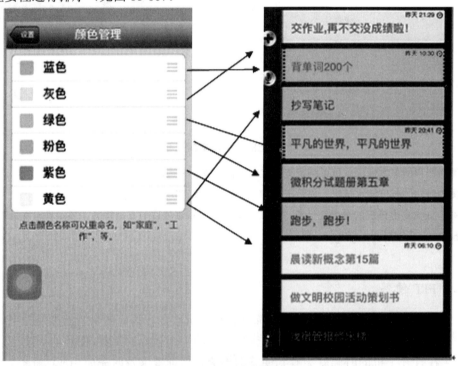

图 11-11　FIT 便签的主界面

注：左图为编辑颜色可以标记待办事项的分类。

　　右图为便签主页面，右上角的时间为提醒时间或循环提醒时间。

本章小结

本章对大学生全面预算管理进行了详细的阐述。首先阐明了大学生全面预算管理的内涵，指出大学生全面预算管理是基于大学生学习生涯，运用现代财务管理方法对学业和资金进行管理的过程，也是大学生学习知识和增长才能的过程。明确了大学生进行全面预算管理的内容是资金管理和学业生涯规划。然后分别介绍了大学生全面预算管理能力的培养在资金管理中主要为资金预算管理能力、资金收支平衡能力、科学避险能力和拓宽收入渠道能力，在学业生涯规划中主要为学业生涯统筹规划能力的培养、学业生涯规划过程控制能力的培养和学业生涯规划绩效考核能力的培养。最后介绍了三种大学生全面预算管理工具即露米记账法、随手记和 FIT 便签。

练习题

一、选择题

1. 大学生全面预算管理不包括（　　　　）。

    A．学业全面预算管理　　　　　　　　B．资金全面预算管理

    C．奖学金全面预算管理　　　　　　　D．投资全面预算管理

2. 大学生资金全面预算管理不包括（　　　　）。

    A．学费　　　　B．教育和自我教育经费　　C．健康和疾病消费　　D．消费信贷

3. 学业全面预算管理的规划主体是（　　　　）。

    A．学生　　　　B．学业目标　　　　　C．指导教师　　　　D．家长

4. 学业全面预算管理的规划客体是（　　　　）。

    A．学生　　　　B．学业目标　　　　　C．指导教师　　　　D．家长

5. 下列哪项可以和校园卡关联消费（　　　　）？

    A．随手记　　　B．露米记账　　　　　C．FIT 便签　　　　D．记账本

二、计算题

李婷上大学后每年的固定花费为：学费 5 000 元，住宿费 1 200 元，书费 1 000 元，每月生活费 2 000 元，其他费用 5 000 元。王婷本学年共计 10 门课，由于学习不够认真，王婷的 3 学分的课和 2 学分的课分别挂科，请你计算其损失了多少钱。

三、案例分析

1. 王猛打算毕业后进入会计师事务所工作，经过详细考察，发现其入职条件为：

（1）大学本科以上学历，学位证、毕业证齐全；

（2）英语水平六级以上；

（3）中共党员；

（4）具备会计从业资格证；

（5）有一定的实习经历；

（6）具备较严谨的工作态度和一定的团队协作能力。

假如你是王猛，请你制作一份学业规划的全面预算管理方案。

2. 王建每月的生活费是 1 500 元，其基本生活支出为 1 200 元，其余 300 元用于购买衣物、社交等，他计划在暑假与同学去云南旅游，在不申请父母支援的情况下，请为王建做一份资金的全面预算管理方案。

第十二章　退休和遗产全面预算管理

本章从个人退休和遗产全面预算管理角度出发，对退休预算和遗产预算进行了整体的阐述，分别介绍了退休预算和遗产预算的影响因素，分析了退休预算和遗产预算的程序及运用工具，提高了人们的退休和遗产风险意识，并通过案例分析，演示如何科学、合理地制定个人的退休和遗产预算管理计划。

第一节　退休全面预算管理

随着现代社会工作生活节奏加快和竞争压力加剧，传统的"养儿防老"观念和做法受到了一定冲击。全国老龄委数据显示，2015 到 2035 年我国老年人口将从 2.12 亿增加到 4.18亿，占总人口比例达到 29%。届时，将出现 3 个人供养 1 个老人的局面，事实上扣除了总人口中的在校生、失业人口等特殊群体，实际状况将更严峻。尤其是独生子女一代父母步入老年时期，"4+2+1"家庭甚至"8+4+2+1"家庭结构下，孩子很难承受"养老"的重任。

因此，为了退休生活能与退休前生活一样有品质、舒适，个人都需要提前进行退休预算，未雨绸缪。

一、退休预算的内涵

退休预算是基于个人生命周期和家庭财产，运用现代财务管理方法对个人退休生活进行财务安排的过程。

退休是按照国家相关法规和劳动合同的规定办理退休手续的行为。一般而言，退休意味着全职带薪工作的结束，步入享受退休金生活。随着现代医疗技术和生物科技高速发展，人均预期寿命逐渐提高，根据我国人均预期寿命显示，绝大多数人退休后将会有 10～20年的退休生活。为了保障退休生活自立舒适，每个人都应预先进行退休预算，合理安排退休财务计划，将老年生活的各种意外和不利影响造成的损失降低到最低。而详细的退休预算有助于人们实现这一目标。

二、退休预算的影响因素

退休预算是结合个人的生命周期特点和家庭财产状况开展的，影响退休预算的因素很多，主要包括如图 12-1 所示的 5 个因素。

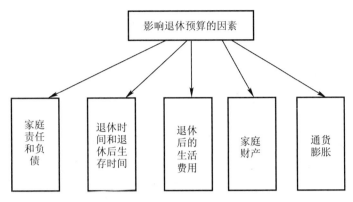

图 12-1　退休预算的影响因素

（一）家庭责任和负债

退休的生活费用与个人家庭责任和负债状况有关。退休后是否存在尚需偿还的负债、有无需要赡养的长辈和抚养的子女或孙子女等亲属，如有，尤其是希望给后代留有遗产时，则退休预算压力就相对较大一些。反之，相对较小。

（二）退休时间和退休后的生存时间

尽管退休返聘、兼职等退休人员再就业或再上岗存在，但对绝大多数人而言，退休后的生活费用主要依靠退休前的工作所得积累而来，离退休日越短，积累退休收入的时间就越短，退休金预算的压力就越大。

尽管退休时间延长可以增加在岗时间积累退休收入，但个人由于工作压力大、身体健康不佳、工伤等影响仍会提前退休或无法延长退休时间。另外，退休后生存时间越长，所需的退休生活费用就越高，退休金的预算压力也就越高。

（三）退休后的生活费用

这取决于个人或家庭的生活习惯、消费习惯、所居住地的消费水平、物价水平及个人的身体健康水平。

（四）家庭财产

退休后的生活费用支付主要依靠退休金和退休前积累的家庭资产，家庭资产越多，退休预算压力越小。此外，个人是否拥有基础养老金、企业年金或个人养老保险产品也是影响退休预算的重要因素。

（五）通货膨胀

通货膨胀会造成货币购买力下降，因此通货膨胀率越高，退休预算金的压力就越大。如果社会平均通货膨胀率是 5%，那么 15 年后货币的购买力会下降 75%。

三、退休预算管理的主要内容

退休预算管理的目的是为了保证高品质、舒适、有尊严的退休生活，是人生中非常重要的财务计划，其内容主要包括职业生涯设计、退休生活计划和填补退休预算缺口而进行的各类投资设计，其环节主要包括：确定退休生活目标、预测退休资金需求量、预测退休积累资金、计算退休资金缺口并制订填补资金缺口的计划，如图 12-2 所示。

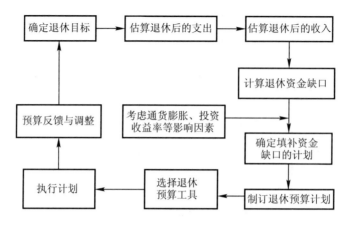

图 12-2　退休预算管理的内容

（一）确定退休目标

退休目标是为了追求退休后的生活状态，一般以不降低当前生活水平为预算目标，另外考虑老年人健康医疗等支出较大，应该适当增加老年阶段的开支。因此，退休目标包括退休时间和退休后生活水平要求两方面。

1. 退休时间

退休时间直接影响退休预算的其他内容，希望退休时间越早，需要积累的退休资金就越大。近年来，世界各国普遍存在推迟退休年龄的趋势，我国也将采用渐进式延迟退休方案调整退休年龄，延长基本养老金缴费年限。但对我国大多数人来说，法定退休年龄一般都在 50～65 岁之间。

2. 退休后的生活水平

退休后的生活水平主要考虑个人和家庭的日常生活开支和其他开支两部分。日常生活开支包括基本生活开支和医疗费用开支；其他开支是老年人根据自身喜好制订旅游计划、遗产计划以及意外医疗健康支出等。总之，退休后的生活水平和生活质量不能脱离现实经济条件。

上述两个目标相互联系，有时还此消彼长。如果假定其他条件不变的前提下，为了实现退休后高水平的生活质量，个人必须要推迟退休年龄、延长积累退休资金的时间。反之，为了提早享受退休生活，不得不面对降低退休后生活质量的实际状况。

（二）估算退休后的支出

个人退休后选择不同的生活对应着不同的退休资金需求。退休生活的支出包括居住费用、日常生活费用、医疗费用、各类社会活动费用、旅游费用及学习费用等。由于受到诸多不确定因素影响，退休支出不可能预算得非常准确，只能进行粗略估算。理论上，退休支出估算的方法包括两种：一种是收入法，即以退休前收入为标准估算；另一种是支出法，它是以退休前支出为标准估算。两者估算结果大致相同。

1. 收入法估算退休支出

收入法是以个人退休前收入的一定百分比来进行计算个人退休后支出水平，这一百分比也被称为工资替换率。基于个人退休后服装费用支出、差旅费、人际交往费用、房屋贷款和子女教育费用等会降低，一般将个人退休后支出设定在最终退休前收入的 60%～70%

之间即可维持与退休前相同的生活水平。

2. 支出法估算退休支出

这种方法是以个人退休前支出的某一百分比估算个人退休后支出水平，该百分数一般在 70%～80% 范围之间即可满足退休生活不降低要求。

【案例 12-1】根据当前我国人均预期寿命，男性活到 74 岁比较乐观，李先生目前 40 岁，每月开支 4 000 元。那么根据支出法其退休后每月支出大概需要 2 800 元（4 000×70%＝2 800 元）。

（三）预测退休后的收入

目前，我国实施个人基本养老保险制度，鼓励有条件的企业建立企业年金补充职工退休收入，这是个人退休收入的主要来源之一，也是个人退休预算必不可少的内容。由于我国实行的基本养老保险制度是"广覆盖、低保障"，其宗旨是保障退休的最基本生活，很难满足个人追求高品质生活的需要；而企业年金随着企业发展状况变化而变动，那么其职工退休时很可能已经入不敷出，也就很难兑现之前的养老承诺。一般来说，每个人的退休后收入来源主要包括基本养老保险金、企业年金、商业养老保险、个人投资收益、退休前积累的资产、子女赡养费、遗产继承、兼职收入和资产变现收入等，如图 12-3 所示。

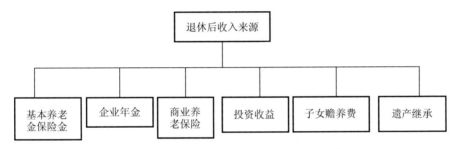

图 12-3　退休后收入来源

我国基本养老保险资金的筹集实施社会统筹和个人账户相结合的方式，基本养老保险费由企业和职工共同负担，企业缴费比例 20%，个人缴费比例是 8%，缴费基数是当地上年度在岗职工平均工资。个人退休后领取的养老金是基本养老金加个人账户养老金。

【案例 12-2】李先生现在 45 岁，平均月薪 4 000 元，养老保险缴费期限为 15 年，缴费基数是 0.6，15 年后退休前一个月所在城市石家庄市月平均工资是 4 500 元，那么李先生退休后他能领到的基本养老金＝（4 500+4 500×0.6）÷2×15×1%＝540 元。个人账户储存额取决于个人缴费额和账户收益，这部分资金不得提前支取，只能用于职工养老。

（四）计算退休资金缺口

通过比较退休前后收支差额，预测退休后的收支差额，就能计算出个人退休资金的缺口。这部分资金缺口需要个人和家庭通过其他方式填补，这是人们进行退休预算的主要动机之一。退休资金缺口的计算公式如下：

退休资金缺口＝退休收入（折现）+已有资金的积累（终值）-资金需求（折现）

如果上面计算的数值为正数，那么收入能够满足退休后开支；如果是负数，那么收入就不足以支付退休后生活开支，进行退休预算管理就必不可少了。实际上，受经济波动、收入不稳定和物价上涨等因素影响，即使目前估算数值为正数，人们仍倾向于提前储存退休后生活收入，以防意外开支需求。

【案例12-3】王女士夫妇今年都是35岁，计划55岁退休，之后仍生存至85岁，预计55岁时年开支是10万元，现有存款10万元。假设通货膨胀率保持3%，退休前，王女士夫妇的资产投资收益率是8%，退休后倾向于风险规避，资产投资收益率为3%。那么王女士夫妇要想满足退休后生活需要的养老金是 300 万元（养老金=年支出×退休后生存时间=100 000×（85-55）=3 000 000元，投资收益率3%与通货膨胀率3%恰好抵消）；55岁时其家庭储蓄额是466 095.71元（储蓄额=100 000×（F/P，8%，（55-35））=466 095.71元）；因此，王女士夫妇在55岁退休时的养老金缺口=3 000 000-466 095.71=2 533 904.29元。

（五）制订计划填补退休资金缺口

富足泰然的退休生活不仅需要提前预算，还需要找到合适的资金来源，为此制订一个符合个人实际经济状况和风险承受能力的预算管理计划，选择收益和风险合适的投资工具，以此实现填补退休资金缺口的目的就显得非常必要了。填补退休资金缺口可以通过提高退休前储蓄额、延长退休时间、降低退休后开支、提高投资收益、参保商业养老保险产品等方式来实现。

每个人都要结合未来经济社会环境，进行多种资产配置组合，通过合理搭配获得一定收益。对于保守型个人而言，可以选择低风险投资工具；对于风险承受能力较高的个人可以选择高风险产品投资，获得高收益满足退休生活目标。

【案例12-4】王先生生活在北京，30岁，当前财务状况良好，每月开支3 000元，预计退休后每月开支是退休前的70%，但工作压力大，希望40岁退休。假设王先生退休后能够生存至80岁，通货膨胀率是4%，那么王先生需要准备的退休金=退休后每月支出×退休后生存月数=3 000×70%×（F/P，4%，10）×12×40=149.20万元。假设王先生没有储蓄和其他退休收入，则其养老缺口是149.20万元，那么王先生为了满足退休生活目标需要每月投资金额=150/[（F/A，5%，10）×12]=9 938元，即在其他条件不变的情况下，就可以40岁退休过上当前的生活水平了。

四、退休预算管理的工具

每个人的消费习惯、家庭情况、风险承受能力、健康状况及收入不同，随着投资理财方式的多元化发展，可供退休预算的工具也逐渐增多，基本可以分为：商业养老保险投资、养老信托、其他金融产品投资、以房养老和实物投资。

（一）商业养老保险

商业养老保险是我国多层次养老保险体系的重要组成部分，但与基本养老保险不同，商业养老保险是个人根据经济收入和消费需求自愿购买商业保险公司相关养老保险产品的市场经济行为。投保人需要根据保险合同缴纳要求的保险费，在约定的保险年龄开始领取商业养老保险金。商业保险公司能够根据个人的经济状况及养老保障需求设计各类养老保险产品供投保人选择，投保人能够根据自身实际情况和需求灵活选择保障程度不同的产品。

商业养老保险产品兼具生死两全保险和年金保险的特点，投保年龄越小，保费越低，缴费方式有趸交（一次性缴清）和期缴两种方式。

【案例12-5】张女士现在30岁，希望在55岁以后可以享受10万元保额，领取年限为45年的年金保险，张女士选择了太平人寿保险公司的"一诺千金"年金险，担心一次支付保费会影响自身现金流，于是选择 20 年期缴，每月缴纳 350 元的缴费方式。

目前我国商业保险公司推出的养老保险产品主要包括传统型养老保险、分红型养老保险、万能型养老保险和投资联结养老保险四大类。其中传统型养老保险产品的利率是确定的，在投保时就已经确定领取养老金的确切数额，该类产品收益不高，适合保守型或风险承受力低的人群；分红型养老保险通常设定保底利率，此外还根据保险公司投资收益的变化享受不确定的分红收益；万能型养老保险一般保证收益；投资联结养老保险的收益随着资本市场的波动而变化，收益和风险由投保人享受或承担。

由于退休后收入逐渐减少，因此选择商业养老保险产品应以降低风险、保值增值为主要目的。

（二）养老信托

养老信托是指由委托人与受托人签订信托契约，约定将信托资金一次交付给受托人，由受托人按照委托人指示进行金融投资，在约定信托期限内，由指定的受益人领取本金或投资收益，信托期满再由受托人将剩余信托财产交付受益人的一种信托行为。信托财产主要投资于政府债券、基金、银行存款和股票等金融工具，如图 12-4 所示。

图 12-4　养老信托涉及当事人

（三）其他金融投资

除了国家基本养老保险、企业年金和商业养老保险之外，个人还可以通过进行其他金融产品投资获得收益，积累退休资金。

1. 个人储蓄产品

个人储蓄产品包括银行本外币存款、各类金融理财产品等。银行存款收益稳定，风险较小，而且能够随时满足提现要求，是短期金融投资的重要选择之一。

目前我国处于利率下行期，传统的存款业务由于利率较低吸引力下降，各家银行纷纷推出各种本外币理财产品吸收居民储蓄存款。与传统定期存款业务相比，理财产品具有三个显著特点：一是投资期短，这类产品一般投资不超过一年，滚动投资，满足了客户短期流动性资金需求；二是提取方便，该类理财产品能够随时赎回，并进行转让交易，其中有的产品能够日日结算收益，能够同时满足投资者日常消费和投资理财双重需求；三是投资收益较定期银行存款高一些，风险较小，银行理财产品的预期年化收益基本在 4.8% 以上，远高于一年期银行定期存款收益（如表 12-1 所示）。

表 12-1　2015 年部分商业银行在售理财产品情况

发售银行	投资门槛	投资期	理财产品名称	产品性质	预期年化收益
招商银行	≥5 万人民币	2 个月	焦点联动系列布伦特原油表现联动	非保本浮动收益	5%
华夏银行	≥5 万人民币	2 个月	增盈 1514 号理财产品（65 天）	非保本浮动收益	4.98%
兴业银行	≥10 万人民币	3 个月	万利宝 2015 年第 9 期非保本浮动收益封闭式人民币理财产品 21003	非保本浮动收益	4.90%
平安银行	≥5 万人民币	2 个月	平安财富和盈资产管理类 2015 年 646 期人民币理财产品	非保本浮动收益	4.90%
浦发银行	≥5 万人民币	12 个月	个人专项理财产品 2015 年第 154 期同享盈添利计划	非保本浮动收益	5.20%
渤海银行	≥5 万人民币	12 个月	2015 年渤盛 992 号理财产品	非保本浮动收益	5.15%
广发银行	≥5 万人民币	2 个月	薪加薪 16 号人民币理财计划（欧元兑美元 2015 年第 4 期）	非保本浮动收益	5%
民生银行	≥10 万人民币	4 个月	非凡资产管理 126 天增利 214 期人民币理财产品个人	非保本固定收益	5%
宁波银行	≥5 万人民币	6 个月	汇通理财 2015 年惠添利 2545 号产品	非保本浮动收益	4.80%
交通银行	≥0.8 万美元	6 个月	得利宝汇添利美元理财产品（6 月）	保本浮动收益型	0.65%

数据来源：整理各家商业银行官方网站信息而得。

2. 国家债券

中央政府发行的国库券及中长期国债收益较银行同期存款产品高一些，加上政府信用作为保证，安全性较高，是个人积累退休资金的重要投资工具，特别是对保守型个人和家庭来说，国家债券是较理想的避险型投资工具。

我国目前发行的国家债券包括中央政府债券、地方政府债券、政府机构债券等多种类型。以中央政府债券为例，目前发行的主要是凭证式国债和电子式国债两种，期限分别有 3 年期和 5 年期可供投资者选择，国债利率比同期银行存款利率高一些。例如，2015 年 11 月 10 日发行的 3 年期和 5 年期国债利率分别是 4.92% 和 5.32%，各家银行 3 年期和 5 年定期存款利率普遍是在 2.75%～3.2% 之间。

3. 证券基金

证券基金作为一种风险共担、收益共享的集合投资产品，是一种大众化的信托投资工具。基金根据收益风险不同包括货币型基金、偏股型基金、偏债型基金和混合型基金等多种，个人可以通过自身资金和风险承受情况选择投资证券基金的方式和类型。对于刚入职的个人，由于收入较低，开支较大，积蓄较少，可以选择细水长流式投资，最好采用定投基金方式，既可以分摊成本降低风险，又达到了资产投资的目标。例如，目前我国基金净值最大的华夏大盘精选混合基金，累计净值已超过 15 元/份，自 2004 年 7 月 6 日发行以来收益率已经将近 20 倍。

4. 股票投资

股票投资具有高风险、高收益的特点。世界各国对养老基金投资股市均持谨慎态度，通行做法是控制股票投资比例，提高养老金投资收益实现其保值增值目标。我国目前对基本养老保险基金投资股票正在积极研究中。个人和家庭可以根据家庭资产情况、自身金融投资经验和风险偏好情况自行进行股票投资。

我国在 2015 年 8 月通过的《基本养老保险基金投资管理办法》为加快基本养老保险的市场化投资运营提供了法律基础，规定养老金投资于股票、股票基金、混合基金、股票型养老金产品的比例合计不得高于养老基金资产净值的 30%。人力资源社会保障部社会保障研究所所长金维刚认为，按照 2014 年末全年养老基金累计结余 3.56 万亿为基数计算，能将超过 1 万亿用于直接或间接投资于股票市场，如表 12-2 所示。

表 12-2　2010—2014 年全国基本养老保险基金运行状况　　单位：亿元

指标	2014 年	2013 年	2012 年	2011 年	2010 年
基本养老保险基金收入	27 620	22 680.4	20 001	16 894.7	13 419.5
基本养老保险基金支出	23 326	18 470.4	15 561.8	12 764.9	10 554.9
基本养老保险累计结余	35 645	28 269.2	23 941.3	19 496.6	15 365.3

数据来源：根据 2010—2014 年人力资源和社会保障事业发展统计公报数据整理而得。

（四）以房养老

"以房养老"实质是个人住房反向抵押贷款，即退休前人养房，退休后房养人。个人及其家庭在退休前通过现金支付、抵押贷款等方式购买个人商品住房，并在退休前还清房款，取得商品住房的产权。退休后将拥有产权的商品住房抵押给银行、保险公司等金融机构，经过专业评估支付房主每月一笔退休金，房主获得居住权直至房主去世，金融机构将该商品房出售所得资金用于偿还贷款本息，所获得房屋增值部分由抵押权人所有，如图 12-5 所示。

我国目前经营"以房养老"业务的主要有保险公司、商业银行和养老服务机构三大类型市场主体。

1. 银行方面

2011 年 10 月 9 日中信银行率先公布实施"以房养老"方案，面向中老年人推出具有"倒按揭"功能的"信福年华借记卡"，该产品要求老年客户本人或法定赡养人以其名下拥有产权的房产作为抵押，银行向老年客户的借记卡中每月发放用于养老用途的贷款，客户按月偿还利息或部分本金，到期后由老人或其子女再一次性偿还剩余本金。如果申请老人拥有一套 100 平方米的房产，资产评估价格约 80 万元，按照最多不超过评估值 60% 的规定，申请人能够获得的贷款总额为 48 万元。按照"以房养老"按揭最长 10 年期限计算老人每年可获得 4.8 万元，即每个月能够有 4 000 元养老金。

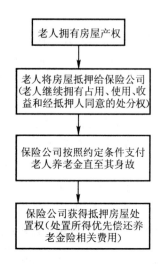

图 12-5　保险公司"以房养老"产品的操作步骤

2. 保险方面

2014 年 6 月 23 日保监会发布《关于开展老年人住房反向抵押养老保险试点指导意见》规定，将从当年 7 月 1 日起至 2016 年 6 月 30 日，在北京、上海、广州、武汉开展住房反向抵押养老保险试点。2015 年 3 月，幸福人寿保险公司经保监会批准推出了我国首款保险版"以房养老"产品，该产品要求老人将拥有产权的房屋抵押给保险公司，老人继续拥有房屋占有、使用、收益和经抵押权人同意的处分权，并按照约定条件领取养老金直至身故，如图 12-5 所示。

3. 养老服务机构方面

北京清檬养老服务公司目前推出了"以房养老"模式，该模式直接租用老人的住房，开设照护中心，房屋产权始终归老人所有。

（五）实物投资

个人还可以通过进行商品房和商铺投资、艺术品投资、钱币收藏、基础设施等实物投资积累退休资金。实物投资虽然具有期限较长、流动性较差等缺点，但能够规避通货膨胀风险。

个人进行退休预算管理之后，在法律法规和经济社会环境没有重大变化的情况下，只需进行年度检查确保退休预算顺利执行即可，如果发生了重大变化，则需要对退休预算管理进行实时调整。这是一个随着个人不同生命周期动态调整管理的过程。

第二节　遗产全面预算管理

一、遗产预算的概念

遗产是指被继承人死亡时遗留的个人所有财产和法律规定可以继承的其他财产权益，包括积极遗产和消极遗产。前者是指死者生前个人享有的财物和可以继承的其他合法权益，如债权和著作权中的财产权益等。后者是指死者生前所欠的个人债务。遗产只存在于由继承程序开始后到遗产处理结束前这段时间之内。遗产处理之后就不再具有遗产的性质了。遗产的转移方式包括终身转移和死亡时转移两种方式。

遗产预算是指当事人在其健在时通过选择遗产预算工具和制订遗产计划，将拥有或控制的各种资产或债务进行安排，从而保证在自己去世或丧失行为能力时可以实现个人为其家庭所确定目标的安排。遗产预算既要考虑帮助当事人实现遗产的合理分配，还可以减少税收支出，增加遗产的价值，同时降低当事人的心理和财务负担。

遗产是公民死亡时遗留的财产，是继承权的标的，也是继承法律关系的客体。遗产不存在，继承法律关系也就不成立了。遗产具有以下特点。

1. 遗产具有时间特定性

遗产只能是公民死亡时遗留的财产，具有时间特定性，只有被继承人死亡留下的未被处分的财产才是遗产。尤其是被继承人在死亡时与他人共有财产时，都应该以被继承人死亡时间作为共有财产的终止时间，并以此时的财产来确定属于遗产部分。

2. 遗产具有财产性

遗产不仅包括财产权利也包括财产义务。因此凡是被继承人生前享有的财产权利和义务，只要在死亡时仍存在均属于遗产。个人生前享有的财产权和人身权，只有财产权可以被继承，其他如人身权如署名权、肖像权不能被继承，也不属于遗产。

3. 遗产范围具有限定性和合法性

遗产只能是个人死亡时遗留的合法财产，并按照《继承法》规定可以转移给继承人的财产。

二、遗产预算的影响因素

（一）遗产的传承风险

个人死亡后遗留的财产分配可能会导致家庭其他成员财产增加或减少，对整个家庭财产也会产生影响，尤其是当个人死亡时并没有留下遗嘱，遗产分割易造成家庭成员内部矛盾和纠纷。此外，由于个人法律意识不足和淡薄，虽然留下遗嘱但是可能发生内容表述不清或者法律效力不足等问题，由此产生遗嘱执行不能遵照遗嘱人意愿进行分配，甚至发生遗产被恶意侵吞等现象，特别是当众多继承人分割遗产产生纠纷诉诸法律时会影响家庭产业持续经营，不能实现遗产的最优传承状态。

（二）遗产的税收风险

遗产税是以被继承人去世后所遗留的财产为征税对象征收的税。遗产的税收风险除了缴纳遗产税，减少实际获得遗产的风险之外，更多的与课税主体有关。按照课税主体不同遗产税分为总遗产税制、分遗产税制和混合遗产税制，其中总遗产税是指先交遗产税后再分遗产，英国、美国和我国台湾等国家和地区就实行该税制；分遗产税制是对遗产先分割然后对每个继承人继承的遗产份额分别征收遗产税的制度；混合遗产税制是先对遗产总额征收遗产税然后再分别对继承人继承的遗产份额征收遗产税的制度。

被继承人要对遗产进行合理安排和配置，否则就可能使继承人由于缴纳遗产税而面临流动性风险，严重的导致遗产继承计划落空。

【案例 12-6】我国台湾地区台塑集团董事长王永庆去世留下 600 多亿新台币遗产，12

名继承人通过质押股权等手段筹措资金缴纳了 119 亿新台币遗产税后方获得这笔遗产。而 2004 年去世的台湾国泰建设有限公司董事长蔡万霖身后留下巨额遗产，根据台湾地区相关规定其子女需要缴纳 782 亿新台币遗产税，但是由于其通过购买大额寿险保险和信托等进行了合理合法的财产传承，因此其继承人最终仅需缴纳 5 亿新台币就可获得其遗产。

我国的《遗产税暂行条例》第一条规定"凡在中华人民共和国境内居住的中华人民共和国公民，死亡（含宣告死亡）时遗有财产者，应就其在中华人民共和国境内、境外的全部遗产，依照本条例的规定征收遗产税。不在中华人民共和国境内居住的中华人民共和国公民，以及外国公民、无国籍人，死亡（含宣告死亡）时在中华人民共和国境内遗有财产，应就其在中华人民共和国境内的遗产，依照本条例的规定征收遗产税"。第二条规定"应征收遗产税的遗产包括被继承人死亡时遗留的全部财产和死亡前五年内发生的赠予财产"。

我国遗产税的税率依照五级超额累进税率征收，如表 12-3 所示。

表 12-3　我国遗产税的五级超额累进税率表

级别	应税遗产总额（万元）	税率（%）	速算扣除数（万元）
1	超过 10～25 的部分	10	1
2	超过 25～50 的部分	20	3.5
3	超过 50～75 的部分	30	8.5
4	超过 75 的部分	40	16
5	超过 100 的部分	50	26

三、遗产预算管理的主要内容

（一）计算和评估被继承人的遗产价值

遗产预算管理的首要内容就是评估被继承人的财产价值。这主要是三方面内容：一是清点被继承人的财产类目和相关权利文件，这主要是出生证明、结婚证明、姓名变更证明、保险单、银行存款证明、社会保障证明、不动产权证书、汽车购买发票、遗嘱等。二是明确财产的所有权归属，列出被继承人有权处置的财产划入遗产清单。依此估算遗产数量及其价值。三是同时估算与遗产有关的税收支出，由于遗产税支出往往高于预期，所以制定预算时，有必要对遗产纳税额进行科学合理规划。

在我国如下三类财产不能被计入被继承人遗产范围：一是国家、集体的财产，包括国家、集体本身固有的财产，被继承人生前保管的国家、集体的财产，被继承人生前赠予国家、集体的财产；二是其他个人的财产，包括被继承人配偶的婚前财产、夫妻共同财产中属于配偶的部分、婚姻关系存续期间约定为配偶的财产、被继承人其他家庭成员的个人财产、家庭共同财产中属于其他家庭成员的财产、发给被继承人亲属的抚恤金和生活补助费、被继承人在保险合同中指定了受益人的人身保险保险金、被继承人生前赠予其他公民的财产以及其他公民本身固有的财产；三是被继承人非法所得，来历不明或权属有争议的财产。

（二）明确遗产预算管理目标

遗产预算的最终目标是在被继承人安排死亡后的财产事宜，尽可能遵照被继承人的意愿实现遗产的最优传承状态。其目标包括以下方面。

（1）确定遗产继承人或者受益人及其每个人得到的遗产份额；

（2）确定遗产转移方式将转移成本控制在最小范围内；

（3）为被继承人保持流动性资产保证其偿还债务，使得遗产免于被追债；

（4）遗产变更可能性并确定遗产清算人和遗嘱执行人等问题；

（5）计划慈善赠予。

被继承人的遗产目标只能借助于遗嘱执行人和清算人方能实现，因此选择并指定恰当的执行人和清算人很关键。

（三）确定继承人并制订遗产预算计划

1. 确定继承人

我国遗产继承主要有遗嘱继承、法定继承、代位继承等形式。继承人是依法继承财产的人，分为遗嘱继承人和法定继承人。遗嘱继承人是被继承人指定的继承人，我国法律规定的继承人第一顺位包括配偶、子女、父母；第二顺位继承人为兄弟姐妹，祖父母，外祖父母，第一顺位继承人存在的情况，第二顺位继承人不得继承遗产。另外有抚养关系的继父母和继子女、孙子女和外孙子女等也可以是继承人。

2. 制订遗产预算计划

遗产预算计划的制订与被继承人的婚姻子女等有密切关系。根据被继承人婚姻子女的不同状况可以分为三类。

（1）已婚、子女均成年。对于该类被继承人其遗产一般与配偶共同所有。因此，被继承人只能将属于自己的那部分财产（剔除配偶的那部分财产）在配偶、子女和父母之间进行分配。

（2）已婚但子女尚未成年。对该类被继承人其遗产首先要保证未成年子女成长至成年期间的生活、教育费用之后，才能在配偶、子女和父母之间进行分配。

（3）未婚或离异。如有子女，该类被继承人的遗产一般在子女和父母之间进行分配；如无子女，则由其父母继承。

上述遗产预算计划均是考虑法定继承人的情形下做出的，如果被继承人生前订立了有效的遗嘱，则所有遗产只能由遗嘱继承人继承。

【案例 12-7】张某系农作物场主，娶妻刘某，生了 2 个儿子和 1 个女儿，用自己的收入盖了 16 间砖房并依法办理了相关房产手续并登记在自己名下。后来儿女都长大了，大儿子结婚后两年生了 1 个儿子，小儿子没有结婚，两个儿子和张某夫妇住在一起。女儿结婚后生了 1 儿 1 女住在其丈夫家中。2013 年春天，张某和 2 个儿子一起进城购买春耕种子、化肥途中意外翻车，造成张某和两个儿子当场死亡。事发后张某妻子认为 16 间房都应由自己继承，女儿已经嫁人不能分房产，大儿媳及孙子借住 1 间房直至其改嫁。其女儿和大儿媳不满诉至法院。

法院判决：认为 16 间房是张某和妻子刘某共有财产，认定张某的遗产是 8 间房。

法定继承人包括：刘某、张某的两个儿子和张某的女儿。8 间房由刘某、张某的两个儿子和张某的女儿平均分配，各得 2 间。由于张某的 2 个儿子也已经死亡，张某大儿子的遗产应当首先分出一半即 1 间房产作为夫妻财产归张某大儿子的妻子所有（根据继承法第三十条的规定："夫妻一方死亡后另一方再婚的，有权处分所继承的财产，任何人不得干涉"），另一间房产由张某大儿子的妻子、张某大儿子的儿子和刘某平均继承；二儿子由于未婚无子女，其遗产 2 间房由其母刘某继承。

（四）定期检查和修改遗产预算计划

随着被继承人经济收入、生活状态、文化观念的变化，遗产预算计划必须能够满足其在不同生命阶段的需求，所以必须对遗产预算计划进行定期检查，进行必要修改和调整。发生以下事件时，遗产预算计划需要进行修改和调整：

（1）子女出生或死亡；

（2）配偶或其他法定继承人/遗嘱继承人的死亡；

（3）被继承人结婚或离异；

（4）被继承人身患重病，失去行为能力；

（5）家庭成员尤其是子女成年；

（6）被继承人继承了其他人的遗产；

（7）由于出售房产等财富变化；

（8）有关税收法律和遗产法发生变化。

需要注意的是，如果是订立有遗嘱那么只有遗嘱订立人有权更改遗嘱；如果遗嘱经过公证那么修改后的遗嘱仍需要经过公证才有效，否则就不能对抗经过公证的遗嘱。

四、遗产预算管理的工具

遗产预算管理的工具包括遗嘱、遗产委托书、遗产信托、人寿保险单及赠予。

（一）遗嘱

遗嘱是指遗嘱人生前在法律允许的范围内，按照法律规定的方式对其遗产或其他事务所做的个人处分，并于遗嘱人死亡时发生效力的法律行为。根据我国《继承法》第十七条规定，遗嘱有公证遗嘱、自书遗嘱、代书遗嘱、录音遗嘱和口头遗嘱五种形式。如发生多份遗嘱情况，我国《最高人民法院关于贯彻执行〈继承法〉若干问题的意见》第四十二条规定："遗嘱人以不同形式订立多份内容抵触的遗嘱，其中有公证遗嘱的，以公证遗嘱为准；没有公证遗嘱的，以最后所立遗嘱为准。"如果遗嘱所确定的继承人先于被继承人死亡，该遗嘱就失效了。

需要注意的是遗嘱的最后必须要签署剩余财产条款声明，否则该遗嘱文件将不具有法律效力。因此订立遗嘱需要咨询专业法律人士或理财规划师。

【案例 12-8】王某在为张老太做家务小时工期间，与这位老太太熟识了。张老太觉得王某人品好，对自己照顾十分周到，就让王某做了居家保姆照顾自己，立下遗嘱称自己过世后由王某继承名下房屋，并且将该遗嘱进行了公证。张老太去世后，王某持张老太的公证遗嘱，主张自己对房屋的产权，但张老太的子女对此不予认可，认为其老母亲患有老年痴呆，立遗嘱时没有行为能力，双方争执不休最后诉诸海淀区法院，子女要求法院确认遗嘱无效。

经过法院委托司法机关鉴定，鉴定机关依据张老太生前的病例、公证遗嘱时的笔录和签字等情况，最终认定张老太患有老年痴呆，立遗嘱时无行为能力。法院审理结果认为张老太立遗嘱时患有老年痴呆，属于限制民事行为能力人，无法对自己的重大决策行为做出判断；公证机关公证时也未对张老太的行为能力做出严格审查。因此依据我国《继承法》第二十二条规定"无行为能力人或者限制行为能力人所立的遗嘱无效"的条款，判定张老太所立公证遗嘱无效。王某要求以此遗嘱继承房产没有依据，法院最终驳回了王某的诉讼请求。

从上述案例可以发现，遗嘱公证有效的前提必须是遗嘱本身有效。在订立遗嘱时，应当注意：第一，立遗嘱人必须具有民事行为能力，能够独立处分自己的财产；第二，遗嘱的内容合法，符合遗嘱的形式和实质要件；第三，遗嘱只能处分属于自己的财产，尤其是对虽登记在自己名下但与其他人共同持有的财产，只能处分自己的部分，对他人部分的处分无效；第四，所持遗嘱必须为最后一份公证遗嘱。否则，遗嘱即使经过公证也是无效的。

（二）遗产委托书

遗产委托书是授权被继承人指定的代理人在一定条件下代表被继承人制定其遗嘱的订立人，或直接对被继承人遗产进行分配。遗产委托书包括普通遗产委托书和永久遗产委托书两种。普通遗产委托书只能委托授权代理人处置被继承人的生前财产，不能处置生后遗产。永久遗产委托书则是被继承人拟定代理人能够在其去世或丧失行为能力后仍有权处理其遗产有关事宜。但是各国对永久遗产委托书都制定了严格的法律规定。

实务中为了减少遗产继承和分割中的纠纷，遗产委托书多经过公证，这要求委托人本人亲自书写、签名并到公证处办理公证，不得委托他人代为办理，如由于行走不便、患重病等可向公证处提出申请，由公证处选派公证员到其住所办理公证。对于继承遗产时无法证明委托人有继承权的，遗产委托书必须经过公证方有效。图 12-6 为遗产委托书样图。

遗产委托书

委托人：_____　　性别：____　年龄：____

现住址：_____

身份证号码：_____　联系电话：_____

受委托人：_____

身份证号码：_____　联系电话：_____

委托人与受托人系_____关系，兹委托受托人为我的合法代理人，代表我办理确认遗产份额、遗产分割、领取遗产份额等

代理权限为：

1、一般代理

2、全权代理

代理期限:自____年_月_日 起至 _____止。

委托人：_____

_____ 年_月_日

图 12-6　遗产委托书样图

（三）遗产信托

遗产信托是指被继承人指定信托机构作为受托人对其遗产进行管理的法律契约。根据

其制定方式不同，遗产信托可以分为生命信托和遗嘱信托。

1. 生命信托

生命信托是指被继承人生存时设立的遗产信托。

【案例12-9】赵先生在其40岁时为子女建立了遗产信托，指定东方信托公司为托管人，两名子女为受益人。这样其子女拥有该遗产信托基金的收益权，赵先生保留该遗产基金的所有权。

2. 遗嘱信托

遗嘱信托是指通过遗嘱这种法律行为而设立的信托。遗嘱信托必须等到遗嘱生效时，再将信托财产转移给受托人，由受托人依据信托的内容，管理处分信托财产。与金钱、不动产或有价证券等个人信托业务比较，遗嘱信托最大的不同点在于，遗嘱信托是在委托人死亡后契约才生效。

个人办理遗嘱信托必须满足两个条件：一是形式要件，遗嘱信托必须是采用自书（避免用打字机或计算机完成，应由委托人自己亲笔手书）、代书（由代笔者书写完成后委托人要亲自签名或按指纹，避免采用盖印章的方式，并且应经三人以上的见证人签名，见证人应该避免由利害关系人承担）及公证的方式进行。二是实质要件，遗嘱信托的委托人应当具有完全的民事行为能力；所信托的财产必须是其合法所有的确定的财产。满足以上两个条件后，个人就可以办理遗嘱信托了，具体步骤如图12-7所示。

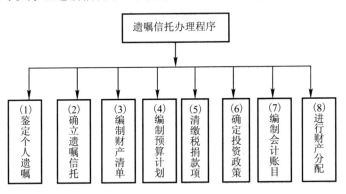

图12-7　遗嘱信托办理程序

（1）鉴定个人遗嘱：这是遗嘱信托成立的必备条件，即在遗嘱中必须明确以信托为目的的财产，同时明确表示用该财产建立信托的意愿。

（2）确立遗嘱信托：首先，要确认财产所有权。信托机构作为遗嘱信托的受托人，第一，要确知委托人对于财产的所有权。第二，确立遗嘱执行人和遗产管理人。信托机构要成为遗嘱执行人或遗产管理人，必须由法院正式任命。第三，通知有关债权人和利害关系人。信托机构在被正式任命为遗嘱执行人或遗产管理人之后，应在报纸上刊登公告向委托人的债权人发出正式通知，要求债权人在指定的期限（一般通知发出后的4～6个月）之内出示其对死者的债权凭证，据以掌握和清偿债务。同时，信托机构还要向死者的继承人和被遗赠人两种利害关系人发出正式通知。

（3）编制财产清单：受托人应在被正式任命后与法庭一起完成对遗产的清理、核定。信托机构要将委托人的财产记录详细清单。

（4）编制预算计划：在受托管理遗产和执行遗嘱的过程中，信托机构要将现金来源与支出逐项列示出来编制正式且详细的预算计划，如发现遗产流动性较差，未来现金来源不足以支付债务、税款、丧葬费、受托人初期的管理费用等，则信托机构就应制订一个出售部分财产的预算计划。

（5）清缴税捐款项：信托机构应付清与遗产有关的税款。

（6）确定投资政策：如果遗嘱中涉及为了受益人的利益而必须对财产进行再投资的条款的话，信托机构就要受托进行合理、及时、谨慎的投资。

（7）编制会计账目：在执行遗嘱或管理遗产阶段，信托机构要在办理完各项遗产所得和债务、费用支付后做会计账目，这些会计账目必须上交法院，经其核定后，寄发给受益人若干副本，受益人如有异议可向法院提出。若无异议，法院则批准信托机构的会计账目。

（8）进行财产分配：上交法院的会计账目获准后，由法院签发一份指示信托机构进行财产分配的证书。信托机构在收到该证书后，视遗嘱信托办理的进度决定行使分配权。

【案例 12-10】刘某与张某结婚数年，育有一岁儿子。张某经常去国外经商，深恐哪天突遭不测，所有财产由妻子刘某掌控会对年幼儿子和年老父母照顾不周。于是，张某考虑订立两份遗嘱信托，将其遗产委托可以信赖的人或受政府主管机关监督的信托业者，管理信托财产，给儿子的遗嘱信托约定在儿子成年、升学、结婚、创业、生子时再将遗产移转给儿子；给父母的遗嘱信托约定支付父母日常消费、生病住院、过世殡葬等费用。

（四）人寿保险单

人寿保险产品是合理合法规避债务和遗产税的工具，在遗产预算管理中占有重要地位。我国《保险法》规定被继承人指定人寿保险单受益人的，人寿保险金的给付不计入遗产范围，因此也就无须缴纳遗产税。

目前国内外主要的人寿保险产品包括四种类型：一是传统寿险，即定期寿险，以被保险人在约定期限内死亡为给付条件；二是两全保险，即生死两全保险，不论被保险人在保险期限内死亡还是生存都给付保险金；三是终身寿险，即终身提供死亡或全残保障；四是万能寿险，是包含保险保障功能并至少在一个投资账户拥有一定资产价值的人身保险产品。

【案例 12-11】以平安保险公司的一款定期寿险产品为例，平安幸福定期保险（A）产品的投保年龄是 18 周岁至 60 周岁之间的消费者，保险期限可选择 10 年、15 年、20 年和 30 年四种类型。保险责任主要包括（1）身故保险金，约定被保险人一年内因疾病身故，按照保险金的 10%给付"身故保险金"，并无息返还所交保费；（2）意外身故保险金，约定被保险人因意外伤害事故身故或一年后因疾病身故，按保险金额给付"身故保险金"。张某今年 30 周岁，男性，保险期限到 60 岁，30 岁缴费，保险金额是 100 万。那么张某需要缴纳的保险费 17.7 万元（年保费是 5 900 元），张某获得的保险利益包括：一是身故保障，1 年内疾病身故给付 10.59 万元；意外身故或 1 年后疾病身故给付 100 万元。二是意外伤残保障，根据残疾程度，累计给付 100 万元为限。

（五）赠予

赠予是指被继承人为实现财产传承目标将某项财产作为礼物赠送给受益人，使该项财产免于被征收遗产税。我国规定对死亡前 5 年赠予财产要征收遗产税，因此被继承人要及早做好遗产预算管理，方能达到规避风险的目的。

本章小结

本章内容包括个人退休预算和遗产预算两部分。退休预算是基于个人生命周期和家庭财产，运用现代财务管理方法对个人退休生活进行财务安排的过程。其影响因素包括家庭责任和负债、退休时间和退休后的生存时间、退休后的生活费用、家庭财产、通货膨胀。退休预算管理的内容包括确定退休目标、估算退休资金支出、预测退休后收入、估算退休资金缺口、制定计划填补退休资金缺口。退休预算管理的工具包括商业养老保险、养老信托、其他金融投资、以房养老和实物投资。

遗产预算是指被继承人死亡时遗留的个人所有财产和法律规定可以继承的其他财产权益。其影响因素包括传承风险和税收风险。遗产预算管理的内容包括计算和评估被继承人的遗产价值、明确遗产预算管理目标、确立继承人并制定遗产预算计划、定期检查和修改遗产预算计划。遗产预算管理工具包括遗嘱、遗产委托书、遗产信托、人寿保险及赠予。

练习题

一、单选题

1. 个人养老保险积累方式包括（　　　　）和购买商业养老保险。

    A. 银行储蓄　　　　B. 基金投资　　　　C. 债券投资　　　　D. 以上都对

2. 在养老保险基金的资金管理上，养老保险基金实行（　　　　）管理，即养老保险计划的缴费收入要纳入财政专户存储，支出要专款专用，并要经过严格的审批程序。

    A. 现收现付制　　　B. 完全基金式　　C. 部分基金式　　D. 收支两条线

3. 当几种继承方式间发生冲突时，按其效力（从高到低）的排列顺序是（　　　　）。（2007年理财规划师考试真题）

    A. 法定继承，遗嘱继承和遗赠，遗赠抚养协议

    B. 遗嘱继承和遗赠，法定继承，遗赠抚养协议

    C. 遗赠抚养协议，遗嘱继承和遗赠，法定继承

    D. 遗嘱继承和遗赠，遗赠抚养协议，法定继承

4. 书立（　　　　）不需要见证人。（2007年理财规划师考试真题）

    A. 自书遗嘱　　　　B. 代书遗嘱　　　　C. 录音遗嘱　　　　D. 公证遗嘱

5. 继承人的（　　　　）可以作为遗嘱见证人。（2007年理财规划师考试真题）

    A. 儿子　　　　　　B. 有精神病史但见证时已治愈的朋友

    C. 债务人　　　　　D. 年满15岁的邻居

二、简答题

1. 影响退休预算的因素有哪些？

2. 退休预算的工具有哪些？

3. 影响遗产预算的因素有哪些？

4. 遗产预算包括哪些主要环节？

三、案例题

1.（2009年理财规划师考试真题）刘先生夫妇今年均为35岁，两人打算60岁退休，预计生活至90岁，刘先生夫妇现在每年的支出为5万元，刘先生的家庭储蓄为10万元，可以用来进行养老储备，假设通货膨胀率保持4%不变，退休前，刘先生家庭的投资收益

率为 7%，退休后，刘先生家庭的投资收益率为 4%。根据此案例回答以下问题：

（1）刘先生夫妇 60 岁时的年支出为（ ）元

    A. 113 291.82   B. 133 291.82   C. 135 291.82   D. 139 271.82

（2）刘先生夫妇一共需要（ ）元养老金。

    A. 3 398 754.6   B. 3 598 754.6   C. 3 998 754.5   D. 3 977 854.5

（3）在刘先生 60 岁时，其家庭储蓄恰好为（ ）元。

    A. 542 743.26   B. 524 743.26   C. 386 968.45   D. 396 968.45

（4）刘先生夫妇的退休金缺口为（ ）元

    A. 2 654 011.24   B. 2 564 011.42   C. 3 456 011.24   D. 3 546 011.24

2.（2010 年理财规划师考试真题）冯老先生现年 78 岁，和老伴相依为命，膝下有三个孩子，冯老大、冯老二、冯老三。冯老二在三年前因为车祸去世，留下两个儿子冯枫与冯强。冯老先生感到自己身体日渐虚弱，决定通过遗嘱分配自己的遗产。他先后留下两份遗嘱，第一份自书遗嘱将二老居住的价值 40 万的房屋留给大儿子，并由大儿子赡养老伴。第二份代书遗嘱将家中全部存款 20 万元平均分配给二儿媳妇和冯老三。2009 年 12 月 30 日，冯老先生突发脑溢血，被送往医院抢救，在治疗期间冯老先生曾一度清醒，并留下口头遗嘱，将自己的全部遗产留给老伴。对此医院的医生与护士均可证明。后冯老先生因抢救无效死亡。根据此案例回答以下问题：

（1）此案例没有涉及（ ）。

    A. 法定继承   B. 遗嘱继承   C. 遗赠   D. 代位继承

（2）冯老先生的自书遗嘱（ ）。

    A. 有效，个人可以根据自己的意愿处理财产

    B. 无效，因为分配并不公平

    C. 无效，因为没有给冯枫与冯强留特留份

    D. 无效，因为分配了家庭共同财产

（3）冯老先生的口头遗嘱（ ）。

    A. 有效，个人可以根据自己的意愿处理财产

    B. 有效，有医生和护士作为见证人

    C. 无效，因为遗产已经通过自书和代书遗嘱分配

    D. 无效，因为没有指定见证人

（4）冯老先生的遗产总计（ ）。

    A. 40 万房产，存款 20 万

    B. 40 万房产，存款 10 万

    C. 20 万房产，存款 10 万

    D. 存款 10 万

（5）冯老先生的遗产应按照（ ）继承。

    A. 法定原则

    B. 自书遗嘱

C. 口头遗嘱

D. 自书遗嘱、代书遗嘱、口头遗嘱

（6）冯枫可以分得价值（　　　）万元的遗产。

A. 0　　　　　　　　B. 1.25　　　　　　C. 3.75　　　　　　D. 4

（7）冯老大可以分得价值（　　　）万元的遗产。

A. 0　　　　　　　　B. 20　　　　　　　C. 6.5　　　　　　D. 7.5

参考文献

[1] 许云. 预算管理研究：历史、本质与预算松弛[D]. 厦门大学博士学位论文，2006.

[2] 汤谷良，高晨，卢闯. CEO 计划与预算系统：领导力和执行力的工具[M]. 北京：北京大学出版社，2010.

[3] 柴效武. 个人理财[M]. 北京：清华大学出版社，2012.

[4] 林秀香. 预算管理[M]. 大连：东北财经大学出版社，2013.

[5] 冯巧根. 全面预算管理[M]. 北京：中国人民大学出版社，2015.

[6] 魏明. 企业全面预算管理：从入门到精通[M]. 北京：机械工业出版社，2012.

[7] 杰克•R.卡普尔，李•R.德拉贝，罗伯特•J.休斯. 个人理财（第 9 版）[M]. 上海：上海人民出版社，2011.

[8] 江珂. 个人理财[M]. 北京：经济管理出版社，2014.

[9] 阿瑟•J.基翁. 个人理财（第四版）[M]. 北京：中国人民大学出版社，2011.

[10] 李燕. 个人理财[M]. 北京：机械工业出版社，2014.

[11] 池国华，邹威. 关于全面预算管理的若干认识[J]. 财务与会计，2015（1）.

[12] 刘立旺. 基于全面预算的海外石油项目价值管理研究[D]. 天津大学博士学位论文，2010.

[13] 邹韶禄. 基于战略导向的企业全面预算管理体系研究[D]. 中南大学博士学位论文，2004.

[14] 刘俊茹. 企业预算管理历史分析及未来展望[D]. 厦门大学博士学位论文，2006.

[15] 贡华章. 我国企业预算管理的引进与发展——纪念我国改革开放 30 周年[J]. 会计研究，2008（9）.

[16] 刘佳. 用埃里克森自我同一性理论透视大学生自我意识的形成过程[J]. 高教发展与评估，2010（1）.

[17] 乔纳森•布朗. 自我[M]. 北京：人民邮电出版社，2004.

[18] 刘平青，陆云泉. 职业生涯与人生规划[M]. 北京：北京大学出版社，2014.

[19] 李家华. 生涯规划与管理[M]. 上海：上海交通大学出版社，2011.

[20] Robert D. Lock. 把握你的职业发展方向[M]. 北京：中国轻工业出版社，2006.

[21] 张颖. 个人理财教程[M]. 北京：对外经济贸易大学出版社，2007.

[22] 王立彦. 成本会计——以管理控制为核心[M]. 上海：复旦大学出版社，2011.

[23] 谢志华. 高级管理会计[M]. 北京：中央广播电视大学出版社，2011.

[24] 肜芳珍. 管理会计[M]. 北京：北京大学出版社，2012.

[25] 史习民. 管理会计[M]. 杭州：浙江人民出版社，2009.

[26] 吴大军. 管理会计[M]. 大连：东北财经大学出版社，2010.

[27] 宋献中，胡玉明. 管理会计：战略与价值链分析[M]. 北京：北京大学出版社，2006.

[28] 李玉萍. 管理会计学[M]. 北京：清华大学出版社、北京交通大学出版社，2009.

[29] 杨公遂，林丰岩. 管理会计学[M]. 济南：山东人民出版社，2009.

[30] 赵建梅，邢颖. 管理会计学[M]. 北京：清华大学出版社、北京交通大学出版社，2010.

[31] 颉茂华. 管理会计学：理论·实务·案例[M]. 南京：南京大学出版社，2011.

[32] 王允平，陈燕. 跨国公司财务管理[M]. 北京：首都经济贸易大学出版社，2007.

[33] 温素彬. 管理会计：理论·模型·案例[M]. 北京：机械工业出版社，2014.

[34] 杨玉红，赵德芳. 管理会计[M]. 北京：清华大学出版社、北京交通大学出版社，2012.

[35] 刘智英，田玉兰. 管理会计[M]. 北京：清华大学出版社，2012.

[36] 傅元略. 管理会计[M]. 北京：经济科学出版社，2011.

[37] 查尔斯·T.亨格瑞，斯利坎特·M.达塔尔，马达夫·V.拉詹. 成本会计：以管理为重点[M]. 王志红，译. 北京：清华大学出版社，2015.

[38] 查尔斯·T.亨格瑞. 管理会计教程[M]. 北京：机械工业出版社，2012.

[39] 斯坎特·达塔，马达夫·拉詹. 管理会计：决策制定与业绩激励[M]. 王立彦，谌嘉席，郭放，译. 北京：中国人民大学出版社，2015.

[40] 瑞夫·劳森. 管理会计师协会教学案例（第 3 辑）（汉英双语版）[M]. 杨继良，译. 北京：经济科学出版社，2012.

[41] 李明. 全面预算管理[M]. 北京：中信出版社，2011.

[42] 肖智润. 企业战略管理：方法、案例与实践[M]. 北京：机械工业出版社，2014.

[43] 高晨. 企业预算管理——以战略为导向[M]. 北京：中国财政经济出版社，2004.

[44] 张秀玉. 企业战略管理[M]. 北京：北京大学出版社，2011.

[45] 熊筱燕，解宝贵. 全面预算管理案例分析[M]. 西宁：青海人民出版社，2009.

[46] 刘敬芝. 全面预算管理在企业中的运用研究[M]. 北京：中国文联出版社，2008.

[47] 周宇. 现代企业集团财务战略研究[M]. 成都：西南财经大学出版社，2009.

[48] 马瑞民，王璞. 新编战略管理咨询实务[M]. 北京：中信出版社，2008.

[49] 金占明. 战略管理[M]. 北京：高等教育出版社，2011.

[50] 谭力文，吴先明. 战略管理[M]. 武汉：武汉大学出版社，2011.

[51] 项保华. 战略管理：艺术与实务[M]. 北京：华夏出版社，2012.

[52] Thomas L. Wheelen，J. David Hunger，Alan N. Hoffman: Strategic Management and Business Policy: Globalization, Innovation and Sustainability[J]. Prentice Hall，2014-01.

[53] 弗雷德·R.戴维. 战略管理（概念与案例 第 13 版全球版）[M]. 徐飞，译. 北京：中国人民大学出版社，2012.

[54] 迈克尔·A.希特，R·杜安·爱尔兰，罗伯特·E.霍斯基森. 战略管理：概念与案例[M]. 刘刚，吕文静，雷云，译. 北京：中国人民大学出版社，2012.

[55] 杰伊 B. 巴尼. 战略管理：获取持续竞争优势（原书第 4 版）[M]. 周健，译. 北京：机械工业出版社，2013.

[56] R.杜安·爱尔兰，罗伯特 E. 霍斯基森，迈克尔 A. 希特. 战略管理：竞争与全球化

（概念）（原书第 10 版）[M]. 赵宏霞，张利强，译. 北京：机械工业出版社，2013.

[57] 陈晓红，邹韶禄，刘宣瑜. 全面预算管理理论[M]. 长沙：湖南人民出版社，2002.

[58] 小林健吾. 企业预算管理[M]. 台北：台华工商出版公司，1998.

[59] 钱德勒. 看得见的手——美国企业的管理革命[M]. 北京：商务印书馆，1997.

[60] 杰罗尔德·L.齐默尔曼. 决策与控制会计（第二版）[M]. 邱寒等，译. 大连：东北财经大学出版社，2000.

[61] 汤姆·约翰逊. 失去的关联性：管理会计的兴衰[M]. 北京：中国社会出版社，1999.

[62] 杰里米·霍普，罗宾·弗雷泽. 谁还需要预算[J]. 管理锦囊，2003（4）.

[63] 安东尼，戈文达拉扬. 管理控制系统[M]. 北京：机械工业出版社，1999.

[64] 温兆文. 全面预算管理让企业全员奔跑[M]. 北京：机械工业出版社，2016.

[65] 龚巧莉. 全面预算管理案例与实务指引[M]. 北京：机械工业出版社，2015.

[66] 张朝亦，卓毅，胡春香. 当代西方预算管理研究综述[J]. 外国经济与管理，2003（12）.

[67] 南京大学会计系课题组. 中国企业预算管理现状的判断及其评价[J]. 会计研究，2001（4）.

[68] 罗伯特·西蒙斯. 战略实施中的绩效评估和控制系统[M]. 张文贤，译. 大连：东北财经大学出版社，2002.

[69] 于召庆. 全面预算管理在企业管理中的重要性与策略分析[J]. 学术理论经营管理者，2014（12）.

[70] 张军. 对我国企业实施全面预算管理的探讨[D]. 江西财经大学毕业论文，2004.

[71] 王金秀. 浅议量出为入的预算原则[J]. 四川财政，2001（5）.

[72] 辛丽梅. 关于全面预算管理中道德风险的研究[D]. 内蒙古工业大学硕士学位论文，2006.

[73] 沈秋媛. MK 公司全面预算管理的绩效评价[D]. 黑龙江八一农垦大学硕士学位论文，2015.

[74] 王晓娟. XX 公司全面预算管理评价[D]. 重庆大学硕士学位论文，2007.

[75] 欧阳令南. 南方航空公司的全面预算管理与绩效考核[D]. 上海交通大学硕士学位论文，2007.

[76] 赵丰，高宝山. 企业全面预算管理的风险与对策[J]. 当代经济，2011（12）.

[77] 贺跃平. 预算管理在高校财务管理中的应用与优化研究——以 C 大学为例[D]. 湖南大学 MPAcc 学位论文，2011.

[78] 汪丽杰. 对于全面预算管理实施相关问题的思考[J]. 经济研究导刊，2016（3）.

[79] 董凤冰. 加强经费预算管理应强化四种意识[J]. 全国商情（理论研究），2010（15）.

[80] 庞永强，庞丽婷，罗为. 公司全面预算管理的误区及对策浅析[J]. 交通财会，2015（05）：20-22.

[81] 谢志华. 预算的误区：来自于预算管理实践的经验[J]. 财务与会计·理财版，2012（01）：61-63.

[82] 何鲲鹏. 浅议全面预算管理的误区[J]. 会计师，2013（02）：25-26.

[83] 张长胜. 企业全面预算管理[M]. 北京：北京大学出版社，2014.

[84] "全面预算管理在卷烟工业企业的应用"课题组. 卷烟工业企业全面预算管理[M]. 大连：东北财经大学出版社，2015.

[85] 马文红. 基于战略导向全面预算编制原则和流程的探讨[J]. 时代金融，2014（1）：34、50.

[86] 李丹. 集团公司预算编制逻辑的探讨[J]. 当代经济，2011（01）：24-25.

[87] 梁金兰. 论全面预算的编制起点[J]. 辽宁师范大学学报（社会科学版），2004，27（5）：40-42.

[88] 中国注册会计师协会. 财务成本管理[M]. 北京：中国财政经济出版社，2015.

[89] 张世生. 全面预算管理——中国合资铁路企业预算管理模式研究[M]. 杭州：浙江工商大学出版社，2013.

[90] 陈国庆，黄志，秦金城. 全面预算管理[M]. 北京：经济科学出版社，2011.

[91] 杨国栋，周德杰. 企业实施全面预算管理中存在的问题及建议[J]. 山西财经大学学报，2009（2）.

[92] 王玉敏. 浅议企业预算执行中的问题及对策[J]. 财会通讯·综合，2010，3（中）：159-160.

[93] 汪蕾. 成本管理会计[M]. 天津：南开大学出版社，2015.

[94] 吴昌秀. 企业全面预算管理[M]. 北京：机械工业出版社，2014.

[95] 贾卒. 全面预算管理实践[M]. 北京：机械工业出版社，2015.

[96] 高秀兰，刘印平，霍振芳. 唐山惠达陶瓷实施全面预算财务控制的实践[J].商场现代化，2007（21）：336.

[97] 赵仲杰. 新全面预算管理实务与操作[M]. 昆明：云南大学出版社，2010.

[98] 陈龙章. 全面预算管理信息化[M]. 北京：经济管理出版社，2012.

[99] 宋良荣，马群瑛. 基于 BSC 的全面预算管理预警功能研究[J]. 财会月刊（理论），2007（7）：57-58.

[100] 虞海洋，韩睿，段林坚等. 全面预算管理预警管控机制的构建[J]，中国有色金属，2010（1）：17-19.

[101] 张薇，宋良荣. 试论企业财务预算的预警功能[J]. 工业技术经济，2006（03）：157-159.

[102] 李正明. 企业集团预算预警系统的建立与实践应用[J]. 中国乡镇企业会计，2014（11）：83-84.

[103] 邹志英. 玩转全面预算魔方[M]. 北京：机械工业出版社，2015.

[104] 王一添. 预算考评方法研究[J]. 智富时代，2015（02）：63.

[105] 李越峰. 企业全面预算考核实施探究[J]. 会计师，2010（04）：57-58.

[106] 孙晓玲. 浅论企业全面预算的考核与评价[J]. 会计之友，2005（01）：27-29.

[107] 赵书和，高方露，孟茜. 成本管理会计[M]. 北京：机械工业出版社，2012.

[108] 杰夫·马杜拉. 个人理财[M]. 北京：清华大学出版社，2011.

[109] 郭秀兰，王冬吾. 个人理财规划[M]. 成都：西南财经大学出版社，2011.

[110] 刘芸，苏寅妃，毛彦. SAP BPC 全面预算及合并解决方案[M]. 北京：清华大学出版
　　　 社，2013.

[111] 项保华. 企业战略管理[M]. 北京：北京科学出版社，1994.

[112] 卡普尔. 个人理财：理财技能培养方法[M]. 北京：中国人民大学出版社，2013.

[113] 陈雨露，刘彦斌. 理财规划师（专业能力）[M]. 北京：中国财政经济出版社，2011.

[114] 杰夫·马杜拉. 个人理财[M]. 郭宁等，译. 北京：中国人民大学出版社，2015.

[115] 北京当代金融培训有限公司、北京金融培训中心. 金融理财综合规划案例[M]. 北京：
　　　 中信出版社，2009.

[116] L.Puro，J.E.Teich，H .Wallenius and J.Wallenius. Bidding strategies for real-life small loan
　　　 auctions [J]. Decision Support System，2011，51（1）：31-41.

[117] Eunk young Lee，B yung tae Lee. Herding behavior in online P2P lending：An empirical
　　　 investigation [J].Electronic Commerce Research and Applications，2012，11（5）：495-503.

[118] 杜詠评. 个人理财[M]. 上海：格致出版社，2010.

[119] 刘永刚. 投资理财概论[M]. 北京：清华大学出版社，2012.

[120] 张惠兰，王建辉. 个人理财[M]. 北京：北京理工大学出版社，2011.

[121] 田晖. 消费经济学（第二版）[M]. 上海：同济大学出版社，2006.

[122] 马君潞，李雪峰. 投资学（第二版）[M]. 北京：科学出版社，2011.

[123] Ronnel B. King. A personal investment analysis of gender difference in student
　　　 motivation[J]. the Asia-Pacific Education Researcher，2014，vol.23.

[124] Lliffe Jill. the budget and education[J]. the Australian nursing journal，2008，vol.10.

[125] Bellah. John. Budget and cost control tips[J]. Law& order，2013，vol.61.

[126] 田椿生. 投资理论与实践[M]. 北京：中国人民大学出版社，1994.

[127] 李奇泽. 我国证券投资基金行为问题研究[M]. 北京：知识产权出版社，2015.

[128] Premchand. A. 预算经济学[M]. 周慈铭等，译. 北京：中国财政经济出版社，1989.

[129] 黄孝武. 个人理财[M]. 北京：中国财政经济出版社，2010.

[130] Jack R. Kapoor 等. 个人理财（第六版）[M]. 马苏芹等，译. 上海：上海人民出版社，
　　　 2004.

[131] 亚伯拉罕·马斯洛. 动机与人格（第三版）[M]. 许金声，译. 北京：中国人民大学出
　　　 版社，2012.

[132] 张国政，陈维煌，刘呈辉. 基于 Logistic 模型的商业银行个人消费信贷风险评估研究
　　　 [J]. 金融理论与实践，2015（03）：53-57.

[133] 刘学强. 我国个人消费信贷的主要障碍和对策[J]. 当代经济科学，2002（03）：79-82，
　　　 96.

[134] 廖小琴. 马克思个人消费思想及其当代意义[J]. 北方论丛，2013（04）：155-160.

[135] 陶美重，强侠. 个人高等教育消费的经济学分析[J]. 湖北社会科学，2006（05）：
　　　 156-160.

[136] 杨大楷，俞艳. 中国个人消费信贷状况及风险防范研究[J]. 金融论坛，2005（07）：
　　　 45-50.

[137] 黄儒靖. 个人消费信贷的博弈分析[J]. 金融研究，2003（10）：92-97.

[138] 罗瑞琼. 个人理财[M]. 北京：中国金融出版社，2013.

[139] 吴清泉，陈丽虹，周莉. 个人理财[M]. 北京：人民邮电出版社，2012.

[140] 陈玉罡. 个人理财：理论、实务与案例[M]. 北京：北京大学出版社，2012.

[141] 阿瑟·J. 基文. 个人理财：怎样把钱变成财富[M]. 王锦霞等，译. 北京：经济科学出版社，2005.

[142] 夸克·霍，克里斯·罗宾逊. 个人理财策划[M]. 陈晓燕，徐克恩，译. 北京：中国金融出版社，2003.

[143] 杨立功. 个人理财[M]. 北京：中国人民大学出版社，2015.

[144] 韩海燕，张旭升. 个人理财（第2版）[M]. 北京：清华大学出版社，2015.

后　记

　　本教材由王志宇副教授（博士后）担任主编，负责拟定教材大纲，确定内容结构，并负责总纂、修改和定稿。具体编写分工是：第一章由徐立文博士编写，第二章、第三章由张一楠硕士编写，第四章由刘学智硕士编写，第五章、第六章、第七章由汪蕾硕士编写，第八章由徐璐博士编写，第九章、第十章由吴梦迪硕士编写，第十一章由王慧娟博士编写，第十二章由李新平博士编写。

　　南开大学张志超教授、天津财经大学韩传模教授、天津财经大学张盘铭教授、哈尔滨工业大学王培欣副教授、南开大学滨海学院薄滂沱副教授对本教材提出了宝贵的建议与意见，在这里向他们表示诚挚的感谢。

　　在本书的编写过程中得到了南开大学出版社的支持，在此表示衷心的感谢。在编写过程中，我们参考了大量国内外文献，汲取其中的精华，在此向诸位编写者表示感谢。由于编者水平有限，书中难免有不妥甚至错误之处，恳切希望广大读者批评指正。

编者

2016 年 11 月